憲法九条と幣原喜重郎

日本国憲法の原点の解明

笠原十九司
Kasahara Tokushi

大月書店

［扉写真］
1946年11月 3 日、皇居前広場でおこなわれた「日本国憲法公布祝賀都民大会」（提供：共同通信社）

はじめに

本書では、日本国憲法第九条の発案者が幣原喜重郎《しではらきじゅうろう》であったことを証明して、戦後長年にわたって繰り広げられてきた論争に「終止符」をうつことを目的としながらも、それにとどまらず、日本国憲法がどのような世界史の流れを背景とし、日本の敗戦直後の東アジア国際関係のなかで誕生をしたのかを明らかにする。そして、筆者のいう「民主主義の器」であった日本国憲法が戦後の日本社会への内実化がなぜ「未完」に終わったのかにについても考察する。

憲法九条発案者をめぐる論争に「終止符」を

日本国憲法の前文は、国民主権、基本的人権の尊重、平和主義の三つの基本原理を明確に宣言したものであり、前文にもられた国民主権主義、人権尊重主義、平和主義の原理は相互に不可分に関連している。第一に、基本的人権の保障は、国民主権の原理と結びつき、専制政治の下では、基本的人権の保障は完全のものとなりえない。国民主権（民主の原理）も基本的人権（自由の原理）も、ともに「人間の尊厳」という最も基本的な原理に由来し、その二つが合して広義の民主主義を構成し、それが「人類普遍の原理」なのである。そして人間の自由と生存は平和なくして確保されないという意味で、平和主義の原理もまた、人権および国民主権の原理と密接に結びついており、国内の民主主義と国際平和の不可分性は近代憲法の進化を推進してきた原則となっている(1)。

日本国憲法前文の草稿を作成したのは、憲法作成当時、日本を占領した連合国軍総司令部民政局のアルフレッド・R・ハッシー海軍中佐で当時四四歳、本職は弁護士、ハーバード大学を卒業、バージニア大学で法学博士の学位を取得した法律の専門家である(本書三二二頁)。彼は日本国憲法の前文を草稿するにあたって、フランス革命の憲法制定国民会議で採択された人権宣言をはじめとし、アメリカの独立宣言、アメリカ憲法、ワイマール憲法、フランス憲法など人権と民主主義の先進国家である欧米諸国の憲法を渉猟《しょうりょう》し、さらに平和主義については、「人類の福祉を増進するために世界の人民間の平和友好の関係を永久ならしめんが為」締結した「不戦条約(ブリアン゠ケロッグ条約)」(一九二八年八月パリにて調印)などを参考にしたうえで、それまでの世界史において、人類が到達した人権、民主、平和の理念と思想を憲法前文に盛りこんだのである。憲法前文にいう「全世界の国民」「国際社会」「人類普遍の原理」というのは、人類史、世界史、国際社会史の立場に日本国民が立脚することを意味している。

そして日本国憲法前文の理念を具体化した第九条【戦争の放棄、戦力及び交戦権の否認】は、こう規定している。

①日本国民は、正義と秩序を基調とする国際平和を誠実に希求し、国権の発動たる戦争と、武力による威嚇又は武力の行使は、国際紛争を解決する手段としては、永久にこれを放棄する。

②前項の目的を達するため、陸海空軍その他の戦力は、これを保持しない。国の交戦権は、これを認めない。

この憲法九条の発案者をめぐっては、連合国軍最高司令長官ダグラス・マッカーサー説、当時の日本の首相の幣原喜重郎説、あるいはマッカーサーと幣原の合作説、さらには当時外務大臣で幣原の後に首相となった吉田茂説、その他の発案者説、および真相不明説まで、それこそ百家争鳴の状況を呈してきた。

これまで、憲法九条について著書を著してきた学者・ジャーナリストのなかで、歴代自民党政権の主張に近い改憲論者は、連合国軍最高司令官のマッカーサーによる「押しつけ」であるとしてマッカーサー説をとっている論者がほとんどであるが、護憲派に立つ論者のなかにも、幣原発案説を否定する憲法学者・政治学者が少なくない。憲法九条発案をめぐる論争は長期にわたり、また多数の論者によってさまざまな立場、視点から論じられてきたし、現在でも論じられている。しかし、憲法九条発案者をめぐる著書・論稿は多岐にわたるので、先行研究として、整理検討することは、筆者の手にあまるので、本書では省略させていただくことをお断りしておきたい。ただ、幣原発案説、幣原発案否定説も含め、多くを学ばせていただいた先行研究書は、巻末の参考文献に挙げておいた。

歴史学を専門とする筆者が、本書を執筆せねばという使命感のようなものを感じたのは、これまで論争を展開してきた憲法学者や政治学者の著書を検討してきたところで、彼らに共通する問題点を感じたからである。それは、本書で縷々《るる》指摘していくように、敗戦直後の時代状況の構造的把握と歴史学に不可欠な史料批判が不充分なことである。幣原発案説を否定する憲法学者・政治学者の陥った誤りについては、いちいち著書を指摘して批判することは、煩雑になるので避けるが、本書の叙述の中で、否定論者が陥った誤りの原因を分かるように指摘していきたい。

憲法九条の発案者は必ず存在したことは歴史事実として間違いない。しかし、それが誰かを特定できずに今日まで論争がつづいてきたのは、誰かを証明する決定的な証拠、歴史学でいえば史料（文書記録や証言）の裏付けが困難な特殊な事情、特殊な状況が存在したからである。

本書は、憲法作成当時の日本の内外の権力状況、政治状況に規定された「特殊な状況と事情」を解明することによって、幣原喜重郎が憲法九条を発案したのが歴史事実であることを証明する。本書が憲法九条発案者をめぐる論争に終止符を打つ契機となることを願っているが、筆者の一番の願いは、憲法九条はマッカーサーによって「押しつけられた」のではなく、日本の首相の幣原の発案によるものであり、その背景に日本の無謀で悲惨な戦争を体験させられた日本国民の総意があったことに多くの国民が確信をもって、歴代自民党政権ならびに保守右翼勢力による九条改憲の策動を阻止して欲しいことである。

筆者が思ったのは、幣原発案説を否定する論者に共通して、幣原喜重郎にたいする政治的、歴史的評価が低いことである。たとえば、幣原は戦前、外交官として日本の侵略戦争に反対せず、植民地支配を肯定していた、敗戦後も日本の侵略戦争を反省した言説はみられない、したがって、憲法九条を「発案するはずがない」「発案できるはずがない」と先入観的に決めつけている論者が多いことである。

本書では第1章において、幣原喜重郎がどのような外交政策を展開した人物であったかを紹介する。それは、敗戦直後に首相となった幣原が、長年にわたった外交官生活のなかで身につけた情報収集、情勢判断、敵対・対抗する国や相手との交渉術などの経験を生かして、憲法九条発案にいたることを理解するためである。

幣原喜重郎には戦前に、軍部や軍部に同調した政党、政治家や右翼勢力から「軟弱外交」「売国外交」と批判、糾弾されたために、戦後にもそのレッテルがイメージとして残されている感が否めない。いっぽうで、幣原が外務大臣として展開したいわゆる「幣原外交」の実態については、あまり知られていない。

ただ、第1章は日中関係史、外交史にかかわるやや専門的な内容なので、読み進められない読者は第2章から読み始めることをお薦めする。

本書では、幣原外交を史実に即して再評価するとともに、満州事変から日中戦争、アジア太平洋戦争へ日本が突き進むなかで、「軟弱外交」「売国外交」などと批判され、右翼テロの標的にもされながら、「水底の没人」となって耐え、敗戦後、天皇に乞われて首相になった機会を生かして、マッカーサーとの「秘密会談」において憲法九条を発案するにいたる経緯を明らかにする。

本書で明らかにするのは、幣原が一九四六年一月二四日にマッカーサーを連合国軍総司令部(General Headquarters、以下GHQあるいは総司令部)に訪ねて二人だけの「秘密会談」をおこない、新憲法(当時使われたのは大日本帝国憲法の改正憲法であったが、本書では、この呼称も使う)に戦争放棄と戦力不保持の条項を入れることを提案、マッカーサーも意気投合して、二人の間に「秘密合意」が成立し、それがGHQ民政局の作成した憲法草案の第九条となった歴史事実である。

本書の重要な意義は、憲法九条に託した幣原喜重郎の平和思想を全面的に紹介したことにある。晩年の幣原が衆議院議長であった時に、その秘書役を務めていた平野三郎衆議院議員が、幣原の死の二週間前に幣原から憲法九条発案にかかわる聞き取りをおこない、幣原が「口外しないこと」つまり「秘密にとどめる」ことを条件に話した記録が本書でいう「平野文書」（本書二三五頁）として存在する。そこに、本書で詳しく紹介する、憲法九条に託した幣原の平和思想が情熱をこめて語られている。

筆者は、ケン・ジョセフ・ジュニア、荒井潤『KENが「日本は特別な国」っていうんだけど……憲法シミュレーションノベル』[2]から「平野文書」を知ったが、より本格的に紹介するのは本書が初めてではないかと思う。[3]「平野文書」については、幣原憲法九条発案を否定する論者がその史料的価値をさまざまな方法で否定しているが、それらについては本書でその過ちを指摘する。

本書ではさらに、終章において「幣原喜重郎が憲法九条にこめた我々へのメッセージ」と題して、吉田茂内閣の国務大臣となった幣原が、帝国憲法改正案を貴族院において審議した際に、憲法九条について議員の質問に応答した内容が記録されており、そこに現在の我々が受けとめるべき課題が語られているので、それを紹介したい。

筆者が痛感するのは、幣原が憲法九条を発案したことを本格的に論じた歴史書が管見のかぎりではこれまで存在しなかったために、憲法九条に託した幣原の平和思想が知られてこなかったことである。幣原の平和思想はきわめて現在的な、人類を核戦争による滅亡にいたらせないための核兵器の全廃であり、その先鞭としての憲法九条における日本の軍備全廃であった。幣原は憲法九条の「秘密合意」に達したマッカーサーに「今から百年後には、われわれは予言者とよばれるに至るであろうでありましょう」と言っている。それは、二〇一七年に国連で採択された「核兵器禁止条約」が真に効力をもって、国連安全保障理事国の五大国に核兵器保有を放棄、全廃させる世界が到来するかどうか、三〇年後の人類の未来にかかわっている。

憲法九条発案者をめぐる著書・論稿は多岐にわたるので、先行研究として、整理検討することは、筆者の手にあまるので、本書では省略させていただくが、憲法九条幣原発案を先駆的に主張してきた教育学者の堀尾輝久に「憲法九条と幣原喜重郎」（『世界』）があることは触れておきたい(4)。さらに、言及しておきたいのが、堤堯《ぎょう》『昭和の三傑――憲法九条は「救国のトリック」だった(5)』である。同書は、文藝春秋の『諸君！』『文藝春秋』編集長、『週刊文春』編集局長を歴任した著者によるもので、一九四六年一月二四日に幣原喜重郎がマッカーサーと「密室会談」をもって、「戦争放棄」・「戦力放棄」を提案、マッカーサーも同意して両者は意気投合、それが憲法九条となった経緯を詳述し、憲法九条発案者は幣原喜重郎と断定している。

筆者が同書を読んだのは、文献史料の調査検討が終わり、構成案もできて、本書の執筆に着手する直前であった。著者と筆者のアプローチの方法は異なるが、幣原喜重郎発案を証明する史料と論証の根拠は同じである。同書は、歴史観は異なっても、歴史事実を証明する手段と方法は共通するところを証明するものである。著者が「当方は大学のころから幣原発案説に与し、これを覆す決定的な史料はいまに至るも見当たらない」と述べているのは(6)、同感である。筆者も幣原発案説を否定する論者の誤りと問題点については、いちいち批判して説明する自信がある。歴史事実に立つ者の強みである。

最近になるが、近現代国際史を専門とする研究者による、大越哲仁『マッカーサーと幣原総理――憲法九条の発案者はどちらか(7)』がある。結論は本書と同じ幣原発案説に立つが、基本的文献の精査が不充分であることや厳密に史料に基づかずに推測で判断している箇所も見受けられるのが惜しまれる。しかし、幣原発案説の専著が増えることは好ましいことである。

東アジア国際関係に位置づけた日本国憲法の原点の解明

日本国憲法の成立史、制定の過程をまとめた専門書はすでに多く出版されているが、それらは憲法学、政治学の研究者の手になるものがほとんどである。本書は、歴史研究者の立場から日本国憲法が作成されていく経緯を、世界史と東アジア国際関係に位置づけて歴史書として叙述したものである。その際、アメリカ政府・マッカーサー・GHQの動向と、天皇とその側近の動向、および幣原首相・幣原内閣の動向という三つの動向に注目し、これらの三つの歴史要素が相互連関しながら、日本国憲法草案の作成に向けた同時代史の流れを構成していったことについて、構造的に叙述してみたい。本書では、アメリカ政府・マッカーサー・GHQの動向が歴史展開の主軸になるが、昭和天皇の動向も、国体護持（天皇制継続）への執念とかかわって、大日本帝国憲法改正と新憲法作成、制定を目指して積極的に動いたことを重視して跡付けた。天皇の勅令による帝国憲法改正案の公布、天皇出席による枢密院における改正案裁可、天皇の名による新憲法の発布と、欽定憲法の改正手続きを踏んで日本国憲法を施行させたのである。日本国憲法は昭和天皇から欽定憲法の形式を踏んで国民に「下賜《かし》」されたという側面もあることを叙述した。

日本はアジア太平洋戦争（日中戦争を含む）において、連合国側に膨大な被害を与えた。中国における軍人と民間人の死者一〇〇〇万人以上、アジア地域の民衆の犠牲者数は約一〇〇〇万人といわれ、さらにアジア・太平洋地域の戦場におけるアメリカ軍の戦死者約一〇万人、イギリス軍は約三万人、オランダ軍（民間人を含む）は二万七六〇〇人といわれる犠牲を与えた。

日本が発動した無謀な侵略戦争により、連合国側に膨大な被害を与えた日本であったが、無条件降伏した日本は、沖縄と千島列島を除いた領土は保障され、一部の戦争指導者と軍人が東京裁判と各地のBC級戦犯裁判で裁かれ処刑されたものの、一般国民の戦争責任は戦勝国側から問われることはなかった。さらにアメリカ軍による占領下に置かれた日本は、戦勝国から賠償金を課せられることもなく、無条件降伏ではあったが、ドイツとは違い、間接占領であった（しかし、沖縄だけが除外されたことは銘記しなければならない）。そしてアメリカ政府の方針を受けてマッカーサー連合国軍総司令官と総司令部が推進した占領政策は日本の民主改革であり、それを制度化するための日本国憲法の制定であった。

いっぽう、大東亜共栄圏構想をかかげてアジアの盟主たらんとした大日本帝国の君主であった天皇も、東京裁判で戦争責任を追及されることなく、日本国民の象徴として日本国憲法に天皇の地位を保障されることになった。

本書のサブタイトルを「日本国憲法の原点の解明」としたのは、無謀な侵略戦争に敗れた天皇制大日本帝国を、アメリカ主導で民主主義国家に改造しようとしたのはなぜか、世界史に位置付けて解明しようとしたからである。第二次世界大戦はドイツ・日本・イタリアのファシズム枢軸国家にたいする連合国による反ファシズム戦争としての性格をもち、その理念はそれを指導したルーズベルト米大統領とチャーチル英首相による「大西洋憲章」(一九四一年八月)に謳われた。それを連合国の占領改革構想として提示したのがルーズベルトとチャーチルの「カサブランカ声明」(一九四三年一月)であり、枢軸国にたいする戦後処理は報復・制裁でなく平和・民主国家に改造することを提起した。そして、ルーズベルトとチャーチルに中国の蔣介石《しょうかいせき》を加えた「カイロ会談」(一九四三年一一月)において、ルーズベルトは中国国民政府を中心に戦後の東アジアの国際秩序の形成を構想し、中国は五大国として国際連合安全保障理事国になる道がつけられた。ルーズベルトの構想したPax Sino-Americana(アメリカと中国による平和)による東アジア国際関係は、ソ連を中心とする社会主義諸国にたいする「反共の防波堤」として国民政府の中国を位置づけた。その防波堤の内側にある日本にたいしては、非軍事化と民主化を徹底させ、かつての軍国主義国家・侵略主義国家を徹底して「無力化」しようとしたのである。

このPax Sino-Americanaこそが日本国憲法の誕生を可能にした東アジア国際関係であった。筆者は「時代の幸運」と呼んでいる。この期間に、本書で詳述するアメリカ政府とマッカーサー・GHQによる大日本帝国憲法の改正、すなわち日本国憲法の作成が進められたのである。憲法九条については幣原発案であるが、日本国憲法の第1章の象徴天皇制をのぞく国民主権、基本的人権(自由権・参政権・社会権)、三権分立と議会制度、財政・地方自治の条項など、議会制民主主義の保障にかかわる条項は、GHQ民政局のスタッフによって作成された憲法草案が敗戦国日本へ「与えられた」という認識を筆者はもっている。もっとも、民政局のスタッフは、当時の日本の民間で作成されていた憲法研究会などの民主的憲法も参考にしており、それらから汲み上げた内容もある。無謀な侵略戦争に敗れた日本は、喩《たと》えていえば、日本国憲法という「民主主義の器」を与えられるという「時代の幸運」に恵まれたのである。しかしそれは、あくまで「器」であり、それを真の民主主義社会に内実化させることが、敗戦後の日本国民に与えられた課題であった。

当時、日本国憲法を「押しつけられた」と思った階級、階層は、日本の戦争で利益や特権を享受した軍部、政界、官僚、財界などの特権階級、さらに地主などの封建的特権階級などであり、マッカーサー・GHQの一連の戦後改革で権力や地位や権益、特権を失った階級であり、さらには公職追放の対象にされて特権や地位、職位を失った階層であった。多くの国民が歓迎したことは、当時の世論調査で証明されている。

しかし、Pax Sino-Americana は長く続かなかった。中国における国共内戦が激化、国民党軍が敗退をつづけ、アメリカが「反共の防波堤」に期待していた国民政府の崩壊が始まるとその時代は終わりをつげた。同時に日本は「逆コース」の時代の始まりとなった。中華人民共和国が建国され、蒋介石国民政府が台湾に追いこまれると、東アジアにおける冷戦構造は一段と強まり、アメリカ政府の対日政策は大きく転換し、日本における共産主義勢力の拡大を恐れて「レッド・パージ」が強行され、アメリカ国内でも「マッカーシズム」といわれた「赤狩り」旋風が吹き荒れ、日本国憲法の作成に情熱をかたむけたGHQ民政局のニューディーラーたちは本国に帰国させられ、軍職を追放された。

日本国憲法が誕生できたのは、Pax Sino-Americana といわれた短い期間があったからであり、日本国憲法が施行された一九四七年五月三日にはすでに終わっていた。筆者が「時代の幸運」と呼ぶゆえんである。

朝鮮戦争と憲法九条成立の議論をいったん切り離して

本書の終章では、日本国憲法が公布されてから四年後に勃発した朝鮮戦争と憲法九条成立をめぐる議論はいったん切り離して論ずる必要があることを述べる。マッカーサーは一九五一年四月に朝鮮戦争の国連軍最高司令官を解任され、アメリカに帰国してから、幣原との「秘密会談」と「秘密合意」にふれ、憲法九条発案者は幣原であったことを証言するようになった。それは憲法九条を日本に「押しつけた」にもかかわらず、朝鮮戦争勃発直後に警察予備隊を設置させ、日本の再軍備を命じた自分の責任を幣原に転嫁するためであったと述べる論者もいる。憲法九条の第二項は自衛のための戦力保持を認めたものであるという解釈も、朝鮮戦争以後に出てきたものであり、日本国憲法の作成時にはなかった議論である。

それにしても朝鮮戦争の勃発によって、日本国憲法を生み出した東アジアの国際環境は悲劇的に瓦解してしまった。新憲法が目指した日本の民主的改革は「未完」のまま多くは捻じ曲げられ、あるいは挫折させられた。ポツダム宣言にもとづいてGHQが進めた戦争と軍国主義を支えた者を政界・経済界・言論界・教育界などから追放した公職追放令は解除され、多くの者がふたたび要職に復帰を果たし、かわってGHQの指令によって、共産党員とその同調者を教職、マスコミ、公官庁、企業から追放する「レッド・パージ」が強行され、「逆コースの時代」の到来となった。

一九五〇年六月二五日に勃発した朝鮮戦争によって日本国憲法が誕生した東アジア国際関係は瓦解、アメリカ政府が憲法九条を無視して、日本の再軍備を求めるようになった。一九五一年九月のサンフランシスコ講和条約と日米安全保障条約の調印により、「サンフランシスコ体制」といわれるアメリカ中心の東アジア国際関係に組みこまれた日本では、日本の再軍備と日米軍事同盟の強化を求め、日本国憲法改正を迫るアメリカ政府にたいして、「民主主義の器」としての日本国憲法を守れという改憲反対の国民運動が展開するという構図に転換した。

朝鮮戦争の勃発によって、「民主主義の器」は内実化されることなく、多くの民主主義改革は「未完」のまま、挫折、頓挫してしまった。それでも日本国民の「憲法を守れ」という闘いによって、多くの空洞ができながらも、辛うじて「民主主義の器」は保たれてきている。

本書のサブタイトル「日本国憲法の原点の解明」には筆者の願いもこめられている。日本国憲法がどのような国際、国内状況のなかで作成されたのか、日本国憲法草案を作成したGHQ民政局のメンバーはどのような理念と希望をこめて憲法条項を作成したのか、また彼らに影響をあたえた日本の憲法学者、グループなどの憲法草案はどのようなものだったのか、さらに長期にわたった帝国議会における真剣な草案審議の状況など、総じて日本国憲法を誕生させた敗戦直後の日本の時代状況を再認識していただきたいのである。それは憲法前文に集約される「民主主義の器」として日本国憲法に保障された国民主権の原理、平和主義の原理、基本的人権の原理などを、まさに現在の日本社会に内実化して定着させるための国民の営為と闘いが必要であることを改めて認識していただきたいという思いからである。最近はほとんど見かけなくなった感じがするが、昔、市役所や区役所に掲げられていた

「平和と暮らしに生かそう日本国憲法」というスローガンのようにである。
いっぽう、憲法九条が今日まで改正されずに残ってきたのは、無謀だった日本の戦争に対する反省がかなり広範な国民に共有されてきたからであり、そうした意識が幣原の発案した憲法九条に集約されているからである。

本書においては、引用文献史料のカタカナはひら仮名に、旧漢字、旧仮名づかいは現代漢字、新仮名づかいに改めた。人名に敬称をつけることはすべて省略させていただいた。
文献史料からの引用文中に「支那」「満州」など現在使用するのに不適切な用語があるが、そのまとしたので了解されたい。年号は西暦に統一し、必要な場合は元号も付した。西暦を下二桁だけで表記する場合もある。引用文中の〔　〕は筆者による注などの補筆である。引用文・史料の直接の引用については出典を記したが、参考した文献については、いちいち注記はせずに、巻末に参考文献・史料一覧としてまとめた。

【註】
(1) 芦部信喜、高橋和之補訂『憲法　第四版』岩波書店、二〇〇七年、三五〜三八頁参照。
(2) ケン・ジョセフ・ジュニア、荒井潤『ＫＥＮが「日本は特別な国」っていうんだけど……　憲法シミュレーションノベル』トランスワールドジャパン、二〇一七年。
(3) 笠原十九司「憲法九条は誰が発案したのか――幣原喜重郎と『平野文書』」(『世界』二〇一八年六月号)は「平野文書」を紹介したものであり、筆者が本書を執筆するきっかけとなった。
(4) 堀尾輝久「憲法九条と幣原喜重郎」(『世界』二〇一六年五月号)はマッカーサーと高柳賢三憲法調査会会長との往復書簡を中心にして憲法九条幣原発案を証明している。
(5) 堤堯『昭和の三傑――憲法九条は「救国のトリック」だった』集英社インターナショナル、二〇〇四年、集英社文庫版、二〇一三年。
(6) 堤堯、同(5)、集英社文庫版、九九頁。
(7) 大越哲仁『マッカーサーと幣原総理――憲法九条の発案者はどちらか』大学教育出版、二〇一八年。

憲法九条と幣原喜重郎――日本国憲法の原点の解明　目次

第1章　「幣原外交」の再評価

戦前日本の外交史において個人名を付して知られる外交政策に、「陸奥《むつ》外交」「小村《こむら》外交」「幣原外交」「田中外交」「松岡外交」がある。

「陸奥外交」は伊藤博文内閣の外務大臣陸奥宗光《むねみつ》が、対清国強硬政策を展開して日清戦争の開戦に踏み切り、下関条約の締結ならびに三国干渉を処理、この間にイギリスとの不平等条約改正を実現した外交で、日本の国権の伸長に貢献したと評価されている。

「小村外交」は、桂太郎内閣の外務大臣小村寿太郎《じゅたろう》が日英同盟を締結して日露開戦外交を推進、日露開戦とともに韓国に日韓議定書を強要して韓国併合の布石とし、ポーツマス講和会議の全権として講和条約の締結に奮闘した外交をいう。小村は第二次桂太郎内閣の外相に再任して、韓国併合条約を強制して朝鮮の植民地化を強行した。

「田中外交」は、長州閥出身の陸軍大将で政友会総裁となった田中義一《ぎいち》が首相と外相を兼任して、対中国強硬外交を推進、中国国民革命軍の北伐戦争に干渉して三次にわたる山東出兵を強行、日本軍は山東省の省都済南を総攻撃して済南事件まで引き起こした。「田中外交」は張作霖《ちょうさくりん》爆殺事件を誘発し、さらに満州事変へと日本の中国軍事侵略への道を開く役割を果たした。
「松岡外交」は、一九三三年二月、日本の「満州国」建国を否認した国際連盟総会において、国際連盟脱退の演説をして「国民的英雄」となった松岡洋右《ようすけ》が、近衛文麿内閣の外務大臣となって、日独伊三国軍事同盟を結んで対米強硬外交を進め、「大東亜共栄圏の樹立」をかかげて、アジア太平洋戦争開戦への露払いをした外交。松岡外相はドイツの独ソ不可侵条約にならって日ソ中立条約を結び、独ソ戦が開始されると陸軍に即時対ソ開戦を迫るなど奔放な外交政策を主張、最後は近衛首相に忌避される。

以上の四つの外交は、日清・日露戦争から満州事変・日中戦争、さらにアジア太平洋戦争への歴史につらなるものであるが、そうした国権拡張の歴史に抗い、抵抗して、国際協調、恒久平和、軍縮、共存共栄、対中国不干渉主義の外交理念を貫こうとしたのが、本章で詳述する「幣原外交」である。その意味で、「幣原外交」は、日本の近代外交史のなかで特異の位置を占めるものであり、その外交政策、外交実績にもとづいて、再検証し、再評価されるべき意義をもっている。本章では従来の日本近代史研究、外交史研究では概して評価が低かった「幣原外交」の再評価をおこなうが、それは、幣原が「幣原外交」の延長上に憲法九条の発案をおこなうにいたった、彼の平和外交思想の一貫性を理解できるからである。

1　ワシントン体制と「幣原外交」

幣原喜重郎は、一八七二（明治五）年に現在の大阪府門真《かどま》市の豪農の家に次男として生まれた。現在、生家のあった門真市一番町に幣原兄弟顕彰碑が建っている。兄の坦《たいら》（一八七〇―一九五三年）は、幼いころから神童と呼ばれた俊才で、東京帝国大学教授、広島高等師範学校長、台北帝国大学初代総長などを歴任、戦後は枢密《すうみつ》院顧問官として活躍した。

喜重郎は、兄とちがい、刻苦精励、努力に努力を重ねるたちで、生来の負けじ魂と明敏な頭脳とで、日夜うまずたゆまず学業にいそしみ、一つ一つの実を結ばせていくタイプであった。

大阪中学校へ入学した喜重郎は、寄宿舎で大平《おおだいら》駒槌《こまつち》と親友となり、生涯の盟友となるが、幣原の憲法九条発案を証明する羽室メモ（本書二八六頁）を残した羽室ミチ子は、大平の三女である。大平駒槌は後に住友本店理事から満鉄（南満州鉄道株式会社）副総裁、枢密院顧問官となるが、幣原とは、生涯にわたり真心をもって全幅信頼しあえる親友となった。

大阪中学校が改称されて第三高等学校となると、土佐から浜口雄幸《おさち》が幣原と同じクラスに入ってきて、二人はクラスの首席を争う関係になった。後に浜口雄幸が首相となり、浜口内閣の外相となった幣原が「幣原外交」を展開する絆はこのとき結ばれたのである。

第三高等学校を卒業した幣原は東京帝国大学法科大学法律学科に入学、同科卒業後、一時農商務省鉱山局に勤めるが、一八九六（明治二九）年、二五歳の時、外交官及び領事官試験に合格し、外交官生活をスタートさせる。幣原は大阪中学校時代に、イギリス人とアメリカ人の教師から英語を習い、英会話に秀でていたが、ロンドンやアメリカなどの領事館、大使館勤務の時代にさらに英語力に磨きをかけ、戦後に首相となって、マッカーサーと秘密会談をもったときに、通訳を介せずにまったく自由に流暢な英語で密談をすることができたのである。

幣原は三二歳になって、三菱財閥の創始者岩崎弥太郎の末娘雅子と結婚した。その縁談を世話したのが、加藤高明《たかあき》夫人の春路《はるじ》で岩崎弥太郎の長女であった。幣原は加藤高明内閣の外相となって「幣原外交」を展開することになるが、加藤とは義理兄弟の関係にあったので、「閨閥《けいばつ》政治」とか、幣原は三菱財閥のような大資本の側に立って、中国市場進出のお先棒をかついだ等と世俗的な批判をうけることにもなった。

（1）「幣原外交」のデビュー――山東問題の解決

第一次世界大戦後、アメリカのワシントンで開催されたワシントン会議（一九二一年一一月～二二年二月）が「幣原外交」のデビューの場となった。一九一九年九月からアメリカ駐在日本大使（駐米大使）になっていた幣原は、貴族院議長徳川家達《いえさと》、海軍大臣加藤友三郎《ともさぶろう》とともに日本の全権委員として出席した。幣原が全権委員に任命されたのは、ワシントン会議開幕の一週間前に東京駅頭で右翼に暗殺された原敬《たかし》首相が幣原を信頼して、深い望を嘱していたことが大きい。

ワシントン会議は、アメリカ合衆国大統領のハーディング（共和党）の提唱で開催され、米・英・日・伊・仏・中・オランダ・ポルトガル・ベルギーの九カ国が参加した。会議は、①海軍の軍備制限（軍縮）、②太平洋における恒久平和な国際関係の確立、③中国問題、④シベリア出兵の処理問題など多岐にわたる国際問題を協議、最終的には、「ワシントン体制」といわれる一九二〇年代の東アジア・太平洋の国際秩序、国際関係を規定する諸条約を締結した。[1]

ここでは、幣原全権代表が奔走、活躍してまとめた、中国の山東問題の解決について、従来あまり評価されていない歴史的意義について、筆者の研究にもとづいて紹介してみたい。

幣原喜重郎（国立国会図書館）

山東問題は、ワシントン会議の場で、日本代表と中国代表との間で直接交渉がおこなわれた。直接交渉は幣原がヒューズ米国務長官に事前に提案していたもので、中国代表は当初反対したが、アメリカとイギリスがオブザーバーとして参加することで進められた。そしてワシントン会議閉幕の二日前の二月四日、「山東懸案解決に関する条約」が締結された。同条約の内容は、日本が「旧独逸膠州《ドイツこうしゅう》租借地の還付」「旧独逸膠州租借地の行政権の返還」「日本国軍隊の撤退」「青島済南府鉄道および付属地の返還」などを認めたもので、中国政府と国民にとって、山東主権を回復できた画期的なものであった。[2]

ワシントン会議の中国全権代表は、王寵恵《おうちょうけい》、顧維鈞《こいきん》、施肇基《しちょうき》と後に国民政府を代表して国際的にも活躍した傑出した外交官ぞろいであった。幣原は戦後の回想録『外交五十年』において、「王寵恵氏が私に対して、非常に友情を示して来たことであった。それから施肇基氏も、顧維鈞氏もそうであった。王寵恵氏がワシントンを引揚げるとき、私はまだ外へ出るほどの元気はなかったけれども、病体を押してステーションに見送った。そのとき王氏はしみじみと私にこう語った。

『私は実は今日まで日本を誤解していた。今度の会議で、日本を理解し得たのは、大きな儲けものでした。私はそのうちにいつか日本に行って、両国の親善のために尽したいという強い決心を持っています』

見ると彼は深い感動に打たれているようであった。それ以来、二人は私交上、深い親交を結んだ」と述懐している(3)。

王寵恵は後に国民政府の外交部長を務めたり、国際法の権威としてハーグの常設国際司法裁判所の判事も歴任した。戦後、幣原が衆議院議長になったとき、王寵恵を台湾から招請して、学術講演をしてもらうなど、幣原と王寵恵との知己の関係は生涯変わらなかった。幣原のように、日中戦争を挟みながらも、中国人外交官と終生親交をつらぬいた日本の外交官は、他に誰がいたろうか。

ワシントン会議の場で締結された「山東懸案解決に関する条約」は「懸案」の名のとおり、第一次世界大戦の処理をしたベルサイユ会議で解決せずに残されていたいわゆる山東問題であった。日本が第一次世界大戦勃発に乗じてドイツに宣戦布告し（日独戦争）、ドイツが山東半島にもっていた権益（権利と利益）を横奪するために、それこそ悪辣な帝国主義的な外交手段を駆使して、ベルサイユ条約で「山東のドイツ権益の日本への譲渡」を決定させることに成功したが、中国ではこれに抗議する五・四運動が爆発し（後述）、中国代表はベルサイユ条約の調印を拒否した。このため山東問題は未解決のまま「懸案」として残されていたのであった。それをワシントン会議における「幣原外交」で解決したのである。

ワシントン会議で幣原と山東問題の交渉をおこなったもう一人の中国代表は顧維鈞で、コロンビア大学から国際法・外交博士の学位を取得、国際会議で原稿なく論陣をはれた卓越した英語力をもっていた。二〇代で駐米公使となり、三一歳の若さでパリ講和会議に中国全権として参加、ドイツの山東権益の中国への返還を要求し、日本の全権代表と抗争したが、入れられず、ベルサイユ講和条約の調印を拒否したのである。顧維鈞にとって幣原は、国際法のルールを守れる日本の外交官として稀有な存在に映った。顧維鈞は国民政府の外交部長を継続しながら国際連盟の重要会議で中国全権代表を歴任、日中戦争に際しては、日本が脱退した国際連盟において、日本の中国侵略の実相を訴え、国際社会の支援を要請しつづけた。一九四五年には国連憲章の起草にも参加、戦後はハーグ国際司法裁判所の判事、次長もつとめ、国際紛争の仲裁にあたった。ワシントン会議における、王寵恵や顧維鈞らの傑出した中国外交官との出会いは、幣原が中国の主権を尊重し、革命や内政に不干渉主義の方針を堅持した「幣原外交」の原点になったと思われる。

ワシントン会議で「幣原外交」が達成した「山東懸案」の解決は、第一次世界大戦に乗じた、「火事場泥棒」にも等しい中国侵略政策を否定し、是正しようとした画期的なものであるが、日本だけでなく中国の歴史学界においてもその成果は等閑視されている。

以下に筆者の研究を踏まえて、第一次世界大戦期の「山東問題」とは何であったのか、その歴史を略述してみたい[4]。

（2）日本の山東侵略と中国の山東主権回収運動

オーストリア皇太子夫妻がセルビアの青年に暗殺されたサラエボ事件をきっかけに一九一四年七月二八日にオーストリアがセルビアに宣戦布告、ついでドイツがロシアに宣戦布告、イギリスとフランスがドイツに宣戦布告して、ヨーロッパから第一次世界大戦が開始された。八月七日になって、イギリスから日英同盟を結んでいた日本に、極東におけるドイツ軍艦と武装商船（商船に仮装した巡洋艦）を捜索して撃沈してほしいと依頼があると、日本政府（大隈重信《おおくましげのぶ》内閣）はその夜のうちに閣議を開いて対独参戦を決定した。日本が第一次世界大戦に参戦して国際的地位を「一等国」に引き上げる絶好の機会と考えたからである。

ところが、あまりにも早い日本の対独参戦決定を知らされたイギリスは、日本はヨーロッパ列強が戦っている間に、中国における権益を拡大しようと目論んでいるのだと懸念して、日本の参戦延期を申し入れてきた。そこで参戦を焦った大隈内閣は、八月一五日、ドイツにたいして「独逸帝国政府は膠州湾租借地全部を支那国に還付するの目的をもって一千九百十四年九月十五日を限り無償無条件にて日本国官憲に交付すること」という最後通牒《つうちょう》を突きつけたのである[5]。「ドイツの山東権益を中国に返すためにひとまず日本へ渡せ」としたのは、日本は中国における領土拡大の野心は持っていないことをイギリスやアメリカなど列強に約束して警戒させないためだった。

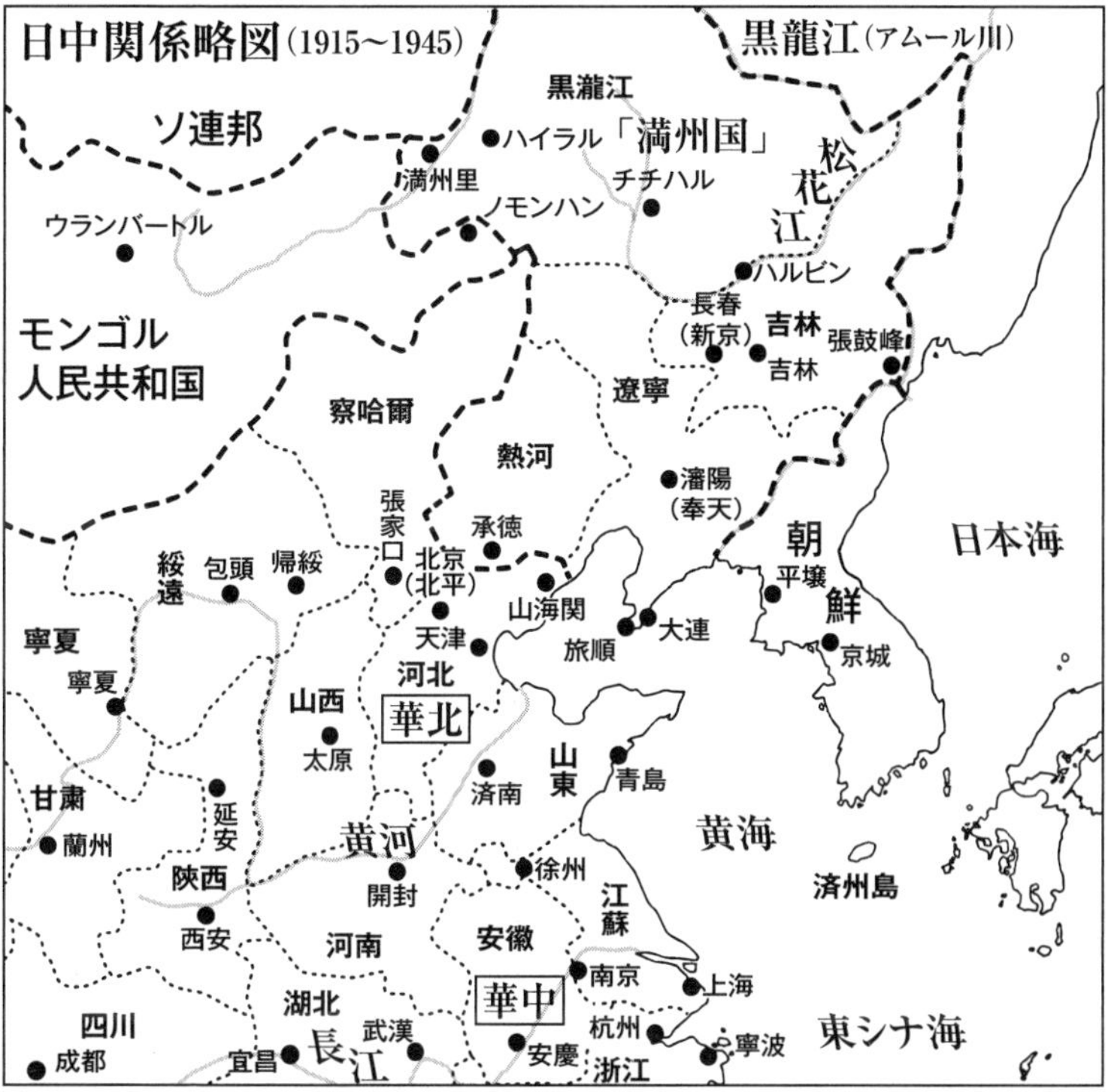

こうして日本は八月二三日、ドイツにたいして宣戦布告を行い、日独戦争を開始した。しかし、日英同盟の仮想敵はロシア帝国であり、日本はそれまでドイツを仮想敵にしたことはなかった。それどころか、大日本帝国憲法はドイツ帝国憲法をモデルとし、日本陸軍の軍制はドイツ軍制のイデオロギーを多く取り入れ、日本の近代医学（西洋医学）はドイツ医学の研究制度をモデルにして成立し、ドイツ哲学、ドイツ文学、ドイツ音楽など、日本の近代化はドイツの影響を抜きにしては考えられない。それにもかかわらず日本はドイツに最後通牒を突きつけ、宣戦布告をして日独戦争へ突入したのである。それもドイツがイギリス、フランス、ロシアとの戦争で、極東まで軍隊を派

遣できないことを利用しての宣戦布告であった。その目的は「ドイツの山東権益」を中国に返還させることにあると宣言したのである。ドイツの山東権益とは、ドイツが一八九八年に中国から租借した山東半島の青島を中心とする膠州湾租借地で、膠済鉄道（山東鉄道、山東省の済南から青島まで）と山東省内の鉱山の利権も含まれていた。

日本軍は一〇月六日に山東省の省都済南と山東鉄道全線を占領し、一一月七日に青島要塞を陥落させた。青島要塞を攻撃する日本軍は約三万名、守るドイツ守備隊は五〇〇〇余名、それも極東に居住していた民間のドイツ人を急遽召集して編成しての部隊で、最初から勝敗は決まっていた。日独戦争に勝利した日本は、「中国へ還付する」目的で「ドイツの山東権益」を占領して接収、青島守備軍の管轄下においたのである。

しかし、日本が参戦を焦った当初の予想と異なって、第一次世界大戦が長期化すると、「中国へ還付する」という当初の公約を翻して、「日本の権益とする」ために、おおまかに三つの横奪策を外交的に講じたのである。

第一策は、いわゆる対華二十一カ条要求の強要である。日本は中華民国大総統袁世凱《えんせいがい》にたいして、一九一五年一月一八日、五号二十一カ条からなる要求を突きつけたが、その第一号が「山東省に関する件」の四カ条であった。それは、ドイツが山東省にもっていた一切の権益を日本に譲渡すること、さらに山東半島北岸の芝罘《チーフー》（現在の煙台）または龍口《ロンコウ》から膠済鉄道につながる鉄道の新設権を日本に与えること、という要求であった。

袁世凱は二十一カ条を「亡国の要求」すなわち、これを受諾すれば、一九一〇年に日本が韓国に強要した「韓国併合条約」と同様に中国が亡びることになると驚愕し、交渉を長引かせて抵抗するいっぽうで、イギリスやアメリカに秘密交渉の内容を洩らし、両国政府からの干渉を引き起こして阻止しようとした。しかし、日本の思惑どおりに、ヨーロッパの大戦で精一杯の両国には、そのような余裕はなかった。

袁世凱政府の抵抗に業を煮やした日本は、青島・済南・天津・南満州へ戦時編成の日本軍を増派し、一九一五年五月七日、要求受諾を迫る最後通牒を突きつけ、南満州に戒厳令をしいて南満州駐屯軍に総動員令を発動、済南の日本軍守備隊に臨戦態勢をとらせた。さらに海軍の軍艦を中国沿岸に配備して、北京公使館および各地の領事館員ならびに日本人居留民に引き揚げ準備を開始させた。こうした日本の陸海軍の軍事威圧の前に、袁世凱政府は五月九日ついに二十一カ条要求を受諾したのである。以後、中国の国民と政府は、日本が最後通牒を突きつけた五月七日と袁世凱政府が受諾した五月九日を「五・七国恥記念日」「五・九国恥記念日」とそれぞれ定め、屈辱の日を永久に忘れず、日本への恥辱を雪《そそ》ぐ覚悟を新たにする日として、日本の中国侵略にたいする愛国・救国運動を鼓舞する行事や集会をおこなう記念日としたのである。

日本のドイツ山東権益横奪策の第二は、日本がアメリカを除く列強と結んだ秘密条約である。一九一七年一月、Uボートといわれたドイツ潜水艦の地中海における連合国の通商破壊をめざした商船撃沈攻撃に苦しんだイギリスから、日本にたいして、軍艦派遣の要請がおこなわれた。これに応じた日本は、海軍の駆逐艦を地中海に派遣する見返りとして、同年二月、「英国政府は講和会議の際、山東に於ける独逸の諸権利竝赤道以北の諸島に於ける独逸の所領に関し日本の提出する要求を支持すべき」密約を結ばせたのである。(6) 同年三月、日本はフランス、ロシア、イタリアにも同趣旨の密約を結ばせ、アメリカを除く列強への「根回し工作」に成功したのである。

つづいて、第三策は、日本の寺内正毅《まさたけ》内閣が、袁世凱政府の後の段祺瑞《だんきずい》政府を援助して日本の従属下におき、中国における利権拡大をはかろうと、西原借款といわれる八件、総額一億四五〇〇万円におよぶ借款を与えたが、その最後が「満蒙四鉄道借款」「済順高徐二鉄道借款」「中華民国政府参戦借款」の六〇〇〇万円にのぼる借款であった。これらの多額な借款と引き換えに、一九一八年九月二四日、日本は中国に「山東省に於ける諸問題処理に関する日華交換公文」(秘密条約)を結ばせた。これは、日本がドイツの山東権益を日中合弁の体裁を装いながら保有し、済南、青島の日本軍守備隊の駐屯を継続することを中国政府に認めさせたものである。これを山東処理密約あるいは山東密約と呼ぶことにする。

この密約締結の責任者が、交通総長・曹汝霖《そうじょりん》と駐日公使・章宗祥《しょうそうしょう》で、二十一カ条要求受諾時の駐日公使・陸宗輿《りくそうよ》とともに売国三官僚として、後述する五・四運動において、学生と国民の指弾を浴びることになる。

以上の三策の「根回し工作」を講じた日本は、きたる第一次世界大戦の講和会議においては、対独参戦時の対独最後通牒を反故《ほご》にして、ドイツの山東権益の日本への譲渡が承認されるものと思いこんでいたのである。

ところで、中国の段祺瑞政府は、一九一七年八月、その年の四月に対独宣戦布告をしたアメリカの強い慫慂《しょうよう》によってドイツ・オーストリアに宣戦布告し、対独参戦を果たしていた。したがって、日本と中国は同盟国の関係になっていたのであった。

一九一八年一一月一一日にドイツが連合国に降伏し、五年にわたった第一次世界大戦がようやく終結し、一九一九年一月一八日から対独講和条約を決定するためのパリ講和会議が開催された。すでに述べたように、パリ講和会議の中国全権代表は、三一歳と若い顧維鈞であった。山東問題が議論された会議において、日本の牧野伸顕《のぶあき》全権代表が、ドイツの山東権益を日本が無条件で譲り受けて、自由な処分権を得たうえで、将来は中国に返還するが、その時期と返還方法については、中国政府と取り決めてある（山東処理密約をさす）と主張した。これにたいして、顧維鈞代表は、ドイツと中国の租借条約は宣戦布告によって無効となったのであり、ドイツが中国にもっていたすべての権益は、ただちに返還されるべきものである、中国はこの講和会議において、ドイツの山東権益の中国への返還が決定されることを要求すると主張して、日本代表の主張と真っ向から対決した。国際公理からいえば、中国は対独戦争の戦勝国であるので、ドイツが中国に持っていた権益を回収したいというのは、当然の権利であった。日本こそ、軍事威圧によって対華二十一カ条要求を強要し、列強と日本の主張支持の密約を結び、中国政府を借款で買収して山東密約を結ぶという老獪《ろうかい》な外交策を駆使、同盟国で同じ戦勝国の中国から敗戦国ドイツの山東権益を横奪しようとしたのである。

パリ講和会議における山東問題の議論の経緯はここでは省くが、最終的に決定された対独講和のベルサイユ条約で、米・英・仏の列強は日本の主張を認め、同条約の第一五六条から第一五八条において、ドイツは山東権益の一切を「日本国の為に放棄」し、「日本国は一切の権利及び特権を取得保持」することを保証されたのである。(7) アメリカ大統領ウィルソンも最後は日本の主張を認めたのは、強要された二十一カ条要求と違った山東密約を日本代表が「切り札」に使って提示したためである。

この決定が中国に伝わるや、中国では一九一九年五月四日、北京の学生が天安門で集会を開き、「青島を中国に返せ」「山東主権を回収せよ」「ベルサイユ条約の調印を拒否せよ」「曹汝霖・章宗祥・陸宗輿の売国三官僚を懲罰せよ」などとスローガンを叫びながら曹汝霖邸に押しかけ、侵入して焼き打ちをかける五・四事件が発生、これをきっかけに全国へ五・四運動といわれる山東主権運動が拡大した。五・四運動についてここでは述べないが[8]、二カ月にわたり、全国に爆発した五・四運動の前に、北京政府は六月一〇日に曹汝霖・章宗祥・陸宗輿の売国三官僚を罷免《ひめん》、中国代表の顧維鈞は、パリ講和会議最終日の六月二八日、ベルサイユ宮殿における調印式に出席せず、条約調印を拒否したのである。

このため、パリ講和会議で山東問題は未解決とされ、すでに述べたようにワシントン会議における「幣原外交」の登場によって、「山東懸案解決に関する条約」が締結され、日本はドイツの山東権益を中国に返還し、日本軍を山東から撤退させることを認めたのである。

ワシントン会議が閉幕して一週間後、幣原は、山東問題の解決によって、中国全権の対日態度が好転したことを幣原自身、内田康哉外相へ次のように報告している[9]。

「華府（ワシントン）会議の末段頃より当地支那全権は漸《ようや》く日本の公正なる政策及び其列国間に於ける勢力を感知するに至れるものの如く、本使らに対する態度も著しく慇懃《いんぎん》を加え、殊に山東問題解決後は、解決前に比して当地支那人の対日感情全く一変したるの感あり。支那全権中最も真面目なる王寵恵の如きは、山東問題の解決を以て従来日支両国間に蟠《わだかま》りたる悪感情を一掃すべき絶好の機会なりと認め、帰途上海より北京に到る迄随処に啓発運動を試むる心算なる旨を本使等に語り（後略）」
山東問題を中国側の要求にそって解決した「幣原外交」の登場によって、日本に対する態度を一変させた中国側全権に顧維鈞もいた。彼はこれまで述べてきたように、パリ講和会議において中国全権として、ドイツの山東権益の中国返還を国際法の公理にもとづいて要求したのであるが、日本の老獪な帝国主義的「根回し外交」の前に敗れたのだった。

日本は「山東懸案解決に関する条約」にもとづいて、一九二二年一二月に青島行政を中国に返還し、山東の日本軍の撤退を完了し、第一次世界大戦に乗じた日本のドイツの山東権益横奪政策はひとまず頓挫、中国国民と政府の山東主権回収運動はその目的を達成したのである。第一次世界大戦期の日本の山東侵略外交を是正したのが「幣原外交」であった。

「幣原外交」の理念は、幣原の言葉によれば「今や権謀術数的の政略乃至《ないし》侵略的政策の時代は全く去り、外交は正義平和の大道を履みて進むにありて、帝国の進路を開拓するに当りての信条、亦之を措いて他なしと確信す」「日本の外交方針は平和、正義、名誉を基礎とする」「世界はしだいに国際間の親善と一致を必要視するに至り、他人の正当なる利害を無視して自分勝手の政策を採るのは時代遅れで、相互に生存して行こうという原則が、今や遥に有勢な認識を得てきつつある」などというものであった。いずれも一九二四年六月に幣原が初めて外務大臣に就任した直後の記者会見で表明したものである。⑩

これまで見てきたように、山東問題は、日本は当初、対独最後通牒に「ドイツの山東権益を中国へ還付させる目的」をうたって対独宣戦布告をしておきながら、それを反故にしてベルサイユ条約では日本の権益とするようにさまざまな「権謀術数的の政略乃至侵略的政策」を試み、中国の「正当なる利害を無視して自分勝手の政策を採る」ことを試みたことにおいて、幣原が批判する「時代遅れ」外交だったのである。

一九二三年一月一一日に汕頭《スワトウ》学生連合会はつぎのような、青島問題（山東問題）解決による「排日ボイコット」取消宣言書を発表し、市中を大行列して、同問題の結着をアピールした。(11)

「吾人が約六年間にわたり辛苦艱難官僚の圧迫を受けつつ百折撓まず強権に対して『ボイコット』を励行したる所以は、一に青島を回収せんが為なりき。然るに今や日本は其非を覚りて之を還付し国交を重ぜんとす。吾人の目的は已に達せり、彼已に吾を待つに友邦を以てす。吾又彼を待つに友邦を以てすべし、之『ボイコット』を取消し国際条約を守る所以にして、之より我等は日本品の検査を為さざるべし」

日本の中国侵略は、日本の中国侵略行為にたいして中国国民の抗議の「日貨排斥」「日貨ボイコット」が展開され、それを抑圧、鎮圧するために日本が軍隊を派遣、これに中国国民が反発して、さらに反日運動を激化、ついには日本軍による攻撃、占領という応酬をエスカレートさせて、満州事変、日中戦争にいたるという経緯をたどることになるが、山東問題を解決して、ボイコットを中止させた「幣原外交」が継続されていれば、日本は満州事変、日中戦争へと進むことはなかった可能性があったのである。

（3）「幣原外交」の対中国外交の原則――「中国に関する九国条約」

幣原喜重郎が日本全権代表としてワシントン会議で取り決めた条約に「中国に関する九国条約」（以下「九国条約」）があった。ワシントン会議に参加した米・英・日・伊・仏・中・オランダ・ポルトガル・ベルギーの九カ国の間で調印された。

同条約は第一条に「（一）支那の主権、独立並其の領土的及行政的保全を尊重すること（二）支那が自ら有力且安固なる政府を確立維持する為最安全にして且最障礙なき機会を之に供与すること（三）支那の領土を通して一切の国民の商業及工業に対する機会均等主義を有効に樹立維持する為各尽力すること」と規定したように、列強は中国の主権と独立と領土・行政の保全を尊重することを約束し、保障したのである。そして、列強は中国の内政に干渉せず、中国自身が国民国家を建設する機会を与えることと、列強どうしでは中国における商業活動の機会均等を認めあうことを約束したのである。

そして第四条には「締約国は各自国民相互間の協定にして支那領土の特定地方に於て勢力範囲を創設せむとし又は相互間の独占的機会を享有することを定めむとするものを支持せざることを約定す」として、列強が単独で中国の特定領域を独占的に支配することを認めないことを約したのである。[12]

「九国条約」は、アメリカ政府の強い意図があって提案され、締結されたものであった。それは、第一次世界大戦のためにヨーロッパ列強が中国支配から後退した間隙を利用して、日本が対華二十一カ条要求を強要して、満州や山東その他の権益拡大を目論んだり、ロシア革命によるロシア帝国の崩壊に乗じて、日中共同でシベリア出兵をおこなうことを目論んで、中国の段祺瑞政府と秘密協定の「日中共同防敵軍事協定」(日中軍事協定と略称)を結び、北満州とロシアの沿海州、樺太の北半分など、ロシア帝国の極東地域を日本の勢力下におこうとしたなど、日本が第一次世界大戦中に獲得した中国における諸権益や独占的・排他的地位を否定しようとするものであった。

幣原も幣原自身の外交理念から「九国条約」に賛同してその条約締結に積極的にかかわり、「幣原外交」の中国政策の原則に同条約の精神の遵守を位置づけたのである。幣原の回想録『外交五十年』では、中国の門戸開放、機会均等主義を「九国条約」に是非入れるようにアメリカ側に申し入れたのは、自分であったと述べている。「中国において経済活動をするのに、日本は優先的ないし独占的の権利を主張する必要はない。門戸開放とか機会均等とかいうことは、すなわち公明正大な競争が行われるということである。それならば、わが商工業は外国の業者の競争を恐れることはない」という信念からであった[13]。

ワシントン会議によって結ばれた諸条約と確認された諸原則によって規定された、一九二〇年代の新しい極東の国際秩序は「ワシントン体制」と呼ばれるが、「幣原外交」はこの体制に即応したものであり、大正デモクラシー時代の日本外交を象徴するものであった。

幣原自身「ワシントン会議というものは、私の関する限り、日華両国の間に、間接ながら好い結果をもたらしたと思っている」と回想している[14]。

しかし、日本の歴史学界において、「ワシントン体制」についてはむしろ否定的な評価がなされてきた。これまで「幣原外交」の評価が低かったのも、このことと関係がある。海外領土、海外市場を「もてる」アメリカが、ワシントン会議において日本に海軍軍縮条約の押しつけ、日本の中国進出、権益拡大を阻止、排除しようとしたのが「ワシントン体制」であると軍部・右翼がとらえ、そして叫んだ「ワシントン体制打破」のスローガンが、やがて国民意識となるまでに浸透していったのは周知のとおりである。

いっぽう、ロシア革命や社会主義国ソ連の歴史学から影響をうけた日本の歴史学界において、ロシア革命が東アジアの民族独立運動へおよぼす影響を恐れた帝国主義列強が、社会主義ソ連を包囲して封じこめるために、アメリカを中心にした「帝国主義体制の再編」をはかったのが「ワシントン体制」であるという評価が大勢を占めてきた時代があった。

本書では、従来の通説的な評価にこだわらず、歴史事実に照らして、「ワシントン体制」にコミットした「幣原外交」の再評価をしてみたい。

ここで、「九国条約」がもった意味について、歴史を進めて指摘しておけば、満州事変をおこして「満州国」を樹立した日本が、国際連盟総会（一九三三年二月二四日）で「満州国」を独立国として認めないと決議され、連盟を脱退するが、そのときの日本批判の根拠が「九国条約」に違反したことであった。また、中国全面侵略の日中戦争を開始した日本を批判したブリュッセル九カ国会議（一九三七年一一月）がベルギーで開催されたが（本書八七頁）、会議名が示すように日本の「九国条約」違反への対応を検討するために、国際連盟加盟国でなかったアメリカがイギリスとともに提案国となって開催したのであった。

加藤高明内閣の外務大臣に就任した幣原が、一九二四年七月、第四九帝国議会においておこなった外交演説で、ワシントン体制に対応する外交原則を以下のように明確なかたちで打ち出した。第一に「正当なる権利利益を擁護増進」することと、列国の「正当なる権利利益を尊重」して世界平和を維持すること、第二に外交の継続主義を尊重して外国との信頼関係を保持すること、第三に対米対ソ関係を改善すること、第四に対中国政策において内政不干渉をつらぬくこと、であった[15]。

2　中国国民革命と「幣原外交」

（1）「幣原外交」のスタートと日ソ国交樹立

一九二四年六月、第一次加藤高明内閣の外務大臣に就任した幣原喜重郎は、本格的な「幣原外交」をスタートさせた。加藤高明内閣は大正デモクラシー時代の護憲三派内閣といわれ、前内閣の清浦奎吾《きようらけいご》内閣が政党から超然とした貴族院中心の政治をおこなったのに反対し、憲政会・革新倶楽部に政友会の一部をくわえた護憲三派が総選挙に圧勝して成立、以後、政党中心に内閣を組織するという政党内閣制が慣行となり、政党政治が一九三二年の五・一五事件までつづくことになった。

憲政会総裁の加藤高明は前に述べたように、幣原の義兄にあたったが、幣原の外相指名は私的関係とは無縁であった。幣原は、外交は一党一派に偏してはならないという信念から、政党には加入しなかった。また、条約と外交は政府や内閣がかわったからといって、一国の政府が公然外国に与えた約束を変更してはならないという、外交継続主義の信念をもっていた。前述した、日本が対独最後通牒で「ドイツの山東権益を中国に還付させるため」と公約しながら、それを反故にして、パリ講和会議で日本への譲渡を迫り、それをベルサイユ条約に盛りこませたことは、幣原の外交継続主義の理念に反することであった。

幣原は憲政会の単独内閣となった第二次加藤高明内閣および加藤の死後をついだ憲政会の第一次若槻礼次郎内閣の外相を継続し、政友会の田中義一内閣にかわられる一九二七年四月まで、三年近くにわたり外相を務め、大正デモクラシー時代を象徴する「幣原外交」を展開した。

「幣原外交」は対米英協調外交であることが強調されているが、幣原が外相となってまもなく実行したのが、社会主義国のソ連との国交樹立であったことは注目されてよい。「幣原外交」の協調外交はけっして対米英一辺倒ではなく、ソ連や中国も対象にした国際協調外交だったのである。

日本はロシア革命に干渉して連合国とともにシベリア出兵をおこない、第一次世界大戦が終了して、連合国がシベリアから撤兵した一九二〇年以後も日本だけがシベリア出兵を継続してソビエト政権への敵対をつづけ、ワシントン会議において国際的批判を受けたのちにようやく、一九二二年一〇月、北樺太をのぞいて日本軍の撤兵を完了したのであった。同年一二月にソビエト社会主義共和国（ソ連）が成立したが、日本社会には反ロシア革命感情、反共産主義意識が強かった。アメリカを中心としたワシントン体制もロシア革命の東アジア諸民族への影響を封じこめようという意図があった。しかし、幣原は、極東平和の維持には、ソ連との国交樹立が必要と考えて、一九二五年一月二〇日に日ソ基本条約を調印し、日ソ国交を樹立し、北樺太を占領していた日本軍を撤退させ、日本のシベリア出兵を最終的に完了させたのである。

現在の日本政府が朝鮮民主主義人民共和国（北朝鮮）と今にいたるも国交樹立ができず、ソ連崩壊後のロシアとも平和条約が締結できないでいる現実を考えれば、ワシントン体制において日ソ国交を樹立した「幣原外交」の英断ぶりは評価されてよい。

幣原は、ロシア革命に干渉した日本のシベリア出兵の失敗から批判的な教訓を引き出し、それが、中国の国民革命に干渉すべきでない、という信念になった。それは、南京事件（一九二七年三月、後述）に共同出兵を要請したイギリスの駐日大使との会談で、「露国革命の際、欧州列国はおおいにその危険を恐れたれども、現に日本は数年前日露国交回復以来現在においてはこの共産主義の露国内において何ら危険なく居住貿易企業に従事するを得おる実状にてらし、支那の場合においても同様にして、さほど恐怖すべきことにもあらず」と述べたことに示される。(16)

（2）中国の内政不干渉──「幣原外交」の信念

幣原は一九二四年一二月の第五〇帝国議会において中国にたいする内政不干渉について「吾人は何人が支那の政権を掌握し、また支那がいかなる憲法制度を採用するとも、濫《みだ》りに之に干渉する意思を有せず」と説明した。(17)それは中国の政治勢力の内争に干渉しないという面と中国の主権の行使に干渉しないというふたつの面がふくまれていた。この不干渉主義は、さきの山東問題に明らかなように、第一次世界大戦中の日本の中国にたいする干渉政策が、中国および列強から強い反発をひきおこしたことへの反省にもとづいている。

これより先の一九二四年九月、中国の統一をめざした軍事政治集団（軍閥）の呉佩孚《ごはいふ》がひきいる直隷派と張作霖がひきいる奉天派との間で第二次奉直戦争が発生した（第一次奉直戦争は一九二二年におこなわれ奉天派が敗北）。直隷派の背後にはイギリスの支持と民衆の一定の支持があり、奉天派の背後には日本軍の援助があった。両派の戦闘が一進一退を繰り返していた時に、直隷派の馮玉祥《ふうぎょくしょう》がクーデターを起こして奉天派へ接近して呉佩孚を敗走させ、奉天派の張作霖が北京政府の実権を掌握する契機となった。

この第二次奉直戦争にたいして、日本の軍部だけでなく、加藤高明内閣の閣僚のなかにも奉天派が敗れ、直隷派の勢力が東三省（満州の黒龍江省・吉林省・遼寧省）におよぶのを恐れて、張作霖に武器や資金を援助すべきであるという主張があった。これにたいし、幣原は中国の内争には干渉しないと中国不干渉を主張、国際間の信義を守るかどうかは、国運の消長に関する重大問題であると張作霖援助に断固反対した。当時加藤内閣は護憲三派の寄合世帯であり、政友会派は積極政策を主張して譲らない。困った加藤首相が「何とか妥協の余地はないか」と幣原に打診してきたとき、幣原は辞表を提出して自分の信念は変わらないことを伝え、加藤も「君がそれほどの決心ならば、自分は中国内争不干渉方針を一貫することに異議はない」といって、辞表をそのまま返したのであった。(18)

馮玉祥のクーデターは、参謀本部員として中国に出張していた土肥原《どいはら》賢二中佐が張作霖から一〇〇万円を出させて馮玉祥に渡して工作したものだった。外務省の不干渉政策を軍出先が暗躍して崩していく軍部の二重外交が以後ますます露骨となり、「幣原外交」はやがて挫折させられていくことになる。土肥原は後に関東軍の奉天特務機関長となり、満州国建国へむけたさまざまな謀略を画策していき、戦後の東京裁判において対中国侵略遂行の罪を問われて絞首刑にされる。

第二次奉直戦争以後、北京政府を支配するようになった奉天派軍閥の張作霖にたいして、一九二五年一一月、国民革命（後述）に共鳴した張作霖部隊の郭松齢《かくしょうれい》が反乱、張作霖の下野を要求して張作霖の本拠の奉天をめざして進撃を開始した郭松齢事件が発生した。郭松齢の部隊五万は奉天軍中、最も精鋭な部隊であった。さきの第二次奉直戦争で直隷派に反旗を翻した馮玉祥は、その後孫文の国民革命に共鳴して自軍を国民軍と改称して、「北方革命」を唱えていたが（馮玉祥は後に国民党に入党する）、郭松齢は馮玉祥と同盟を結んで、張作霖に下野を迫ったのである。

郭松齢の反乱にたいして、関東軍は郭松齢の勝利が「満州の赤化」につながるとして、危機に陥った張作霖援助を企図したが、幣原外相は不干渉政策を堅持して反対し、宇垣一成《かずしげ》陸相もそれを支持した。しかし、この時も関東軍は独断専行で郭松齢の部隊の奉天入りを妨害し、郭松齢の反乱を失敗に終わらせた。もしも、郭松齢の反乱が成功していれば、国民革命に共鳴して「北方革命」を唱えて奉天軍と戦っていた馮玉祥の国民軍との連携が成立し、満州にはやく国民革命が波及する可能性があった。そうなれば、張作霖爆殺事件から満州事変にいたった歴史の流れとは異なる展開となる可能性があった。このとき、張作霖を救った関東軍は後に彼を爆殺するのである。

幣原外相・加藤高明内閣の郭松齢事件不干渉政策を批判、攻撃したのが後に政友会総裁となった田中義一陸軍大将で、「幣原外交」と「田中外交」の対立構図がすでにできていたのである。

（3）南京事件への共同出兵拒否

幣原が外務大臣をつとめた時代は、中国では国民革命の時代であった。「幣原外交」は、中国の国民革命（一九二四～一九二八年）とその中心となった北伐戦争（あるいは単に北伐、一九二六～一九二八年）と重なっていた。

中国国民革命にたいして「幣原外交」は不干渉政策を貫いたのであるが、それを「軟弱外交」と糾弾して退陣させた「田中外交」は、武力干渉政策に変更して山東出兵を強行、済南事件、張作霖爆殺事件をおこして、日本を満州事変への道へと歩ませることになる。

「幣原外交」の国民革命への不干渉政策についても、これまでの日本の歴史学界では、まともに評価されてこなかったので、ここで再評価をしておきたい。

辛亥革命によって清王朝を打倒し、中華民国を建国し、臨時大総統についた孫文であったが、袁世凱の強権政治に敗れたかたちで国民党国会議員らとともに北京を離れ、広東に政治活動の場を移し、一九一七年に広東軍政府（孫文が大元帥）を樹立して北京政府に対抗した。孫文は一九一九年に国民党をより大衆的な政党に改め、広東政府と改称して大総統に選ばれた。そして一九二四年一月に国民党第一回全国代表会議を開き、ソ連との友好（連ソ）、共産党（ソ連共産党とコミンテルンの指導を受けて一九二一年七月上海で結成）との合作（容共）、労働者や農民の運動の支援（扶助農工）の三大政策を決定した。これにより国民党と共産党との第一次国共合作が成立し、共産党員も国民党政府・組織・

機関に参加して活動できるようになった。中国では、第一次国共合作の成立から国民革命が開始されたとしている。

孫文はソ連の援助をうけて二四年六月に広東に黄埔軍官学校を設立、蔣介石を校長として、ロシア革命を主導した赤軍をモデルにした国民革命軍(国民党軍)の幹部を養成した。ソ連から軍事顧問が派遣され、国民革命軍の訓練と作戦を指導した。ソ連からは武器・弾薬、そして経済面でも相当の援助があった。孫文は、広東政府による全国統一をめざして「北伐」(各地に割拠している軍事政治集団〈軍閥〉を打倒するための北上)をよびかけたが、一九二五年三月肝臓癌のため死去した。

孫文の革命遺志をついだ国民党は、汪精衛《おうせいえい》を主席とする中華民国国民政府を広州に樹立、一九二六年七月、蔣介石を総司令とする国民革命軍を北上(北伐)させた。北伐戦争の開始である。国民革命軍は、辛亥革命により樹立された中華民国を正統に継承する国民政府によって全国を統一することをめざした。そして関税自主権の回復と領事裁判権の回収など不平等条約の撤廃および列強から租界・租借地を回収して中国の完全主権を確立することを掲げて、各地の労働者・農民・学生や民衆の共鳴と支持を獲得しながら快進撃をつづけた。

北伐戦争を中心とする国民革命は、張作霖の奉天軍が実権をにぎっていた北京政府および全国に割拠する地方軍事政治集団(軍閥)を打倒すること、ならびに帝国主義列強の従属から中国の主権を回復することをスローガンに謳った。ソ連とコミンテルンが国民革命を援助した目的は、その反帝国主義運動にあった。

一九二七年三月二四日、国民革命軍が南京に入城すると一部部隊と反帝国主義を叫ぶ群衆によって日本・イギリス・アメリカなどの領事館が襲撃された。日本領事館には約五〇名の革命軍兵士が事務所、館員の宿舎に乱入し、阻止しようとした領事館警察が負傷した。革命軍兵士は自動車、馬車、人力車等運搬具を用意して、略奪を開始した。略奪は三時間におよび、国民党の旗である青天白日旗を掲げ、「日英帝国主義打倒」「日本人の財産は中国人からまきあげたものだから奪回する」「日英両国は数年来上海において中国人を虐待した」などとスローガンを叫んだりした。数百名の民衆も押し入り、略奪のおこぼれを持ち去った。南京の日本人居留民一三一名は下関《シャーカン》停泊の軍艦三隻に避難し、在留アメリカ人はミッション大学の金陵大学に避難した。

これにたいし、長江停泊中のイギリスとアメリカの砲艦が南京城内を砲撃、兵員を上陸させて、国民革命軍を攻撃した。このため、中国側は死者一二名、負傷者二〇名、学校など二〇カ所が破壊された。南京事件といわれる。日本の官憲は幣原外相の国民革命不干渉政策にしたがって動かなかった。

日英米三国の公使は北京で南京事件への対策を協議、蒋介石にたいし、①責任者の処罰、②文書による陳謝と外国人の生命保障、③損害賠償の要求、これらの要求が入れられない場合は武力による強硬手段をとることを決定して、それぞれ本国政府へ請訓した。これにたいして、幣原外相は要求貫徹のための封鎖、砲撃、軍事占領などの強硬手段をとることに反対し、幣原を訪れたイギリス大使、アメリカ大使にそれぞれ反対の理由を説明した。その中で、「日本としては武力使用の影響、日支貿易が長期にわたり阻害せらるるは、英米のごとく対支貿易が全貿易の一小部分に過ぎざる外国と異なり、到底堪え得ざるところにして、更に之を政治上の大局よりするも……国民全体より長く怨恨を招くがごとき行動は、極東永遠の平和のためつとめて之を避けざるべからず」と日本は中国との貿易関係を長期的に維持するために、武力干渉を避け、中国国民革命にたいする不干渉政策をとるという日本の立場を説明した。

さらに共同出兵を促してきたイギリス公使にたいしては、「自分は支那の国民政府その他の状況よりみて共産主義が全国に行きわたるものとは信ぜざれども、仮に共産派の天下となるも二、三年も経過せば、外国人は再び居住貿易し得ざるほど危険なる状態とは思考せず。（中略）要するに支那時局の帰趨が何れになるとも列国はむしろこれを放任して隠忍その結果を俟《ま》つの外なし」と不干渉政策を説いた。そして、「列国が弾圧的政策をとることは、蔣介石の敵を助け、過激分子が政府、軍の実権を掌握するのを助けるのにすぎない。列国は強硬手段を採用すべきではない」と提案を拒否した。幣原はこの時、一九二七年一月に武漢国民政府を樹立した国民党左派・共産党勢力とそれに対抗する蔣介石らの中立派・穏健派とのあいだに対立が生じているのを察知し、蔣介石の指導する国民革命の達成を望む立場にあり、在上海矢田総領事をとおして蔣介石にその旨を伝えていた[19]。

武漢には、ソ連の軍事顧問の指導下に国民党左派と共産党勢力を中心に武漢国民政府が樹立された。武漢政府は、革命外交を標榜して、漢口と九江のイギリス租界を実力回収し、反帝国主義の旗幟を明確にした。その武漢において、南京事件につづいて、漢口事件（武漢は武漢三鎮といわれる、武昌・漢口・漢陽の三つの市区からなり、漢口はその一つ）が発生した。一九二七年四月三日、漢口の日本租界を上陸中の二人の日本水兵が桜と鳥籠をもって歩いていたところを、中国人の子ども五、六人がからかって石を投げた。水兵が叱ったことから口論となり、付近にいた人力車夫や群衆が集まってきて、水兵を殴打、暴行を加えた。水兵は近くにあった日本人経営の浪華食堂へ逃げこんだ。食堂で飲食中だった日本水兵二、三人が物干し竿などで中国人の進入を阻止しようとしたところ、「日本水兵が中国人を刺殺した」という話がたちまち広まり、これをきっかけに、膨れ上がった群衆による日本租界の邦人商店、同仁病院、本願寺などが襲撃され、破壊、略奪を受けた。当時、漢口には約二二〇〇人の日本人居留民が生活していた。高尾総領事から連絡をうけた漢口海軍特務機関長岡野俊吉少佐の独断で、停泊中の軍艦、嵯峨、安宅、浦風、比良から陸戦隊約二〇〇人を上陸させ、威嚇射撃をして群衆を四散させた。中国の新聞は陸戦隊の発砲による死者数十名と報道したが、日本側当局は死者二、三名、負傷者五、六名にすぎないとした。

その後、安全のため、日本人居留民の多くを上海や日本に引き揚げさせたが、五月中旬には租界内の旧居にもどり、平常の生活にもどっている[20]。

(4)「幣原外交」への非難と攻撃

南京事件にたいして、幣原は不干渉政策を貫き、イギリスやアメリカの共同武力干渉の提案に論を立てて反対し、拒否した。幣原は英米一辺倒の協調主義者のようにいわれることがあるが、南京事件への決然とした対応にはその面目はない。

しかし、中国国民革命の主要な目的が中国における列強の租界、租借地の回収にあり、現実に二七年一月初旬に、武漢国民政府が漢口、九江のイギリス租界の回収を強行したことで、不平等条約下に帝国主義的特権を享受して中国における経済活動、軍事活動をしていた日本の実業界、軍部からは、

「幣原外交」の国民革命不干渉政策は容認できないものであった。

南京事件が発生すると、上海の日本商業会議所は三月三一日、激烈な電報を政府その他に送り、世論の喚起に努めた。それは第一に陸軍の派兵、第二に英、米との連携の強化を要望するものであった。そして上海の日本海軍陸戦隊は、上陸以来難局にたいしてよく同胞保護の職責を全うしてきたが「局面一転したる今日においては陸戦隊のみにては不充分なり。時局は急速の解決望みがたく長期にわたる防備を必要とする故に、この際充分なる陸軍を派遣することを最も必要なりと信ず」と陸軍の上海派遣を懇請した。

この建議は、憲政会、政友会、政友本党、日華実業協会、大阪大日本紡績連合会、東京ほか六大商業会議所などに送られたが、これにただちに強い反応を示したのが、若槻礼次郎内閣（憲政会）の野党の政友会であった。政友会は四月二日、声明を発表して「幣原外交」を痛烈に非難した。「政府は事態の重大に適応の考慮を払わざるものの如く、漫然居留民の生命財産保護に違算なきを予言し、ひとえに拱手傍観《きょうしゅぼうかん》、因循推移を糊塗しつつあるの際、遂に南京事件の発生により、国辱に逢着したるは国民の痛恨措く能わざるところなり」と政府の非を攻撃した。政友会の森恪《かく》は七日に松岡洋右とともに演説し、中国国民革命は「世界革命をもって、終局の目的とするソヴィエト政府が背後にあって、革命運動をやっている以上、日本国民は断じて安固たることを許されない」と論じた。

日華実業協会は、四月九日、中国の事態の悪化は「最早正義人道により自衛の途を講ずるの外はない現状に立ち至った」とし、「眼前の事態はいたずらに幻影を捕捉し寛容のみをもってこれに対するべきに非ず、ゆえに当局は在支邦人の経済的地位の擁護、生命財産の保護等国家の威信を保持するため」善処するよう要望した。善処とは、自衛のための現地保護であり、強硬論をとるイギリスとの連携の強化である。上海商業会議所に代表される現地日本人の武力干渉論、政友会声明にある近古無比の「国辱」意識、有力実業界の自衛論などの指向するところは「出兵」という結論であった。

新聞の論説も、漢口事件以後、「幣原外交」を非難する声が強まり、四月五日の朝日新聞は、政府の居留民保護対策が充分でないことを指摘し、「吾人は支那に対して反省を警告すると共に、なすべきをなさず、尽すべきを尽さずして、尚かつ『時局を慎重に注視する』幣原外相に対してもその反省を警告せんとするものである」と幣原外相および若槻内閣の責任を問う社説を掲げたのである。

陸軍参謀本部においても、日本の権益確保、居留民保護のため、さらに「中国の共産化運動の拡大を阻止するために」イギリスと連携して出兵すべきであるとする主張が大勢を占め、それをうけて若槻礼次郎内閣の宇垣一成陸相が、若槻首相に国民革命への軍事干渉策を建議するにいたった。

こうして、軍部、野党（政友会）、実業界、報道界などから軟弱外交、国辱外交などと非難された若槻内閣は、四月一七日、倒産した台湾銀行の救済案を枢密院本会議において否決された。伊東巳代治枢密院顧問官は、直接関係のない対中国外交をとりあげ、「在支邦人が南軍（国民革命軍）に迫害され、着のみ着のまま命からがら脱出して長崎に帰ったものの、乗車賃がなくて困っている。対支貿易が杜絶して輸出不振の状態にある。それも現内閣の失政から来ている……（現内閣は）事毎に国威を失墜している」と若槻内閣を糾弾した。田中義一ら政友会は、若槻内閣打倒の好機到来と枢密院の伊東らに働きかけたのである。伊東の意をうけて枢密院は、軟弱外交の若槻内閣を倒すのが目的で、台湾銀行救済案を一致して否決したのだった。このため、若槻内閣は即日総辞職に追い詰められた。そして、次期内閣組閣の大命（大日本帝国憲法下の天皇の命令）は、政友会総裁・陸軍大将の田中義一にくだり、「幣原外交」は頓挫させられたのである。(21)

3 「幣原外交」から「田中外交」へ

一九二七年四月二〇日に内閣を発足させた田中義一は、「幣原外交」を修正し、中国国民革命にたいする積極政策を推進するために、田中首相自らが外相を兼任し、外務政務次官に政友会の対中国強硬論者の森恪を配した。

田中義一は若槻内閣倒閣中の四月一六日に開催された臨時党大会における演説で、つぎのように「幣原外交」を攻撃して「田中外交」を推進した。

まず、第二次奉直戦争や郭松齢事件にたいする「幣原外交」は「我が帝国の特殊地域たる満州に起こった動乱にたいしてすらはなはだしき冷淡の態度に出た」と非難した。そして、幣原がワシントン会議以来堅持してきた満州は中国の一部であって日本が包括的特殊権益をもつものではないという考え方を批判し、「満州は日本が特殊な利害関係をもつ地域だ」と主張した。さらに、南京事件や漢口事件は、「我が国旗の尊厳を泥土に委ね、我が在留官民を凌辱に任せたる、実にいうに忍びざる国威失墜であるに拘わらず、当局が毫《ごう》もこれに介意せずして、却っていわゆる無抵抗主義なるものを謳歌せるがごときは何たる態度であるか」と酷評し、「若しそれ支那の赤化は他国の内事であって、我れ関する所にあらずとなすが如くなる政府の態度にいたりては、実に沙汰の限りである」と論難した。[22]

(1)中国国民革命への軍事干渉——山東出兵と済南事件

「幣原外交」が「軟弱外交」「国辱外交」と激しい批判にさらされていた時に、中国では、国民革命軍総司令の蒋介石が、北伐軍の上海進撃に呼応して武装蜂起をおこなった共産党勢力下の労働組合組織、学生組織、商人・市民組織を弾圧し、上海に多くの利権をもつ帝国主義列強との摩擦を回避するために、反共クーデターを決行、これを機に広域において共産党の弾圧と共産党員の粛清をおこなった(四・一二反共クーデター事件といわれる)。このため国民革命における第一次国共合作は崩壊した。

反共クーデターを敢行した蒋介石は、四月一六日に南京に国民政府を樹立、国民党左派・共産党が主流を占める武漢国民政府に対抗した。その後、武漢政府と南京政府の対立はしばらく続いたが、九月六日に武漢政府が南京政府に合流し、中国国民革命は蒋介石・国民党が主導する南京国民政府の樹立と同政府による中国統一という帰結をみることになった。

この南京国民政府による中国統一をはかるために、奉天軍閥の張作霖が実権をにぎる北京政府の攻撃をめざして、蒋介石総司令が率いる北伐が再開されると、それに立ちはだかり、軍事干渉をおこなったのが、田中内閣の三次にわたる山東出兵であった。

このとき、蒋介石は南京政府の内部抗争により北伐をいったん中止したので、山東出兵の日本軍も九月に撤兵した。

一九二八年四月、蒋介石は北伐を再開、五月一日には国民革命軍約二万人が済南へ入城した。これにたいして田中内閣は四月一九日に第二次山東出兵を決定、熊本から第六師団約六〇〇〇人を派遣、五月二日には済南に到着し、国民革命軍と日本軍が対峙し、一触即発の緊迫した状況になった。

五月三日、国民革命軍兵士約三〇人が満州日報取次販売店に侵入、略奪したことから、現場にいた日本軍小隊との間で銃撃戦がおこなわれた。この小衝突事件をきっかけに日中両軍の衝突は済南城全域に拡大した。三、四日の戦闘で、日本側に戦死九人、負傷三二人、居留民で殺害された者一二人という被害が出た。これにたいして七日、日本軍は責任者の処罰と国民革命軍の撤退の最後通牒を一二時間の期限つきで突きつけ、八日から野砲部隊をふくむ四八六二人が済南城内総攻撃を開始、一一日に済南城内を軍事占領した。済南城内は集中砲火のため、夜は火炎が天をこがし、逃げ惑う住民の阿鼻叫喚の巷となった。中国側の被害は、市民を主とし、死者三六〇〇人、負傷一四〇〇人の多数にのぼった。日本軍は戦死者二六人、負傷者一五七人であった。

済南事件における日本軍の城内集中攻撃と済南郊外の一斉掃討は、居留民保護の段階をはるかにこえた威信保持と「膺懲《ようちょう》(こらしめる)」のための戦闘行動であり、中国国民政府をはじめ中国一般の世論は激昂し、日本の軍事干渉を激しく非難し、中国国内では日貨ボイコットを中心とする激しい排日運動が展開された。

日本政府は、済南事件を口実にして、徹底的に国民革命軍を「膺懲」するとして八月、第三師団一万八〇〇〇人を増派して第三次山東出兵をおこない、済南の軍事占領を継続した。

これにたいし、国民政府は、日本の山東出兵はワシントン会議で締結された九国条約に違反すると国際連盟に提訴した。

（2）張作霖爆殺事件と田中内閣の総辞職

済南事件後、蒋介石は日本軍とのそれ以上の戦闘を回避して国民革命軍を済南から退却させて北伐を続行、北京政府を支配していた張作霖の奉天軍閥を各地で敗走させ、六月に北京に入城、北伐を完成させた。国民政府は、対外宣言を発表し、全国統一の完成を告げるとともに、不平等条約の廃棄を宣言した。アメリカを先頭に、イギリスなどヨーロッパ各国もつぎつぎと中国の関税自主権を承認、中国を九国条約下の主権国家として尊重し、国民政府による国家建設を支援する立場を表明した。「幣原外交」であれば、日本も列強と同じ立場をとったであろうが、すでに「田中外交」に転換した日本のみが国民政府に敵対する立場をとるようになった。

張作霖が北伐軍に決定的に敗北し、国民政府の勢力が満州にまで直接およぶようになることを恐れた田中義一首相は、張作霖に奉天（現瀋陽）へ撤退するよう勧告させた。日本の勧告を受け入れた張作霖が、一九二八年六月三日、北京を離れ翌四日早朝、京奉線（北京―奉天）を走る張作霖の特別列車で奉天に向かった。特別列車が、奉天駅近くの日本が支配する南満州鉄道とのクロス鉄橋をくぐり抜けようとした時、鉄橋下に装填された爆薬が爆発、崩れた鉄橋が張作霖の乗った車両を押しつぶし、張作霖は瀕死の重傷を負い、まもなくして死亡した（張作霖爆殺事件）。

張作霖爆殺を計画したのは、関東軍高級参謀の河本大作大佐で、張作霖を爆殺し、これを国民革命軍の仕業として軍事行動を起こし、一気に南満州を関東軍の手で占領しようと考えたのである。これまで述べてきたように、第二次奉直戦争や郭松齢事件にたいする「幣原外交」の不干渉政策に従わずに、張作霖を援助した現地日本軍は、今度はその張作霖を爆殺したのである。

張作霖爆殺は、張作霖を利用して日本の満州権益を維持しようとした田中の意図に反した関東軍独断の謀略であった。田中首相は事件が関東軍の犯行であるという情報を得ていて、最初は昭和天皇に「この事件の犯人は日本の陸軍の者であるようでございます」と、犯人を軍法会議にかけて厳格に処分する旨を上奏したところ、天皇から「国軍の軍紀は厳格に維持するように」というお言葉があった。ところが、関東軍をはじめ、陸軍首脳部が河本の厳重処分に反対し、それに政友会の閣僚も同調したので、軍部との関係を重視した田中首相は、事件から一年後の六月、昭和天皇にたいして、日本軍の犯行であるという証拠が見つからないので、犯人不明として行政処分に終わらせたという上聞(報告)をおこなった。

この報告は当時二七歳であった若き昭和天皇の逆鱗に触れ、田中首相は「お前の最初に言ったことと違うじゃないか」と叱責されたのである。天皇から「田中総理の言うことはちっとも判らぬ。再びきくことは自分は厭だ」とまで言われた田中首相は、涙を流して恐懼《きょうく》し、天皇の信任を失ったとして一九二九年七月一日総辞職した。[23] 天皇に叱責されて政治生命を絶たれた田中義一は、その二カ月後に狭心症で死去した。

しかし、昭和天皇は、田中首相の首尾一貫を欠いた上聞に怒りを示したが、事件の真相の公表をせず、厳しい処分をしない方針を裁可したので、事件は当時「満州某重大事件」と言われたまま、謀略の真相は戦後になるまで公表されなかった。

4　苦難の「第二次幣原外交」

(1)「不戦条約」の公布

田中内閣が総辞職した後継に、立憲民政党の浜口雄幸に組閣の大命がくだり、一九二九年七月二日に浜口内閣が発足した。幣原は立憲民政党の党員ではなく、貴族院議員でもあったことから党内には異論もあったが、浜口首相の強い意志による依頼をうけて、外務大臣となった。浜口と幣原は大阪中学校の同級生だったことはすでに述べた（本書二九頁）。「幣原外交」の復活である。

幣原が外相に就任してすぐに取り組んだのが、前年八月に調印された「不戦条約」の日本国内における公布であった。同条約はアメリカ国務長官ケロッグとフランス外相ブリアンの提唱で結ばれたので「ブリアン＝ケロッグ条約」、あるいは調印地にちなんで「パリ不戦条約」ともいわれる。

同条約は田中義一が外相であったときに、原敬内閣、加藤友三郎内閣の外相をつとめた内田康哉が日本全権としてパリ会議に出席し、調印したが、第一条の最後が「戦争を抛棄《ほうき》することを其の各国人民の名において厳粛に宣言す」という文言になっていることが大日本帝国憲法の天皇主権に抵触すると問題にされ、批准が進展しなかった。二九年六月二日になって「各国人民の名において」という字句は「日本国に限り適用なきものと了解する」という宣言を発表することにして、ようやく批准したのであった(24)。

その後、浜口内閣の発足と幣原外相の就任によって、不戦条約批准書寄託も順調に進み、七月二四日に効力が発生し、翌二五日に公布された。公布の詔書の御名御璽の副署は浜口雄幸首相と幣原喜重郎外相であった。幣原外相は不戦条約発効にさいしてアメリカのスティムソン国務長官宛に「本条約は軍備縮小が適切に進むスタートとなるだろう」と祝電を送った。これにたいし、スティムソンからも「本条約の効力発生は、必ずや今日現存する武備の減縮を伴うべく、閣下のごとく、また予のごとく、衷心世界各国民の平和と向上とを念とする者はいずれも本条約の精神により深甚長久なる感銘を受くべきを疑わず」という答電があった(25)。

「幣原外交」が国際的にも評価を得ていたことは、「田中内閣総辞職に関する独国各紙の論調について」と題するドイツ駐在長岡大使の新聞記事の紹介からもうかがわれる(26)。

『ベルリーナー・ターゲブラット』紙

「張作霖問題に関し田中内閣に対して猛烈な攻撃を試みたる浜口新首相にして、新内閣の成立は、輿論全般の歓迎を受くる所なるが、日本将来の政策に関して極めて重要なるは幣原男爵の外相就任にして、これにより対支政策に関し、新なる融和政策を期待し得べし」

『ゲルマニア』紙

「田中内閣更迭の原因は不戦条約問題、換言すれば日本将来の中心問題たるべき満州問題にありとし、不戦条約が大なる疑を惹起したるは単に字句のみの問題に非ず。むしろ条約の内容それ自体に原因すとなし、将来満州にたいする日本の干渉が該条約に抵触することなきやの点にして、日本の『モンロー』主義（相互不干渉を主張する外交政策）に関するものなりと評し、新内閣に関しては帝国主義の田中内閣と異なり、対支政策の実行は容易なるべし」

『ゲルマニア』紙の記事は、田中内閣が不戦条約批准を逡巡したのは、文言の問題ではなく、国際紛争を解決する手段に戦争をつかうことを禁じた不戦条約の内容であると、満州の武力侵略を企図している日本にとって不都合であるからだという指摘は鋭い。それにくらべて「幣原外交」の協調的な対支政策を評価したのである。

幣原外相が副署して公布した「不戦条約」は、世界総人口の四分の三を戦争にまきこんで文字どおり人類史上の最初の世界戦争となった第一次世界大戦への反省と教訓から出たものであった。それは、戦闘機や戦車・潜水艦・毒ガスなど特別な破壊力をもつ大量殺人兵器がつぎつぎと開発・使用されて、戦死者約二〇〇〇万人という悲惨な結果をもたらしたこと、さらに国民国家という国民が国家の主体となる時代となったことにより、戦争は国民が総動員されて参加し、軍事力だけでなく経済力もふくめた国力が勝敗を決定する総力戦の時代になったことによる。現代戦争としての総力戦は、人命もふくめた相手国の生産力の破壊・殲滅《せんめつ》という性格をもつようになり、第一次世界大戦の戦死者の約半数の一〇〇〇万人が非戦闘員だった。

「不戦条約」は「国家の政策の手段としての戦争を率直に放棄すべき時機の到来せることを確信し、その相互関係における一切の変更は、平和的手段に依りてのみ之を求むべく」という前文につづいて、以下のような条文になっている。現在でも有効で『国際条約集』（有斐閣）に掲載されている。(27)

第一条【戦争放棄】締約国は、国際紛争解決の為戦争に訴ふることを非とし、かつ其の相互関係において国家の政策の手段としての戦争を抛棄することを其の各自の人民の名において厳粛に宣言す。

第二条【紛争の平和解決】締約国は、相互間に起ることあるべき一切の紛争または紛議は、其の性質または起因の如何を問わず、平和的手段に依るの外これが処理または解決を求めざることを約す。

不戦条約の第一条、第二条ともに「幣原外交」の心髄の外交思想であり、中国国民革命にたいする軍事干渉に徹底して反対し、南京事件にたいする英米との共同出兵に反対し、事件の平和的解決をめざした協調外交がその実践であった。そして戦争放棄のために軍縮が不可欠であるという平和思想も一貫した信念であった。このことは、本書で詳述する幣原が秘密会談でマッカーサーに憲法九条を発案することに密接にかかわるので、注意を喚起しておきたい。

(2) 中国関税問題の決着

「第二次幣原外交」の課題は、一つは強硬な「田中外交」によって悪化した対中国関係を改善することであり、一つは、ロンドン海軍軍縮条約を成功させることであった。日本は一九二五年の北京関税特別会議において、「幣原外交」により、各国に先駆けて中国の関税自主権を認める態度を表明したが、会議を主催した北京政府が既述のように軍閥戦争による混乱と国民革命の開始によって中央政府としての機能を失ったため、会議は自然消滅した。

「田中外交」の間、各国は、統一に成功した国民政府にたいして関税自主権を認めたために日本だけが取り残されていた。対中国関係改善のために、早急に関税問題を解決しなければならなかったので、幣原は腹心の佐分利《さぶり》貞男を中国駐在公使に任命した。佐分利は先の北京関税特別会議において、日本代表の実質的事務総長として活躍し、幣原から絶大の信頼を獲得していた。

一九二九年一〇月初旬に南京に赴任した佐分利公使は、蔣介石国民政府主席、王正廷《おうせいてい》外交部長、宋《そう》子文《しぶん》財政部長らの中国側要人と交歓した後、不平等条約改定の第一歩として関税問題の解決の交渉に入る手はずを決め、中国の各方面の関係者との協議をおこなったうえで、外務本省との最後の打ち合わせをおこなうために帰朝し、外務省幹部会において対中国新提案を確定し、最後に幣原外相の決裁を得て対中国交渉の準備を整えた。

そして中国へ帰任する前日、幣原に、「非常に愉快だ。これで中国に帰任します。しかし今日一日舟を漕いで遊んできます」と言って逗子へ行き、スカールを楽しんだ。スカールは頭に載せて海へ持ってゆける一人乗りの軽いボートで、左右両側の櫂を操って漕ぎ進む。佐分利は学生時代、スカールのチャンピオンだった。佐分利はその夜は箱根の宮の下の富士屋ホテルに泊まったのであるが、自室でピストル自殺(警察専門家の鑑定による)をとげたのである。幣原は『外交五十年』において、はっきりと他殺説を主張している。ピストルは佐分利のものでなかったし、彼は右手にピストルを持っていたのに、ピストルの弾は左のこめかみから入って右に抜けていたというのである。

佐分利は「外交界著名の思想家」でしかも「綿密な実務家」として知られ、幣原の片腕として活躍し、「幣原外交」の立役者であったから、彼の変死は、「第二次幣原外交」にとって大きな痛手となった。(28)

日本政府は、佐分利の後任に、小幡酉吉《おばたゆうきち》を任命し、国民政府にアグレマン（外交使節を任命するにあたって相手国の同意を求める外交上の慣例）を求めたが、中国は小幡が二十一カ条問題（本書三六頁）に参画したという理由でこれを拒否した。佐分利の変死と小幡の任命は、中国側に疑惑を与えたのである。いっぽう、国内では政友会や右翼が、中国のアグレマン拒否は日本にたいする侮辱であると、幣原外交は軟弱であると攻撃した。

幣原はとりあえず上海総領事の重光葵《まもる》を代理公使に起用して関税交渉にあたらせ、ようやく一九三〇年五月に日華関税協定が調印された。日本は中国の関税自主権を認め、相互に最恵国待遇を約すなど、協定成立によって日中関係が改善され、対中国貿易も伸びることを期待された。しかし、折からの世界恐慌の影響をうけて対中国貿易は逆に減少し、関税問題についての「第二次幣原外交」の成果は、あまり日の目を見ない結果になった。(29)

（3）ロンドン海軍軍縮条約と「統帥権干犯問題」

「第二次幣原外交」のもう一つの課題であったロンドン海軍軍縮会議（以下、ロンドン会議）は、イギリス政府の呼びかけにより、一九三〇年一月二一日から開催された。幣原が日本全権の一人として参加したワシントン会議において、米・英・日・仏・伊の五大海軍国の間に主力艦（戦艦・空母）の軍縮条約が結ばれたが、補助艦（巡洋艦・駆逐艦・潜水艦など）については意見がまとまらず、未解決のままになっていた。

一九二七年に始まった金融恐慌や二九年一〇月のニューヨークのウォール街の株大暴落に始まった世界大恐慌の影響をうけて深刻になった昭和恐慌への対応を模索していた浜口内閣は、幣原外相の協調外交と井上準之助蔵相の緊縮財政を車の両輪とする軍縮の促進をその政策綱領のなかに掲げていた。軍縮には軍部や右翼からの反発があるので、ロンドン軍縮会議の全権になるのを嫌がる人がいるなかで、文官で前首相の若槻礼次郎に首席全権を説得して引き受けさせたのが幣原であった。海軍からは海相の財部《たからべ》彪《たけし》大将が全権委員、顧問として安保《あぼ》清種《きよかず》大将、首席随員として左近司《さこんじ》政三《せいぞう》中将、次席随員として山本五十六《いそろく》大佐が派遣された。

ロンドン会議が開かれたその日、幣原外相は第五七議会で外交演説をおこない、その意義を国民に向けて最大もらさず報告した。このなかで、幣原は軍縮と平和の理念をこう述べている（以下は抜粋[30]）。

ロンドン会議は参列各国いずれも内には国防の安固を確保すると共に国民負担の軽減を図り、外に国際の平和親交を増進するにたるべき方法において、各自の海軍力に関する協定をもうけることを主眼とするものであります。いずれの国といえども、自国の国防をあやうくするような協定に同意し得るものではありませぬ。いずれの国にとっても、自国国防の安固を犠牲にすることなくして各国一様にある一定の限度までその海軍力を引き下げ、もって国民負担の軽減に資することが行われ得るはずであります。

ただし、この目的を達するには国際協定に依るのほかありませぬ。一国がたとえいかに高遠なる理想に基づいて己の海軍力を縮小しても、他国との協定の存しない限りは、他国は当然自国の既成艦を廃棄したり、既定の造艦計画を変更したりする結果を伴うものでありませぬ。国際協定が成立してこそ、各国共にこれに基づき、安心して海軍力を引き下げ得るのであります。また列国相互の関係もこれあるがために、無用の危惧を去って相信じ相親しみ、世界平和はここに著しく鞏固《きょうこ》を加えるゆえんであります。

世界の世論は今や真剣に国民生活の安全幸福と国際関係の平和親善とを熱望しているのでありまます。関係列国は、かかる世論の要求にたいして又々失望を与えるようなことがあってはなりませぬ。ワシントン会議は人類進歩の歴史に一つの新たな紀元を開いたのであります。我々は本日ロンドンに開会されたる会議につけても同様な望を繋ぐものであります。

右の幣原の外交演説に述べられた、世界の世論は国際関係の平和親善を要求しており、その国際世論にもとづいた国際協定を成立させることによって各国が海軍軍縮をおこなうことができるのだという考えは、「海軍軍縮」の言葉を憲法九条の「軍備全廃」に置き換えてみれば、違和感なく読めるのではなかろうか。軍縮の目標を究極的に追求すれば、「軍備全廃」となるからである。

この外交演説のなかで、すでに当時、軍部や右翼などから「ワシントン体制打破」が声高に叫ばれるようになっていた時代においても、「幣原外交」が積極的にコミットしたワシントン会議を「人類進歩の歴史に一つの新たな紀元を開いた」と断言する幣原の信念の強さは注目に値する。

ロンドン会議には米・英・日・仏・伊の五カ国が参加して補助艦の保有率の制限をめぐって交渉がおこなわれた。対米七割を主張する日本側とそれを認めないアメリカ側とが譲らず、会議は難航したが、日本の補助艦全体の保有量を対米英六割九分七厘とすることで日米が妥協、四月二二日にロンドン海軍軍縮条約が調印された。幣原外相は日本にはアメリカやイギリスと戦争をする理由もないし、軍縮会議を決裂させて日本が国際的に孤立することをおそれていたので、調印に同意を与えた。浜口首相も当時の世界的大不況にあたり、日本経済を救うために、少しでも軍縮量を増大させることで妥結することを望んでいた。

しかし、日本では軍縮条約の批准をめぐって、浜口内閣と「第二次幣原外交」は反対勢力の熾烈な攻撃に直面することになった。詳細は拙著『海軍の日中戦争――アジア太平洋戦争への自滅のシナリオ』[31]の「第3章　海軍はなぜ大海軍主義への道を歩みはじめたのか」を参照していただければ幸いであるが、ここでは日本の歴史にとって「悲劇」であったことの意味を簡単に記しておきたい。

調印されたロンドン海軍軍縮条約の批准反対運動を組織したのが、軍令部長の加藤寛治大将で、政府が軍令部の同意を得ずに兵力量の変更をおこなったことは天皇の統帥大権を侵すものであると抗議して六月一一日に軍令部長を辞任した。そして日本海軍の神様のような存在であった東郷平八郎元帥を反対運動のシンボルに担ぎあげ、さらに対米強硬論者であった皇族の伏見宮博恭王《ふしみのみやひろやす》（海軍大将のち元帥、一九三二年軍令部長、のち軍令部総長となり四一年四月まで九年間その座にあった）を担ぎだして、巧妙周到に反対運動を展開した。加藤寛治は、ワシントン海軍軍縮会議に海軍の首席随員として参加し、主力艦保有量が日本が主張した対米七割ではなく、対米英六割に決定したことに憤慨し、阻止しようと画策したが、日本側首席全権の加藤友三郎海軍大将に詰責され、涙をのんだのであった。

加藤友三郎はワシントン会議において幣原全権と良きコンビをくんで、ワシントン会議の課題の達成に貢献したのち、二二年六月、海相兼任で首相となり、内外の反対・強硬派を抑えてワシントン海軍軍縮条約を批准させ、さらに条約を守って海軍備縮小を断行した。「八八艦隊」計画を「六四艦隊」に縮小し*、起工中の数隻の建造を中止し、条約履行による軍艦のスクラップ化と撃沈を断行した。さらに海軍士官の一万二〇〇〇名を整理、とりわけ上級将官多数（中将級は約九割）を退役させた。

＊「八八艦隊」というのは、日露戦争以後、海軍が国防所要兵力として艦隊整備目標にしていた艦隊。戦艦八隻、巡洋戦艦八隻を最低限の主力艦とした。これに巡洋艦・駆逐艦以下の補助艦をくわえた。一九二〇年六月に予算が議会で承認され、海軍多年の宿願であった八八艦隊が一九二七年に完成する見込みとなったが、ワシントン海軍軍縮会議の結果、日本海軍は戦艦六隻、巡洋戦艦四隻の「六四艦隊」となり、八八艦隊は実現しなかった。

加藤友三郎の国防観は「対米不戦論」にもとづいていた。それは、将来の戦争は国家総力戦であり「ひらたくいえば、金がなければ戦争はできぬ」。ところがその金はアメリカの外債に依存するほかはないから、「日米戦争は不可能ということになる」。そこで外交手段によって戦争を避け、対米関係を改善することが「国防の本義」であると考えていた(32)。

加藤首相は、軍縮条約を履行したのち、さらに海軍制度改正と「対米不戦」の「国防方針」の改定などの難題に取り組もうとしたが、海軍備拡大を否定する施策に、海軍部内から想像を絶する抵抗と反発がおこった。軍備拡大は容易であるが、人員の首切り、退役をともなう軍縮の断行は容易ではない。超人的な働きをした加藤も、憔悴の果てに病魔に侵され、二三年八月に六二歳で死亡、大正デモクラシー時代の〝国際派〟〝開明派〟の海軍の時代は幕をおろしたのである。

かわって、対米強硬論を唱え、アメリカを仮想敵にして軍備拡張に邁進する海軍の道をあゆむようになった転換点が、ロンドン会議であり、筆者が「悲劇のロンドン海軍軍縮会議」と呼ぶゆえんである。加藤寛治にとって、ロンドン会議はワシントン会議で味わった屈辱にたいするリベンジであった。

その後の日本の歴史にとっての悲劇だったのは、浜口政権の野党であった政友会が、加藤寛治ら海軍強硬派と組んで、激しい軍縮条約批准反対運動をくりひろげ、国会論議のなかで「統帥権干犯問題」に火をつけたことであった。

四月二五日の衆議院本会議で、野党政友会総裁の犬養《いぬかい》毅《つよし》は「政府は若槻全権に発すべき回訓決定に際し、軍令部の意見を無視して米国案を承認した。国防用兵の全責任者たる軍令部では、該案の示す兵力量では、どんなことをしても、国防の安固を期しえないといっている」と軍令部の側に立って、浜口首相と幣原外相を批判した。つづいて政友会幹事の鳩山一郎が、浜口内閣の「統帥権干犯」を攻撃した。

大日本帝国憲法第一一条には「天皇は陸海軍を統帥す」とあるように、軍備など国防計画に関する事項は「統帥権」の範疇に属して、陸軍参謀総長および海軍軍令部長が天皇を直接輔弼《ほひつ》しておこなうことであるのに、ロンドン海軍軍縮条約について、浜口内閣が軍令部長（加藤寛治大将）の同意を得ずに調印の回訓を決定したことは、統帥権の干犯であるというのである。

政友会は加藤寛治ら海軍の強硬派と組んで、「統帥権干犯」を高唱して、軍縮条約批准反対運動を展開、浜口内閣を打倒に追いこもうとしたのである。政友会が主張した「統帥権干犯問題」は、条約に強い不満をもつ軍令部や右翼団体を活気づけ、以後、統帥権が〝軍部ファシズム〟の錦の御旗になり、政党政治を葬る強力な武器となった。

浜口内閣が「統帥権干犯」をおこなって英米への「劣勢比率」をのんだことによって「国防の危機」が高まったという意識は、海軍の有志団体や右翼諸団体に浸透、折からの不況や政党政治の腐敗、また満蒙問題にたいする幣原外交を軟弱外交と糾弾する声が高まるなかで、「統帥権干犯の元凶」を殺害し、議会政治の打倒をめざす右翼テロを助長する風潮が醸成されていった。

ロンドン海軍軍縮条約は、加藤友三郎の薫陶をうけた「条約派」といわれた海軍次官の山梨勝之進大将やロンドン会議の海軍首席随員をつとめた左近司政三中将、軍務局長堀悌吉《ていきち》中将らの奮闘もあって、一〇月二日、国会において軍縮条約はようやく批准された。

しかし、浜口雄幸首相は一一月一四日、東京駅駅頭で右翼の佐郷屋留雄《さごうやとめお》（二一歳）に狙撃され、重傷を負い、それが原因で翌年八月に死去したのである。佐郷屋は国粋主義団体政教社のパンフレット「統帥権問題詳細」を読み、憤慨して犯行におよんだのである。

重傷で入院した浜口から「四〇年以上のつきあいじゃないか。俺のためだと思って引き受けてくれないか」と懇願された幣原は、いったん固辞した内閣総理大臣臨時代理を引き受け、外相との兼任で、慣れない首相代理を懸命につとめた。幣原は立憲政友会に所属していなかったが、浜口からは絶大の信頼があった。

四月一四日に第二次若槻礼次郎内閣が発足したので、重荷を下した幣原は再び外交に専念できるようになった。四カ月の首相代理であったが、敗戦直後に天皇の大命をうけて幣原内閣を組閣、運営する際にこの時の経験は生かされることになった。

以後の歴史が示すように、政友会が火をつけた「統帥権干犯問題」は、軍部・右翼勢力が議会政治、政党政治を攻撃して政治テロを繰り返し、やがて五・一五事件や二・二六事件を引き起こす起爆剤となっていった。政友会は、政党自らが議会政治の生命を断つ歴史的愚挙を犯してしまい、軍部ファシズムへの歴史の歯車を大きく回転させてしまったのである。さらに「統帥権」という「パンドラの箱」を開けてしまったために、天皇の軍隊（皇軍）としての日本軍が、「統帥権」の名のもとに、政府の統制に従わずに軍事行動を発動して戦争を勃発させ、さらに軍部内においても現地軍が軍中央の統制にしたがわずに独断専行をおこなって戦争を拡大するという、満州事変、日中戦争、ノモンハン戦争、北部仏印進駐、南部仏印進駐という軍部独走による戦争拡大への歴史の扉を開けてしまったのである。

（4）満州事変にたいする軍部との抗争

「東方会議」（一九二七年六月二七日〜七月七日）で「田中外交」が決定した満州侵略の方針は、張作霖爆殺事件後に関東軍参謀に赴任してきた石原莞爾《かんじ》によって実行されることになった。これに張作霖爆殺事件の首謀者であった河本大作の後任の関東軍参謀となった板垣征四郎が共鳴して、石原・板垣のコンビで満州事変の謀略が計画され準備されていった。

いっぽう、満州においては父親を殺害された張学良が、一九二八年一二月二九日、東北（満州）全土の旗を国民政府の青天白日旗に取り換える「易幟」を断行し、張学良の東北政権は国民政府への合流を表明した。これによって国民政府の全国統一が達成された。国民政府のバックアップを受けた張学良は、奉天軍を東北軍と改称し、陸軍・海軍・空軍を備えた近代的軍隊に仕上げた。張学良は日本の南満州鉄道（満鉄）の西側と東側に並行する鉄道を建設、大連港に対抗して葫蘆《ころ》島に大規模な港を建設した。これにより日本の満鉄の収入は激減した。さらに張学良は幣制改革をおこなって貨幣統一をおこなって経済流通を発展させた。

同じころ、中国の統一と国権回収運動の高まりを背景に、一九三〇年秋ごろから国民政府の王正廷外交部長が、関税自主権の回復、治外法権の撤廃、租界と租借地の回収、鉄道利権・内河航行権・沿岸貿易権の回収などの早急な実現をめざす「革命外交」を推進したのに呼応して、張学良の東北政権においても、日本の満州進出に反対し、旅順・大連の回収、満鉄の回収などを求める民族運動（日本側は「排日運動」といった）が高揚するようになった。

これにたいして、日本では幣原外交にたいする批判が高まり、一九三一年一月には、松岡洋右、大川周明、西原亀三《かめぞう》らが外交懇談会を開いて、幣原外交糾弾の気炎をあげた。なかでも満鉄副総裁の経歴をもち、前年の衆議院総選挙に政友会から立候補して当選、政界入りした松岡洋右は幣原を宿敵とした。折から開かれていた第五九回帝国議会では、政友会が満蒙問題をとりあげて幣原外交を攻撃した。松岡は満蒙問題をとりあげ、「我国の存亡に係わる問題である。我国の生命線である」と満蒙生命線論で危機感をあおり、幣原外交を「絶対無為傍観主義」と決めつけて非難した。(33)「満蒙は日本の生命線」という扇動的・情緒的スローガンは軍部や右翼団体からもさかんに喧伝され、「日本の生命線」を守るために関東軍による武力発動を求める声が日本の朝野に強まった。

関東軍の謀略計画の現地動向は、奉天総領事林久治郎から逐一幣原外相に報告されていた。柳条湖事件の三日前に林総領事から「関東軍が軍隊集結を行い、弾薬資材を持ち出し、近く軍事行動を起こす形跡がある」(一九三一年九月一五日付機密電報)と打電してきた。驚いた幣原は南次郎陸相にたいし「かくの如きは国際協調を基本とする若槻内閣の外交政策を根底より覆すもので、断じて黙過するわけにゆかない」と厳重に抗議した。(34)南陸相は参謀総長金谷範三《はんぞう》大将と相談して、参謀本部第一部長建川美次《よしつぐ》少将を特使として奉天に急行させ、関東軍の謀略行動を抑えようとしたが、石原や板垣は建川の到着前に計画を決行したのである。彼らの計画の実行は、関東軍司令官本庄繁中将にも参謀長三宅光治《みつはる》少将にも知らせていなかった。

一九三一年九月一八日午後一〇時三〇分ごろ、石原・板垣らの関東軍は、奉天駅から東北へ約七・五キロの柳条湖で満鉄線を爆破させ、それを合図にそこから東南約五〇〇メートルの張学良の東北軍の兵営を攻撃、満鉄爆破は「奉天軍の計画的行動」として翌日には奉天(現在の瀋陽)を占領した(柳条湖事件)。満州事変の開始である。

幣原は一九日朝、駒込の自宅で朝食をとりながら新聞に眼をとおしていて、はじめて柳条湖事件を知り、外務省に電話をかけ、現地からの電報を確認すると、朝食を中途でやめて外務省に駆けつけた。(35)

そのときすでに関東軍は奉天を占領したが、外交の最高責任者の幣原外相に、対外政策の重要な発動について、何も知らされていなかった。

若槻内閣は毎日閣議を開いて満州事変への対策を協議した。幣原外相は事変の不拡大を強調し、あくまでも関東軍の行動を抑制しようとし、事件は満鉄爆破という局地的問題から発生したものであるから、日中両国の直接交渉によってこれを解決しようとした。現地においては、幣原の指示を受けて林総領事が事件拡大防止のために身命を賭して奔走するとともに、これを外交交渉で解決しようと決心していたが、関東軍板垣高級参謀は林総領事にたいして「支那軍が暴力をもって我が重大権益たる満鉄線を破壊する行動に出たから、すでに軍は出動中である。よろしく協力されたい」と要求してくる始末だった。そこで林総領事は、「外交交渉によって平和的に解決し得る見込みがある。殊に軍の出動を見た今日、奉天城の平時占領位なら、外交交渉だけでも充分実現して見せるから、この善後策を外務省側に委《まか》すようにされたい」と力説した。ところが関東軍側では、「すでに統帥権の発動を見た以上、領事館側の容喙《ようかい》干渉すべき筋合いのものではない」と剣もほろろの態度で、奉天特務機関の花田正少佐は、「統帥権に容喙する者は何人たるを問わず、断じて容赦しない」と軍刀を抜いて威嚇する始末であった。武力をもたない外交官は手も足も出ず、ただいたずらに傍観する外なかった。(36)

二一日の閣議において、南陸相から満州への日本軍増派が提議されたが、幣原外相と井上準之助蔵相はこれに反対した。しかるに朝鮮軍司令官林銑十郎《せんじゅうろう》中将は、天皇の勅命を得ることなく独断で朝鮮から満州へ越境させ、奉天へ進軍させたのである。二三日の閣議で南陸相から朝鮮軍の派遣の諒解が求められると、若槻首相も「出たものは仕方なきにあらずや」とすでに出動した事実を認めて経費支出を承認し、昭和天皇も「このたびは致方なきも将来充分注意せよ」と軍規違反を不問にして、軍事行動を追認したのである。

出先の軍が独断でつくりだした謀略と軍事行動に引きずられて、若槻内閣は不拡大方針を守れなかったのである。以後、現地軍の独断専行を天皇と政府が追認するというパターンが繰り返され、日本は侵略戦争拡大の一途をたどり、満州事変は一九四五年八月一五日までつづく「十五年戦争」の発端となったのである。

幣原の外交理念からすれば事件の善後策は「日支両国とも国際連盟に加入し、且つ我が国は不戦条約に賛成署名している以上、理論と実際問題より、世界平和に関連ある問題として国際連盟の機構と機能を通じ、平和的に解決すること」であった。幣原は一〇月九日に東京駐在の中国公使宛と国際連盟理事会宛に、日本は満州事変を解決するために、①相互侵略政策および行動の否認、②中国領土保全の尊重、③相互に通商の自由を妨害し、国際的憎悪の念を扇動する組織的運動の徹底的取り締まり、④満州における帝国臣民の平和的義務にたいする友好なる保護、⑤満州における帝国政府の条約上の権益尊重、を前提条件にして直接交渉を中国と行うことを申し入れ、後日それを世界の在外大使、公使宛に送付、各国政府・国民に徹底するよう訓令していた[37]。

しかし、若槻内閣が九月二四日に第一次帝国声明を発表して事変の不拡大と逐次撤兵を声明すると、これを嘲笑うかのように、関東軍参謀石原莞爾らは一〇月八日、独断で張学良の本拠地の錦州爆撃を強行して、国際的批判を浴び、若槻内閣が一〇月二六日に第二次帝国声明を発表し、国際社会に日本軍の満州からの撤兵条件を提示すると、関東軍は一一月一八日に北部満州への進撃を開始し、チチハルを占領した。こうして不拡大方針を破綻させられた若槻内閣は一二月一一日に総辞職し、それとともに「第二次幣原外交」も終わりを告げた。幣原は自らが関わった「九国条約」と「不戦条約」の信念を貫こうとして、関東軍の謀略（柳条湖事件が石原・板垣らの謀略であったことが知られるようになったのは戦後）にもとづく満州事変の不拡大を声明、関東軍の独断専行を阻止するために抗争したのであるが、世論からも「国辱外交」「軟弱外交」の罵詈誹謗を浴びせられた。駒込の幣原の家に「貴様、のこのこ出てくると、生かしておかぬぞ」という脅迫状が連日のように配達され、家の門などには「この逆賊を葬れ」などという白墨の落書きの絶えることがなかった。

議会では民政党が絶対多数を占めていたにもかかわらず、軍部や右翼の反対をおそれた元老西園寺《さいおんじ》公望《きんもち》は、政友会総裁の犬養毅を後継首班に奏申（天皇に奏上）し、犬養内閣が成立した。

満州事変に際して中国国民政府との直接交渉によって平和的に解決しようと奮闘した「幣原外交」だが、中国政府が日中直接交渉では解決不可能とみて、国際連盟の力で日本の侵略行動をおさえようと考え、柳条湖事件から三日後の九月二一日に正式に国際連盟に提訴した。中国の提訴をうけた国際連盟は、緊急理事会を開催、以後、国際連盟の場で満州事変とその後の「満州国建国」の解決策が検討されることになり、「幣原外交」がめざした中国との直接交渉による解決の道は破綻したのである。

周知のように、その結末は一九三三年二月二四日の国際連盟総会において「満州事変は日本が主張するような関東軍の自衛的、合法的軍事行動とは認められない」「満州国は日本が主張する民族独立運動によって建国されたとは認められない」という日本への勧告書が、賛成四二、反対一（日本）という圧倒的多数で採択され、日本は国際連盟を脱退するにいたった。連盟総会において勧告書拒否の演説をして総会議場を引き揚げて国民的英雄となった松岡洋右は、第二次近衛内閣の外相となり、日独伊三国同盟を締結（一九四〇年九月）、大東亜共栄圏の建設を唱えて、日本をアジア太平洋戦争へと引きずりこんでいったが、松岡が満蒙問題で「幣原外交」非難の先鋒となったことは、前述した。

「幣原外交」について、日本の歴史学界では、概して厳しい否定的な評価がなされてきた。それは、幣原が「内政不干渉の方針と権益擁護の方針」という「二個の方針はたがいに抵触するところなく、両々並び行わるべきもの」と考え、「権益擁護」という「日本帝国主義の帝国主義たらしめる最も根本的な要求」を基本方針とし、「権益擁護のため、終局的には天皇制の軍事力に依拠した」とその限界を指摘するものである。[38]

中国における日本の「権益擁護」を帝国主義の侵略政策そのものと否定的にとらえるわけであるが、幣原が肯定したのは、資本主義列強の資本市場としての中国であり、その中国市場をめぐってアメリカやイギリスとの協調体制を維持しながら、経済活動を展開することであった。そのために、中国の領土と主権を尊重し、蔣介石国民政府による中国の統一を支持し、山東出兵や満州事変のような軍事干渉や軍事侵略に反対したのである。資本主義国である日本が中国を市場として利潤を追求する経済活動は、現在においては「帝国主義的」であるとみなされない。幣原は満州における日本の「特殊権益の擁護」を主張していたという批判もあるが、「幣原外交」にとって、満州も国際的な経済競争の展開する輸出市場であり、「満州を特殊視する必要がなかった」のである。

ただし、当時は中国が不平等条約体制下におかれ、中国主権の及ばない租界や租借地を日本を含む列強に割譲されていた「半植民地」といわれてきた厳しい状況にあったことを前提として考慮しなければならないのは当然である。ただ、幣原においては、中国関税会議の開催に見られたように、中国が不平等条約を改正して、列強に従属支配される体制から脱却することには理解をもっていたことは事実である。

石橋湛山《たんざん》が東洋経済新報社の主幹として、日本の満蒙領有を批判したのにくらべ、幣原は満蒙の「権益擁護」の立場にあったと否定的に捉えられてもいるが、石橋のように評論人と、幣原のように外相として政権を担う立場にいたものとの相違を考える必要があろう。幣原が石橋のように「満蒙領有」に異を唱えていたら、そもそも外務大臣にはなれなかったであろう。「幣原外交」の政治思想や理念の限界を批判するのは容易であるが、では、当時の日本の内外の政治状況のなかで、外務大臣として現実にどのような外交政策の実行が可能であったかを考える必要があろう。あるいは、幣原以外にこれまで述べてきたような満州事変への対応ができた人物が他にいたであろうか、ということも考える必要があろう。

幣原が、軍部や野党の政友会、右翼、さらには中国に権益をもつ企業や居留民団体などからさまざまな非難、攻撃を受けながらも、軍隊派遣による露骨な軍事干渉に反対し、対米英協調体制の維持につとめ、軍事力を発動しての日本単独の占領と支配に反対し、その外交理念を曲げることなく貫こうとしたことは歴史事実に照らして評価されるべきであろう。「幣原外交」が批判、攻撃されて、終焉に追い込まれた結果として、日本は満州事変から日中全面戦争へと侵略戦争を拡大し、その延長上に無謀なアジア太平洋戦争へと突き進んでいったのである。

問題は「幣原外交」の実践的限界ではなく、「幣原外交」を非難し、攻撃して排撃し、歯止めなき侵略戦争へとなだれこんでいった当時の日本社会にあったのである。

（5）二・二六事件の襲撃リストに

一九三二年二月、浜口内閣の蔵相として幣原外相と肝胆相照らした井上準之助が、民政党の総務として選挙応援演説に向かう途中の道で血盟団員の小沼正によって暗殺された（血盟団事件）。血盟団は、超国家主義者の井上日召《にっしょう》が一人一殺主義をかかげて、政界・財界要人二〇名の暗殺を計画、三井合名理事長団琢磨も暗殺された。幣原もその暗殺者リストに入っていた。団員の大学生が幣原を暗殺する目的で、毎朝散歩にでる習慣の幣原を待ち伏せしていたが、襲撃する機会を逃している間に暗殺計画が発覚して、関係者一二名が逮捕されたので、幣原は難を逃れることができた。幣原は、アダムス・ストークス症候群という奇病の心臓病にかかって、病臥中で外出しなかったことが幸いしたのである。団員が殺人未遂犯として捕まったことが新聞にでると、庭師が犯人の新聞写真を見て「あッこやつは毎日来て門のところでしゃがんでいた。不思議な奴だと思っていたが、こん畜生ッ」と怒鳴ったとのことである。(39)

血盟団事件につづいて、五月一五日、海軍青年将校のグループが「国家改造」を唱えて決起、犬養首相官邸を襲撃し、「話せばわかる」と言い聞かせようとした犬養首相を「問答無用」と叫んで射殺、別のグループが内大臣邸・警視庁・日銀・変電所を襲撃した五・一五事件が発生した。政友会総裁の犬養首相の暗殺により、大正デモクラシー時代に始まった政党政治は終焉した。事件以後、右翼団体の活動はさらに活発となり、「統帥権」を錦の御旗にした軍部の政治介入がいっそう強まり、大正デモクラシーによってようやく開始された議会政治、政党政治は終わりをつげ、軍部強権政治が開始されることになった。

ここで、歴史の教訓とされるのは、軍部強権政治の露払いをしたのが、「幣原外交」を軟弱外交と糾弾し、「統帥権干犯問題」をもちだしてロンドン海軍軍縮条約を批准した浜口内閣を軍部と結んで攻撃し、さらに満州事変の不拡大と早期収拾をはかった若槻内閣を総辞職に追いこみ、「幣原外交」を終焉させた犬養毅や鳩山一郎、森恪らの政友会幹部だったことである。政友会が「統帥権干犯」をもちだして、天皇の軍隊という狂犬の首輪と鎖を放った結果、五・一五事件で政友会の犬養内閣自体が狂犬に咬まれて崩壊するという悲劇を招いたのである。

五・一五事件で政党政治、議会政治を葬り、「統帥権」を最大に利用しながら軍部強権体制をさらに強化しようとしたのが、犬養内閣の陸相であった荒木貞夫大将ならびに陸軍参謀部次長や教育総監をつとめた真崎甚三郎大将らであった。彼らは陸軍内に皇道派といわれる派閥を形成し、テロやクーデターなどの非合法手段を用いても政党政治を打倒し、天皇を中心に国家を改造することを唱えて、青年将校の間に信奉者を増大させた。

一九三六年二月二六日早暁、大雪に見舞われた東京で、皇道派の青年将校が、約一四〇〇名の兵を率いて「尊皇討奸」「昭和維新」を合言葉に国家改造を要求してクーデターを決行した。決起部隊が首相官邸などを一斉に襲撃し、齋藤実《まこと》内大臣、高橋是清蔵相、渡辺錠太郎教育総監らを殺害、鈴木貫太郎侍従長に重傷をおわせ、首相官邸・陸軍省・参謀本部・警察庁など永田町一隊を占領した。

二・二六事件である。

事件当日の早朝四時か五時ごろ、駒込の六義園の一隅にあった幣原邸に駒込警察署長以下、数十名の警官が、「機関銃を携えた集団が幣原邸に襲来する」という上部機関からの電話指示をうけて、防備にかけつけてきた。クーデターに決起した部隊の自宅襲撃目標に、さきの血盟団事件の暗殺リストに入っていた幣原も入っていると警察当局が判断したからである。「機関銃部隊に警官のサーベルでは太刀打ちできないから、どこか東京郊外に立ち退いていただけませんか」という駒込警察署長の要請を入れて、幣原は運転手を起こして車を用意させ、鎌倉の別荘へ避難することにした。家を出ようとすると、警察署長から「どうか表門から出るのは止してください。もうじきやって来そうですから、すぐぶつかります。裏門からこっそり出てください」と言われて裏門から出た。鎌倉に行くのに、宮城あたりを通らなければならない。兵隊がいたるところに立って通る車や人を誰何《すいか》（チェック）している。幣原は「この大雪の中で、この宮城の前で、いよいよ私の最後を飾ることになるのか」と覚悟をきめ、気持ちを落ち着けた。幣原の車も一度停車を命じられた。兵隊はちらっと車内を覗いたが、幸い気づかれないで、通過を許可された。それから雪道をたどって二時間がかりで鎌倉へつくことができた。

ところが、鎌倉の別荘には、管轄の葉山警察署長がやってきて、「葉山の管轄内には宮様がたくさんおいでになる。警察の手がとてもたりないので、海浜ホテルでも結構です」から避難してくれないかと要請したのである。しかし、幣原は警察の保護を放棄するからと自分の別荘にとどまることにした。別荘には一週間ほどいたが、その間に、幣原と同じ外交官出身で内大臣をつとめた牧野伸顕が親英米派とみなされて、湯河原の旅館に保養中、反乱軍部隊に襲撃されたが、危うく難を逃れたことを知った。「しかし私のところまで、わざわざ殺しに来る者はいなかった」と『外交五十年』に述べている。

二・二六事件以後、一週間ほど経て、東京の六義園の自宅にもどったところ、駒込警察署長からもう少し、身を隠していてくれないかと再度注文をうけた幣原は、「死ぬならここで死ぬほうが遥に気が楽だ」と頑張って、駒込の家にとどまった。

六義園の幣原邸の裏の方に若槻礼次郎の家もあったので、事件当日、反乱部隊は、幣原か若槻か、あるいは両邸とも襲撃するつもりだったか分からないが、途中で計画が変更になって、どちらにも襲来しなかったことが、後日判明したという。(40)

二・二六事件で、昭和天皇が信頼する齋藤実内大臣、鈴木貫太郎侍従長、高橋是清蔵相などが殺傷され、自らの統帥権を侵されたことに天皇は激怒して、決起部隊を反乱軍とみなす奉勅命令を出した。このため決起部隊内に混乱と動揺がはしり、クーデターは無血で鎮圧された。

しかし、二・二六事件において襲撃の標的にされた軍部や政界、財界における幣原のようなワシントン体制維持派である英米協調派は大きな打撃をうけて減退した。軍部内では皇道派と対立していた統制派が事態をカウンター・クーデターとして利用し、事件による軍部威圧効果を利用して、日本国内の英米協調派ないし自由主義者を屈服させた。そして軍部強権体制を確立し、翌年の一九三七年七月七日の盧溝橋事件をきっかけに日中戦争を開始した。日中戦争は、日本が軍事的に中国を占領し、独占的に支配しようとしたものであったから、中国政府は、三七年九月、第一八回国際連盟総会において、ワシントン会議で締結された「九国条約」（本書四三頁）に違反すると提訴した。そして国際連盟総会の勧告をうけて、アメリカ（連盟加盟国ではなかったが）とイギリスが提案国となって、一一月一三日、ベルギーのブリュッセルで九カ国会議（ブリュッセル会議）が開催された（日本とドイツは参加拒否）。ブリュッセル会議は、国際紛争は戦争ではなく、平和的手段によって解決しようという不戦条約（本書六六頁）の理念にもとづいて、日本の中国侵略を平和的手段によって阻止することを試みたものであった。ところが、当時の国際連盟にも不戦条約にも、国際法に違反する国にたいする制裁規定とそれを執行する機関がなかった。会議は「各国代表は条約の規定を無視する日本に対し共同態度を採ることを考慮する」という日本の国際法違反を非難、警告する宣言を採択したが、日本が最も恐れたアメリカ主導の対日制裁措置決定は回避された。

ブリュッセル会議は、幣原外交の柱であった、英米との協調外交による中国の主権と領土尊重という「九国条約」体制、あるいはもっと広義なワシントン体制から日本が完全に離脱し、国際的に孤立した国になったことを決定づけた会議であった。

日本は同会議中に、ムッソリーニのイタリアを加えて日独伊防共協定を締結して枢軸国形成への道を歩み、一九四〇年九月には日独伊三国軍事同盟を締結、アメリカ、イギリスとの対決を決定的とし、一九四一年一二月八日のイギリス領マレーへの上陸、真珠湾攻撃を仕掛けて、無謀なアジア太平洋戦争へと突入したのである。

【註】

(1)『日本外交文書　ワシントン会議　上下』外務省、一九七七～七八年、参照。

(2)『日本外交文書　ワシントン会議　下』外務省、一九七八年、六〇九～六二六頁。

(3) 幣原喜重郎『外交五十年』中公文庫、一九八七年、八九～九〇頁。

(4) 笠原十九司「山東主権回収運動史試論——五・四運動史像の再構成にむけて」(『人文研紀要』第10号、一九九〇年、中央大学人文科学研究所)。

(5) 外務省編纂『日本外交年表竝主要文書　上』日本国際連合協会、一九五五年、三八〇頁。

(6) 外務省編纂、同(5)、四三二頁。

(7) 外務省編纂、同(5)、四九二頁。

(8) 五・四運動については、拙著『第一次世界大戦期の中国民族運動——東アジア国際関係に位置づけて』(汲古書院、二〇一四年) に詳述したので、参照されたい。

なお、中国五・四運動について、筆者は一九八〇年代半ば、数年間にわたり、京都大学人文科学研究所の狭間直樹教授らのグループと中国五・四運動史の評価をめぐって、中国史研究者の間では知られる「五・四運動論争」を展開したことがあった。論争は京都大学人文科学研究所共同研究報告『五四運動の研究』第1函 (同朋舎出版、一九八二年) と中央大学人文科学研究所編『五・四運動史像の再検討』(中央大学出版部、一九八六年) の執筆者のグループとの間で展開され、筆者は後者のグループの中心メンバーとなって論争を繰り広げた。論争は、中国五・四運動が中国共産党の指導する中国新民主主義革命の画期となったという狭間教授らの規定にたいして、筆者らが異議を唱え、同運動の主要な性格は第一次世界大戦期の日本の中国侵略政策に反対する官民一体的な反日民族運動、具体的には日本のドイツ山東権益の横奪に反対し、中国への返還を求める「山東主権回収運動」であったと主張、狭間教授らの主張するロシア革命の影響をうけた革命運動ではなかったと反論したのである。筆者の主張と研究は後に、東京大学大学院総合文化研究科から博士（学術）の学位を授与された論文にまとめ、『第一次世界大戦期の中国民族運動——東アジア国際関係に位置づけて』（汲古書院、二〇一四年）として出版された。「五・四運動論争」は筆者のグループの「優勢」で結着がついたかたちになり、その後論争を蒸し返す中国研究者はいない。

(9)『日本外交文書　ワシントン会議　下』外務省、一九七八年、六三四頁。
(10) 幣原平和財団『幣原喜重郎』（非売品）、一九五五年、二五九〜二六〇頁。
(11)『日本外交文書　大正十二年第二冊』外務省、一九七九年、二三七頁。
(12) 外務省、前掲(9)、二一〇〜二一一頁。
(13) 幣原喜重郎、前掲(3)、九三頁。
(14) 幣原喜重郎、同(3)、九〇頁。
(15) 幣原平和財団、前掲(10)、二六二頁。
(16)『日本外交文書　昭和期Ⅰ第一部第一巻（昭和二年）』外務省、一九八九年、五四四頁。
(17) 信夫清三郎編『日本外交史　Ⅱ』毎日新聞社、一九七四年、三三三頁。
(18) 幣原喜重郎、前掲(3)、一〇九頁。
(19) 南京事件については、外務省、前掲(16)、「六、南京事件」（五一三〜五九九頁）の外交文書より。
(20) 漢口事件については、外務省、同(16)、六六〇〜六六五頁。
(21) 臼井勝美『日中外交史——北伐の時代』塙新書、一九七一年、五三〜六〇頁。
(22) 高倉徹一編輯責任『田中義一伝記　下巻』田中義一伝記刊行会、一九六〇年、五四七〜五四八頁。

(23)　原田熊雄『西園寺公と政局』第一巻、岩波書店、一九五〇年、一〇頁。

(24)　「戦争抛棄条約の締結に関する田中外務大臣の談話」（一九二九年六月二八日公表）（外務省編纂『日本外交年表竝主要文書　下』日本国際連合協会、一九五五年、一三四頁）。

(25)　「二　戦争抛棄に関する条約（不戦条約）締結問題」（『日本外交文書　昭和期I第二部第一巻』、外務省、一九六八年）、四一七～四一八頁。

(26)　外務省、同(25)、四一二頁。

(27)　「不戦条約」の歴史的意義については、伊香俊哉『近代日本と戦争違法化体制――第一次世界大戦から日中戦争へ』（吉川弘文館、二〇〇二年）および三牧聖子『戦争違法化運動の時代――「危機の20年」のアメリカ国際関係思想』（名古屋大学出版会、二〇一四年）を参照されたい。

(28)　外務省外交史料館日本外交史辞典編纂委員会『新版　日本外交史辞典』山川出版社、一九九二年。

(29)　信夫清三郎編、前掲(17)、三六〇～三六一頁。

(30)　幣原平和財団、前掲(10)、四〇六頁。

(31)　笠原十九司『海軍の日中戦争――アジア太平洋戦争への自滅のシナリオ』平凡社、二〇一五年。

(32)　麻田貞雄『両大戦間の日米関係――海軍と政策決定過程』東京大学出版会、一九九三年、「第四章　日本海軍と軍縮（一九二一～三〇年）」。

(33)　デービッド・J・ルー、長谷川進一訳『松岡洋右とその時代』ティビーエス・ブリタニカ、一九八一年、一一四頁。

(34) 幣原平和財団、前掲(10)、四六六頁。
(35) 幣原喜重郎、前掲(3)、一七六頁。
(36) 幣原平和財団、前掲(10)、四七二頁。
(37) 幣原平和財団、同(10)、四七三頁・四七九頁。
(38) 江口圭一・小野信爾「日本帝国主義と中国革命」(岩波講座『日本歴史 20 現代(3)』一九六三年)、一八頁。
(39) 幣原喜重郎、前掲(3)、一八六頁・一九三頁。
(40) 幣原喜重郎、同(3)、一九四~一九八頁。

第2章　幣原喜重郎の戦時生活と敗戦

1　翼賛政治会加盟への憲兵隊による脅迫

日本国民が戦争に熱狂させられ、総動員された日中戦争、アジア太平洋戦争の時代、「幣原外交」は「軟弱外交」「腰抜け外交」さらには「国辱外交」「売国外交」とまで批判され、一九四一年の夏から移った明治神宮近くの千駄ヶ谷の新居の塀には、「国賊」「売国奴」の落書きが書きなぐられ、邸内には石が投げ込まれたりした。「水底の没人」となった幣原は、悶々たる日々をじっと耐えながら、時に丸善に出かけて、新刊の洋書を手に入れては、読書に鬱を散ずる生活をしていたが、そのなかで幣原らしいエピソードがある。

一九四二年四月三〇日、アジア太平洋戦争を開始した東条英機内閣のもと、第二一回衆議院総選挙がおこなわれた。東条首相は戦争遂行を容易にするために軍部による独裁政治の確立をめざし、翼賛政治体制協議会を設立して、同会推薦の候補者四六六名を立候補させ、選挙の結果、三八一名が当選した。同会非推薦候補者は八五名が当選した。東条内閣への批判が多かったことにおどろいた東条首相は、翼賛政治体制協議会を解散して、五月二日に翼賛政治会を結成、四五八名の衆議院議員、三二六名の貴族院議員（定数四一一名）、各界有力者二〇二名の合計九八六名を加入させた。これにより他の政党はすべて解散させられ、翼賛政治会による一党独裁体制が確立したのである。

翼賛政治会が発足してからまもなく、貴族院の事務局から幣原に翼賛政治会に入会するかどうかの問い合わせがきた。幣原は一九二六（大正一五）年以来、勅選議員として貴族院に議席を有していた。[1]幣原が翼賛政治会に入会拒否の返事をすると、数日たって長い剣をぶらさげた憲兵伍長が幣原邸にやってきて、入会拒否を撤回するよう「隊長の命によってあなたにご注意申しあげる」と迫ったのである。

これにたいして幣原は「ご注意は承りました。しかしあの返事は自分で書いて出したもので、その決心を変える意思はありません」ときっぱり答えて、なぜ反対するかをその憲兵に説得して帰した。[2]幣原は、軍部ファシズムの「翼賛政治」に迎合せず、圧力に屈することなく、反対を貫いたのである。

2　東京山の手空襲で被災

アメリカ軍は一九四四年夏、マリアナ諸島を占領して、グアム、サイパン、テニアンの各島に飛行場を整備、日本本土は「空の要塞」といわれたB29超重爆撃機の行動圏内に入った。四四年一一月二四日にB29による東京初空襲がおこなわれたのを皮切りに、東京も頻繁に爆撃されるようになった。米空軍は、当初、東京の西郊外にある中島飛行機工場や他の軍事工場など軍事施設を目標にして、昼間、高高度から爆弾を投下した。四五年二月二六日、多数のB29が幣原邸の上空を通過中、これを撃墜しようと地上から発射された高射砲の破片が幣原邸内に落下、窓ガラスを突き破って屋内に飛び散った。運よく幣原はそこに居合わせなかったので命を失わずにすんだ。(3)

米空軍は、その後四五年三月一〇日の下町一帯の東京大空襲に前後して空爆の戦略を変更し、B29編隊が夜間超低空で侵入し、工場地帯や住宅密集地域を焼夷弾によって焼き払う、無差別絨毯爆撃をおこなうようになった。以来、東京も日を追って空襲の回数が多くなった。四月一五日以降は、山の手地区の空襲が本格化した。そのため、五月二五日夜半、千駄ヶ谷の幣原邸がB29の編隊の空襲により、全焼させられた。焼夷弾によって周囲各所に発生した火事が折からの烈風に煽られて猛火となり、大火事となって一帯を灰燼《かいじん》にした。幣原は妻の雅子と二人で着の身着のまま戸外に逃れて、付近の路傍で一夜を明かし、翌早朝、二キロほど西の代々木初台町にある次男宅に、妻の手をひいてようやくたどりつくことができた。しかし、この空襲で、洋書を中心に膨大な蔵書が灰燼に帰した。痛恨の極みは、外交官生活をとおして克明に書き記してきた日記やメモの類も焼失したことである。(4) この日の空襲は、幣原にとって悲痛な戦争体験となった。

五月二四日は、B29五四五機により、渋谷、芝、蒲田、荏原、目黒などに焼夷弾と爆弾を混用した無差別爆撃がおこなわれ、死者五五九人、全焼家屋六万三八一戸を出した。幣原邸が焼失した五月二五日には、B29四七〇機により、中野、四谷、牛込、世田谷、江戸川、大森、品川などが絨毯爆撃をうけ、三五九六人が死亡し、一六万五一〇三戸が全焼した。

この段階で、空襲による東京の焼失面積は全市街地の五〇・八％におよび、都内には主要な爆撃目標がなくなってしまい、以後、東京にたいする大規模な空襲はとだえることになった。

五月末から終戦にかけて、硫黄島から発進したP51や艦載機による都内の銃爆撃が増加した。B29による爆撃では板橋区、王子区のほか立川市や八王子市、武蔵野町などに被害がでた。八王子は八月二日に空襲され、全市が壊滅的な状況になった。

東京空襲の被害総計は、警視庁資料では、死者九万五九九六人、負傷者七万九七一人、被害家屋七六万六六一五戸、罹災者二八六万一八八二人と記録されている。早乙女勝元と東京空襲を記録する会の独自の調査結果によれば、死者約一一万五〇〇〇人以上、負傷者約一五万人、損害を受けた家屋約八五万戸、罹災者約三一〇万人と推定されている。(5)

3　憲法九条の原点となった八月一五日の体験

天皇の玉音放送で日本の無条件降伏が流された一九四五年八月一五日の体験は、後に首相となった幣原が「世界に例のない戦争放棄、軍備全廃」の新しい憲法の起草をする原点となった。幣原はそのことを口述による『外交五十年』（中公文庫）において次のように語っている。(6)

私は長い浪人生活をしていて、あまり用事がないので、よく日本クラブへ出かけた。ちょうど昭和二十年八月十五日の終戦の日の朝も行っていた。すると事務員がやって来て、今日正午に陛下の玉音放送がありますという。私は前もってポツダム宣言受諾のことなど聞いていなかったので、何の放送ですかと訊くと、それは判りませんが、とにかくそういう予定だそうですという。二階の図書室に備え付けの受信機の側へ行くと、もうたくさんの人が集まっている。時報が終ると、放送局のアナウンサーはこれより玉音の放送ですと告げた。一同期せずして起立した。

この放送で、無条件降伏ということが判って、みな色を失った。放送が済んでも、黙って立っていて、一言も発する者がない。隅の方に女の事務員が三、四人立っていたが、それがわあッと泣き出した。それで沈黙が破られ、みなハンケチを取り出して眼を拭いた。それは実に一生忘れられない、深い深い感動であった。

もうクラブなどにいる気がしない。心中おうおうとして楽しまない。家へ帰ろうと、クラブを出て電車に乗った。そしてその電車の中で、私は再び非常な感激の場面に出逢ったのであった。それは乗客の中に、三十代ぐらいの元気のいい男がいて、大きな声で、向う側の乗客を呼び、こう叫んだのである。

「一体君は、こうまで、日本が追いつめられたのを知っていたのか。なぜ戦争をしなければならなかったのか。おれは政府の発表したものを熱心に読んだが、なぜこんな大きな戦争をしなければならなかったのか、ちっとも判らない。戦争は勝った勝ったで、敵をひどく叩きつけたとばかり思っていると、何だ、無条件降伏じゃないか。足も腰も立たぬほど負けたんじゃないか。おれたちは知らん間に戦争に引入れられて、知らん間に降参する。怪しからんのはわれわれを騙し討ちにした当局の連中だ」

と、盛んに怒鳴っていたが、しまいにはおいおい泣き出した。車内の群集もこれに呼応して、そうだそうだといってワイワイ騒ぐ。

私はこの光景を見て、深く心を打たれた。彼らのいうことはもっとも至極だと思った。彼らの憤慨するのも無理はない。戦争はしても、それは国民全体の同意も納得も得ていない。国民は何も知らずに踊らされ、自分が戦争をしているのでなくて、軍人だけが戦争をしている。それをまるで芝居でも見るように、昨日も勝った今日も勝ったと、面白半分に眺めていた。そういう精神分裂のあげく、今日惨憺たる破滅の淵に突き落とされたのである。もちろんわれわれはこの苦難を克服して、日本の国家を再興しなければならないが、それにつけてもわれわれの子孫をして、再びこのような、自らの意思でもない戦争の悲惨事を味わしめぬよう、政治の組立から改めなければならぬということを、私はその時深く感じたのであった。

自らの意志でもない戦争の悲惨事を味わわされた民衆の怒りと悲しみの声を聞いた幣原は、敗戦後に首相となって憲法草案作成の際の「軍備全廃の決意」の原点になったことをこう述懐している。

私は図らずも内閣組閣を命ぜられ、総理の職に就いたとき、すぐに私の頭に浮んだのは、あの

空襲で破壊された東京の霞ケ関・内幸町付近。奥に国会議事堂
（提供：共同通信社）

電車の中の光景であった。これは何とかしてあの野に叫ぶ国民の意思を実現すべく努めなくてはいかんと、堅く決心したのであった。それで憲法の中に、未来永劫そのような戦争をしないようにし、政治のやり方を変えることにした。つまり戦争を放棄し、軍備を全廃して、どこまでも民主主義に徹しなければならないということは、他の人は知らないが、私だけに関する限り、前に述べた信念からであった。それは一種の魔力とでもいうか、見えざる力が私の頭を支配したのであった。よくアメリカの人が日本へやって来て、こんどの新憲法というものは、日本人の意思に反して、総司令部の方から迫られたんじゃありませんかと聞かれるのだが、それは私の関する限りそうではな

い、決して誰からも強いられたのではないのである。

軍備に関しては、日本の立場からいえば、少しばかりの軍隊を持つことはほとんど意味がないのである。将校の任に当たってみればいくらかでもその任務を効果的なものにしたいと考えるのは、それは当然のことであろう。外国と戦争をすれば必ず負けるに決まっているような劣弱な軍隊ならば、誰だって真面目に軍人となって身命を賭するような気にはならない。それでだんだんと深入りして、立派な軍隊を拵えようとする。戦争の主な原因はそこにある。中途半端な、役にも立たない軍備を持つよりも、むしろ積極的に軍備を全廃し、戦争を放棄してしまうのが、一番確実な方法だと思うのである。

首相となった幣原が憲法九条を発案するにいたった原点が、八月一五日の敗戦の日に目撃した一般国民の姿にあったことを幣原は告白している。筆者が注目するのは、憲法九条を発案したのは「一種の魔力とでもいうか、見えざる力が私の頭を支配したのであった」という幣原の思いにある。筆者には、幣原を突き動かした「魔力」「見えざる力」とは、日中戦争、アジア太平洋戦争で大きな被害を受け犠牲となった国民の「日本は再びこのような無謀な戦争をやってはいけない」という怨念であったのではないかと思える。

この戦争をつうじて、日本国民の犠牲者数は軍人・軍属約二三〇万人、外地で死亡した民間人約三〇万人、内地の戦災死亡者約五〇万人、計約三一〇万人にのぼった。民間人の被害についていえば、広島・長崎の原爆、沖縄戦、東京大空襲、満蒙開拓団におけるそれがとくにいちじるしく、軍人については玉砕と特攻に日本軍の非合理性・反人間性の極致が示された。さらに日本は、中国にたいする満州事変以後一五年間にわたる侵略戦争で、中国軍民に死者一〇〇〇万人以上の被害を与え、他のアジア・太平洋諸民族・諸地域の民衆に死者約一〇〇〇人といわれる犠牲を与えた。また植民地朝鮮・台湾におよぼした加害も、軍人・軍属としての戦線への動員、強制連行など深甚であった。さらにこの加害には、大量・集団・無差別の虐殺・処刑、化学戦、細菌戦、生体実験、阿片・麻薬、強制労働など、幾多の反人道的行為・犯罪がともなっていた⑺。

こうした膨大な日本国民さらにアジア太平洋地域の民衆の戦争被害者、犠牲者たちの悲愴な魂の叫びが、「魔力」となり、「見えざる力」となって、幣原に憲法九条発案という「天命」を与えたともいえるのである。

【註】

(1) 幣原喜重郎は、駐米大使時代の一九二〇年四七歳の時、勲功により男爵をさずけられ、戦前の特権階級の華族となった。戦前の大日本帝国憲法下の議会は衆議院と貴族院とからなったが、貴族院は爵位をもつ特権階級から選ばれた者が議員となれた。幣原は男爵であったので、貴族院議員になれたのである。

(2) 幣原喜重郎『外交五十年』中公文庫、一九八七年、二〇二〜二〇六頁。

(3) 一九四五年三月二〇日付、幣原喜重郎より大平駒槌宛書簡（国会図書館憲政資料室所蔵「幣原

喜十郎先生書簡集全6巻、マイクロフィルムR17」。
(4) 幣原平和財団『幣原喜重郎』(非売品)、一九五五年、五三八〜五四二頁。
(5) 早乙女勝元『写真版　東京大空襲の記録』新潮文庫、一九八七年、一七四〜一七五頁。
(6) 幣原喜重郎、前掲(2)、二一六〜二一九頁。
(7) 江口圭一『十五年戦争小史　新版』青木書店、一九九一年、二六〇頁。なお、満州事変・日中戦争における日本軍の加害・残虐・虐殺行為の事例については、拙著『日中戦争全史　上・下』(高文研、二〇一七年)に詳述したので参照されたい。

第3章　アメリカの日本占領政策

憲法九条の発案者はマッカーサー連合国軍最高司令官で、日本国憲法とともに日本に押しつけたと主張する人たちに共通する欠点は、加藤典洋『9条入門』(1)が典型であるが、マッカーサーを中心にして歴史を解釈し、説明しようとするところにある。

マッカーサーが日本占領政策を考えるようになったのは、沖縄作戦中の一九四五年四月三日に日本を占領するアメリカ陸軍の指揮を命ぜられ、さらに五月九日に日本本土における軍政の最高責任者に任ぜられて以降であり、さらに具体的には、八月一四日に連合国日本占領軍の最高司令官に正式に任命された以降である。それに比べ、アメリカ政府は、アジア太平洋戦争の開始にともなって早くから、日本の占領政策、戦後改革政策の調査、検討に着手し、日本の敗戦が明らかになった一九四四年からは対日占領政策の立案を本格化させ、複数の戦後改革計画を策案して検討と論議を深め、具体的な方針と計画にまとめたうえで、マッカーサーに指令していたのである。マッカーサーの日本占領政策、日本民主化政策、憲法制定政策などすべて、統合参謀本部（後述）と総称されるアメリカ軍部の最高決定機関の方針と方策にそって実施されたのである。

そこで、本章では、日本国憲法誕生への歴史の源流、さらには本流となったアメリカ政府の日本占領政策、民主化政策がどのような経緯で構想され、具体化されてきたのか、第二次世界大戦の歴史に位置付けて、簡単に整理しておきたい。(2)

1 原点としての「大西洋憲章」

アジア太平洋戦争が始まる四カ月前の一九四一年八月一四日、アメリカ大統領フランクリン・D・ルーズベルトとイギリス首相ウィンストン・L・S・チャーチルが、カナダ東端にあるニューファンドランド島沖の大西洋上で会談をもち、「大西洋憲章」を発表した。一九三九年九月から開始された第二次世界大戦が、一九四〇年九月の日独伊三国同盟の結成により、枢軸国といわれたファシズム国家連合と民主主義国家連合との世界戦争という性格が明確になった状況に対応して、ルーズベルトはイギリスへの軍事援助を強化してきた。一九四一年六月の独ソ戦開始にともない、ルーズベルトはソ連へ巨額な軍事・経済援助を与えるとともに、反ファシズム戦争としての第二次世界大戦へのアメリカのコミットをさらに深め、将来アメリカが参戦する場合に備えて、アメリカ国民を納得させるための戦争目的を掲げて、反枢軸国の連帯を印象づける共同声明を必要とした。これに先立ちルーズベルトは、一九四一年一月六日の米国議会への年次教書で、枢軸国の台頭に対抗して、国際社会が以下の「四つの本質的な人間的自由」(「四つの自由」)を守ることの重要性を訴えた。

①言論と表現の自由　②すべての人が自分自身の方法で神を礼拝する自由　③欠乏からの自由（どの国家もその住民に健康な平時の生活を確保するという経済的な保障）　④恐怖からの自由（どの国もその隣国に物理的な侵略行為をすることができないような程度と徹底的な方法における世界的な軍備の削減）

ルーズベルトの「四つの自由」の理念は、後の大西洋憲章（一九四一年）、国際連合憲章（一九四五年）、ポツダム宣言（一九四五年）、日本国憲法（一九四六年）、世界人権宣言（一九四八年）などに取り入れられていくことになる。(3)

ルーズベルトは「大西洋憲章」において、ドイツ空軍との「バトル・オブ・ブリテン」（一九四〇年七月初～一〇月末のイギリス本土決戦）に耐え抜いて、勝利の展望を開きつつあったイギリスのチャーチル首相との共同声明のかたちで、米英両国の戦争目的を以下のように、理想主義的、国際主義的に謳いあげた。①領土の不拡大、②人民の意志によらない領土変更の否定、③人民による政治体制選択の自由、④すべての国にたいする平等な貿易と資源の利用、⑤すべての国における労働条件の改善と経済発展、社会保障の実現およびそのための経済的国際協調、⑥平和が確立され、あらゆる人が恐怖と欠乏から解放されること、⑦航海の自由、⑧侵略国の非武装化と軍縮への協力、より広範で恒久的な安全保障体制の樹立の努力。

「大西洋憲章」がナチスや日本をふくむファシズム国家を打倒したあとに、民主的な戦後世界を樹立することを展望したものであったことは、世界史的に重要な意味をもった。それは、第一次世界大戦の敗戦国ドイツにたいする連合国側の制裁主義的、報復主義的戦後処理と戦後政策の誤りが、ナチスの台頭をもたらした決定的な原因となり、ヒトラー政権を誕生させ、再び第二次世界大戦をもたらした歴史への強い反省にもとづいたものであった。第二次世界大戦後の戦後処理にあたって、連合国側に枢軸国にたいして過度に報復的姿勢をとらぬように自制させたのである。さらに、経済問題についても、第一次世界大戦のように、賠償・戦債問題が戦後世界の深刻な政治経済問題になる事態を再現させないように配慮がなされていた。

「大西洋憲章」は、その後、一九四一年一二月八日に日本軍の真珠湾攻撃をきっかけにアメリカが第二次世界大戦に参戦して連合国の中心となり、四二年一月に発表した連合国共同宣言に組み入れられた。さらに、反ファシズム・民主主義のための戦争、戦後平和の理念として世界に受けとめられ、戦中・戦後の指導原理とされた。日本が受諾して連合国に降伏した「ポツダム宣言」は、この「大西洋憲章」の精神と理念を継承、発展させたものであり、「大西洋憲章」は「ポツダム宣言」の原点として重要な意義をもつものであった。言い換えれば、アジア太平洋戦争に敗北した侵略国家日本が、マッカーサーを最高司令官とする連合国軍の占領管理下に、日本国憲法制定をふくむ戦後改革を遂行するにいたる歴史は、「大西洋憲章」が原点だったのである。

同憲章が「ポツダム宣言」の原点という意味では、「第三に、すべての国民に対し、彼等がその下で生活する政体を選択する権利を尊重する」とあるのは、「ポツダム宣言」の草案にあった、「戦後の日本の政体については、立憲君主制もふくめて、民主化された日本国民の選択を尊重する」という、天皇制を認めた条項に通じている。しかし、この草案箇所は、後述するように、日本政府に「ポツダム宣言」の受諾を遅らせて、実験に成功したばかりの原子爆弾を投下しようとしたトルーマン大統領らによって削除されたのである。
「大西洋憲章」が日本国憲法の原点となったという意味では、同憲章の第八項が注目される。憲法九条を想起させる内容になっているので、以下に全文を紹介したい(4)。

第八に、両者〔ルーズベルトとチャーチル〕は、世界のすべての国民が、実際的および精神的のいずれの見地からみても、武力の使用の放棄に到達しなければならないと信ずる。陸、海又は空の軍備が、自国の国境外における侵略の脅威を与え又は与えることのある国々において引続き使用される限り、いかなる将来の平和も維持され得ないのであるから、両者は、一層広範かつ恒久的な一般的安全保障制度が確立されるまでは、このような国々の武装解除は欠くことのできないものであると信ずる。両者は、また、平和を愛する国民のために、恐るべき軍備の負担を軽減する他のすべての実行可能な措置を援助し、かつ助長する。

ここでは、世界の平和を脅かすドイツや日本などの軍事侵略国家の武装解除を第一義としながらも、恒久の世界平和のためには、世界のすべての国民が軍縮と武力の使用の放棄、すなわち戦争放棄に到達しなければならないと謳っている。これは、本書で詳述するように、幣原喜重郎が憲法九条により、日本が世界に先駆けて戦争放棄、非武装国家となり、世界平和実現のための世界史的任務を受け持つことをめざしたことに通ずるものである。
日本国憲法の九条で規定した日本の戦争放棄と戦力不保持は、世界の非武装と平和にいたる世界史の過程の一部として理解すべきことなのである。

2　連合国の占領改革構想

一九四三年一月、北アフリカのフランス領モロッコのカサブランカで、ルーズベルトとチャーチルが会談をもち、カサブランカ声明を発表した。当時、英米軍と独伊軍が北アフリカの攻防をめぐり激しい戦闘を展開していたときであり、連合国の共同作戦、攻撃方針が討議されたとともに、連合国の勝利を展望して、枢軸国の降伏形態についても方針が決定された。決定をリードしたルーズベルトは、第二次世界大戦の戦争原因は枢軸国側のファシズムという政治体制にあると考えていた。戦後の枢軸国からファシズムが一掃されないかぎり、再び世界戦争が勃発する危険があると考え、枢軸国側に「無条件降伏」させたうえで、連合国側が軍事占領し、政治改革を実施することが不可欠であると主張した。

ルーズベルトは、ヒトラー政権などにたいする「宥和政策」はもはやありえず、米英が枢軸国の現指導部との早期講和に応じることなどなく、相手側の全面敗北まで戦うという強い意志を表明するために、「無条件降伏」という終戦方式を提唱したのである。カサブランカ声明によって、連合国側が無条件降伏方式の採用を決定したことにより、敗北後の枢軸国は連合国の軍事占領下に置かれ、占領改革が実施されることが不可避となった。そのため、カサブランカ会議以降は、日本にたいしても同様な原則が適用されることになった。
第二次世界大戦後の戦後処理においては、報復・制裁よりも改革が重視されることになったのは、侵略的対外政策は、国内の不健全な政治体制に起因する。したがって、敵国における民主主義的な政治体制の樹立こそが、世界平和のための要件であるとみなされ、軍事的必要のための占領をこえて、敗戦国を民主化するための長期にわたる占領管理をおこない、政治・経済・社会・文化・教育・思想などの全分野を変革し、平和のための国内的条件を作る、それなくして永続する平和の保障はない。
このように敵国内の民主化の必要性はことにアメリカによって強く主張された。無条件降伏とは誤れる「思想の絶滅を意味する」とのカサブランカ声明は、上記のような広範な内政改革を示唆していた。「正しい思想」が制度化されねばならなかったのである。[5]
これらは、第一次世界大戦の戦後処理からの教訓であったが、この教訓にもとづき、第二次世界大戦の敗戦国のドイツと日本にたいする占領政策と戦後改革がおこなわれることになる。しかし、ドイツの場合はソ連と米英仏による分割占領による戦後改革がおこなわれ、日本の場合はアメリカの単独占領による戦後改革がおこなわれ、内実は大きく異なることになった。

3　ルーズベルトの戦後東アジア構想

一九四一年一二月八日の真珠湾攻撃直後、日本政府は、駐日アメリカ・イギリス・カナダ・オーストラリアの各大使に宣戦布告書を手交した。同日、アメリカとイギリスも対日宣戦布告し、一二月九日に中国国民政府は正式に日本およびドイツ・イタリアにたいして宣戦布告、一一日にドイツ・イタリアがアメリカに宣戦布告をおこなったので、ヨーロッパとアジア太平洋を戦場に巻きこんだ文字どおりの第二次世界大戦となった。これにより、一九三七年七月から戦われていた日中戦争は、太平洋戦争（本書ではアジア太平洋戦争と称する）に包摂され、第二次世界大戦の一環に組みこまれた。四一年一二月末、ルーズベルト大統領は、イギリス・オーストラリア・オランダ・ニュージーランドの同意を得て、アジア太平洋戦争における「中国戦区」を設定して、蒋介石を総司令官に就任させた。これにより蒋介石は、中国・タイ・ベトナム各戦区の戦争を指揮することになった。

蒋介石はルーズベルトにたいして信頼できる高級将校を派遣し、中国戦区連合軍司令部の参謀長を担当させるよう要請した。これにたいし、アメリカ軍部は、中国に一〇年間滞在し、中国語を話し、中国文を理解できる米軍随一の中国通として知られるジョセフ・W・スティルウェルを派遣、中国・ビルマ・インド戦区米軍司令官・連合軍中国戦区参謀長・アメリカ軍駐華軍事代表に就任させた。ルーズベルトのスティルウェル派遣は、アメリカが中国戦場を重視して、空輸による軍事援助を強化し、中国軍を訓練して対日抗戦を継続させ、太平洋における日本軍の行動を牽制させようとする意図にもとづくものであった。

一九四二年一月一日、米・英・ソ・中の四カ国を筆頭に連合国二六カ国の代表がワシントンに集まり、「連合国共同宣言」に調印した。各署名国は、ルーズベルトとチャーチルの米英首脳が発表した「大西洋憲章」の原則に賛同し、世界を征服しようとしている日独伊枢軸国とその従属国にたいして完全に勝利するために、各国政府間の軍事・経済・資源の運用協力を緊密にし、敵国と単独で停戦協定あるいは講和を締結しないことを確認した。

こうして、日中戦争がアジア太平洋戦争に包摂され、第二次世界大戦の一環に組みこまれたことによって、ルーズベルトの東アジア構想が具体化する契機となった。その柱は、①日本の無力化、②中国の大国化、③東南アジア諸国の解放であった。ルーズベルトは戦後アジアの中心勢力としての実質的な役割を中国に期待する度合いをしだいに強め、中国を戦後の世界の四大国の一つに高め、日本にたいする「警察官」の役割を中国が担うことを期待するようになった。巨大な人口と可能性を持つ中国を「世界の警察官」に組み入れ、戦後アジアの中心勢力に育てあげることによって、戦後世界の欧米世界とアジア世界との安定関係が構築できるという構想をルーズベルトは抱いていた。さらに日本をふくむ東アジアについては、太平洋をはさむ大陸国家のアメリカと中国が「姉妹共和国」（中国ではアメリカが兄、中国が弟という認識が一般的であった）として、米中枢軸による安定したアジア太平洋国際秩序（Pax Sino-Americana）を予期した。[6]

一九四三年一一月二二日から二六日までエジプトのカイロで開かれた、蔣介石中華民国主席を交えたルーズベルト、チャーチルとの三国首脳会談（カイロ会談）は、ルーズベルトの中国大国化構想の確定を意味し、戦後発足する国際連合において中国はフランスを加えた安全保障理事国（安保理）の五常任理事国入りし、ルーズベルトのいう「世界の警察官」としての位置を与えられることになる。

カイロ会談では、米英合同参謀本部が作成した対日戦の協力措置について討議がなされ、戦後の領土問題について、日本の植民地を剝奪する方針が明らかにされた。一一月二七日に発表された「カイロ宣言」では、米英中三国の遂行する戦争は、日本の侵略を阻止し罰することを目的とすると述べたのち、①三国は自国のために利益を求めず、領土拡張の念もないこと、②一九一四年の第一次世界大戦の開始以後日本の奪取・占領した太平洋のすべての島を剥奪すること、③満州・台湾および澎湖《ほうこ》諸島のように日本が中国から盗取したすべての地域を中華民国に返還すること、④暴力、強欲により日本が略取した他の全ての地域から日本は駆逐されること、⑤朝鮮の人民の隷属状態に留意し、やがて朝鮮を自由、独立のものにする決意を有すること、⑥以上の目的で三国は日本との交戦中の同盟諸国と協調し日本の無条件降伏をもたらすのに必要にして重大な長期間の行動を続行すること、などを定めた。

会談のなかで、ルーズベルトは蒋介石と日本占領と天皇制をめぐってやりとりをおこなった。ルーズベルトが「日本進駐は中国が主体となるべきだ」と述べたのにたいし、蒋介石は「日本本土への進駐、監視の問題については、米国が主体となってあたるべきで、もし中国の派兵が必要ならば協力してもよい」と述べた。

ルーズベルトはさらに「天皇の戦争責任追及の声が、米国では無視できない世論となりはじめている。日本の天皇制を戦後存続させるか、廃止すべきか」中国の意見を求めてきた。これにたいして蒋介石は「この問題に関しては、まず日本軍閥を根本から消滅させ、軍閥が二度と日本の政治に関与できないようにすることが必要である。しかし、それ以上の、国体（国家形態）をどうするかといった問題は、日本の新しい世代の目覚めた人々が、自分で解決するのにまかせるのがもっとも好ましい」と述べ、さらに「もし日本国民が戦争の元凶である軍閥にたいして革命に立ち上がり、現在の侵略主義的軍閥政府を打倒して侵略主義の根株を徹底的に除去できるのならば、われわれは、日本国民が自由な意思にもとづいて、彼らの政府の形式を選択するのを尊重すべきである」と述べた。

蔣介石は「ルーズベルト大統領もこれに深く同感した。私のこの主張は完全に一九四二年の連合国宣言の精神にもとづいたものであった」と記している[7]。

戦後の天皇制について「日本国民自身の決定に委ねる」という蔣介石の応答は、本章で述べてきた「大西洋憲章」、「連合国宣言」の精神をふまえたものであり、さらに重要なのは「ポツダム宣言」(後述)へと継承されていったことである。

さきに、ルーズベルトの東アジア構想の柱は①日本の無力化、②中国の大国化であると書いたが、このことは、憲法九条ならびに日本国憲法が誕生できた背景にあった東アジア国際関係として極めて重要な意味をもっていたことを、時代を少し先に進めて指摘しておきたい。

アメリカの戦後初期の東アジア構想は、ルーズベルトの構想と重なっている。それは、蔣介石の国民党政府が中国を統一して統治し、日本の侵略戦争によって失われた領土を回復して大国となり、国際連合の五大国として、アメリカのよきパートナーとなり、アジア太平洋国際秩序の要の役割を担うことであった。アメリカは、ヨーロッパにおいて、イギリスとフランスを主要協力国としてヨーロッパの戦後復興とアメリカ中心の国際秩序を構築しようとしたように、東アジアでは、中国国民党政府を主要協力国としようとしたのである。

軍事・安全保障・外交などの側面において、Pax Sino-Americana(アメリカと中国による平和)による東アジア国際関係を背景にして、ルーズベルトのいう「日本の無力化」、すなわち、かつての軍国主義、侵略主義国家としての日本の軍事力・軍隊を徹底的に解体、壊滅させ、日本が再び軍事国家とならないように、日本の非軍事化政策を「安心して」遂行できたのである。分かりやすく言えば、東アジアさらにはアジアにおけるソ連を中心とする社会主義諸国にたいする「反共の防波堤」は国民政府の中国であり、日本はその防波堤の内側にあって、非軍事化と民主化の戦後改革に国政を傾注すればよかったのである。しかし、アメリカは沖縄だけを日本から切り離して直接の軍政下に置き、アメリカの極東戦略の要の基地にしたことは銘記しておかなければならない。

筆者が注意を喚起しておきたいのは、アメリカが対日占領初期の日本の戦後改革と民主化政策を遂行し、日本国憲法を制定した時代は、アメリカがソ連への対抗もふくめて、中国国民政府を中心に東アジアの国際秩序の形成を展望し、模索した時代であったことである。その後中国における国民党と共産党の内戦の開始と激化、ベトナム民主共和国の建国と抗仏戦争の開始など、朝鮮半島もふくめた東アジアにおける民族解放闘争の進展とソ連介入と影響力の拡大による東アジア冷戦構造の形成と強化にともなって、「逆コースの時代」といわれたように、アメリカが対日初期占領政策を変質、変更させた時代が到来する。そして油井大三郎の『未完の占領改革――アメリカ知識人と捨てられた日本民主化構想』という本のタイトルのように、[8] 日本国憲法が掲げた新しい民主主義社会の建設は、捻じ曲げられ、頓挫させられてしまったのである。本書の終章で述べるが、一九五〇年六月に開始された朝鮮戦争により、日本国憲法が誕生できた東アジアの国際関係は崩壊し、民主主義国家日本の建設は挫折させられたのである。

本書のサブタイトルを「日本国憲法の原点の解明」としたのは、アメリカが日本の軍国主義の排除と民主的政府の誕生と民主主義社会の建設を基本目標とした初期占領政治の時代を再検証する作業をとおして、「未完に終わった」日本の民主化の課題を再確認し、日本国憲法をさらに日本社会に内実化させていくための営為が現在の国民に求められているという筆者の思いからである。

4 アメリカの対日占領政策の作成

アメリカ政府の対日占領政策の研究と討議は早く、一九四二年八月には国務省政治研究部に極東班を設け、日本研究の専門家や国際関係論の学者らを招集して、戦争が終わった後、アメリカが日本の戦後処理について、いかなる方針で臨むかについて、研究と討議を開始している。

極東班のメンバーは、日本研究の専門家というより、日本をよく知っている知日派、親日派の集まりといった趣きが強かった。知識が必要とあらば、どこからでも幅広く人材を調達するアメリカのやり方は、戦時中の日本が、幣原のような政治家を親米英派として追放、軍部内における親米英派とみなした人材を排除し、日本国内においても親米英派的勢力を抑圧し、さらには「鬼畜米英」というスローガンまで流布させ、適性用語として英語の使用まで禁じた日本とは対照的な違いである。

極東班は、満州事変にたいする中国政府の提訴をうけて国際連盟が派遣したリットン調査団のメンバーでもあった、アメリカにおける極東問題の第一人者であったクラーク大学教授のジョージ・ブレイクスリー博士が議長となって、日本がどういう原因から軍国主義に走ったかの分析からはじめて、天皇制、軍部、軍事組織とその背景、教育制度、農地制度、財閥、宗教、思想などを詳細に調べ、それぞれの文書を作成して、一九四三年夏までに膨大な文書を上部機関の領土小委員会へ提出した。[9]

一九四三年になってヨーロッパ戦線におけるドイツの敗北がほぼ決定的な趨勢となり、アジア太平洋戦争の戦場においても、同年二月に日本軍はソロモン諸島のガダルカナルの争奪戦に敗れて退却、四月には連合艦隊司令長官山本五十六がソロモン諸島上空で米軍機に撃墜されて戦死するなど、日本の敗北も決定的となるにおよんで、アメリカ政府のコーデル・ハル国務長官は、対日戦後計画を新たな段階に進める必要から、一九四四年一月に「戦後計画委員会」(Committee on Post-War Program=略号PWC)を長期的な戦後政策を決定するための機関として設立し、戦後政策立案の体制を整備した。PWCは、議長がハル国務長官、副議長がステティニアス国務次官、さらに四人の国務次官補を主要メンバーとする、国務省の戦後計画にたいする熱意の強さを示した委員会であった。

二月になって陸軍省民政部と海軍省占領地域課から国務省にたいして極東地域の占領統治についての戦後政策の問い合わせがなされたのにたいして、三月、前述の国務省政治研究部の極東班のブレイクスリー議長は「米国の対日戦後目的」を作成した。同文書は「PWC一〇八」という通し番号を付されて、公表、記録されたが、日米戦争の真最中に、以下のような寛大な対日戦後構想が国務省の実務家レベルで検討されていたことは注目に値する。後述するマッカーサーの日本占領政策、戦後改革政策も基本的にはこの構想と重なるところが多くあるので、全文を紹介しておきたい[10](CACは、国と地域の諸委員会の略称)。

米国の対日戦後目的

CAC一一六＝PWC一〇八
一九四四年三月十四日

一　領土目的　日本は、満州、委任統治諸島および軍事占領した全地域より撤退する。朝鮮、台湾および第一次大戦の開始後に獲得した全諸島を、日本は剥奪される。

二　軍事目的　日本が米国および他の太平洋諸国に対する脅威となることを防止する。この目的達成のため、武装解除、軍事査察、経済活動の統制、および連合国が安全保障のため不可欠とみなす特定産業の長期的制限、などの措置をとる必要がある。

三　経済財政目的　国際的安全保障上必要な制限の範囲内において、また賠償問題を考慮しつつ、日本は差別なく世界経済の発展に参加することを許され、徐々により高い生活水準に向うことができる。

四　政治目的　他国の権利と国際的義務を尊重する政府を日本に樹立することが、アメリカの利益にかなう。それは、軍部支配から自由であり、平和の維持を望む文民によって統御される政府でなければならない。そのため、（1）陸海軍から政治的特権を剥奪すること、（2）新聞とラジオを通して、民主主義諸国との間に知的な交流の自由を確立すること、（3）日本の穏健派政治集団を強化する措置をとること、が必要である。

五　最終目的　太平洋地域における平和と安全を確保するため、諸国家のなかにおいて、完全にして平等なる一員として、友好的な日本を復興することが、米国の最終目的である。米国は、日本を含む世界の諸国民が、国内的・国際的生活において、平和と協調と繁栄に向うことを願うものである。

本章でこれまで整理してきた、「大西洋憲章」「カイロ宣言」「カサブランカ声明」に盛られた対日戦後政策の構想とルーズベルトの東アジア戦後構想を基本的に継承している内容である。そして重要なのは、対日占領政策と戦後改革を決定した「ポツダム宣言」（後述）の重要な条項がほとんど網羅されていることである。

四四年一月に発足した「戦後計画委員会」では、日本にたいする戦後政策を具体的に立案するために予備草案が作成され、それにもとづいた討議を経て修正がなされ、正式な文書に書き直されていった。それらは「天皇制」「政党と政治団体」「信教の自由」など戦後政策の課題ごとにまとめられたが、その中に、日本国憲法草案の原型がすでに作案されていたことがわかる。

そのひとつに「軍国主義の廃絶と民主的手続の強化」と題する文書（CAC一八五＝PWC一五二b、一九四四年五月九日作成）がある。この文書は、(1)問題　(2)軍事機構の破壊　(3)軍国主義の復活を防止するためのいくつかの措置　(4)基本的な政府改革の開始　の四つのパラグラフから成っている。[11]

その中で(3)の必要条件として、治安維持法などの悪法の廃止と大政翼賛会、黒龍会など超国家主義の根絶、さらに民主主義発展の条件として、経済復興とリベラルの育成を掲げ、さらに具体的に以下のような措置を勧告している。①新聞、ラジオ、映画の自由、②言論の自由、③自由主義的教育に対する統制の撤廃、④新聞、ラジオ、映画を通しての民主主義における個人的自由の意義の説明、⑤政党、労働組合、消費者協同組合等の奨励、⑥地方議会の拡充、⑦国民選挙その他の方途による将来の政治体制についての国民的意思の表明。

後にあらためて述べるように、日本の敗戦後の一九四五年一〇月九日に幣原喜重郎内閣が成立し、その二日後に新任挨拶に訪れた幣原にたいし、マッカーサー連合国軍最高司令官は憲法の自由化と民主化に関する五大改革を口頭で指示した。その五大改革とは、婦人解放、労働組合の結成奨励、学校教育の自由主義化、秘密審問司法制度の撤廃、経済制度の民主化であったが（本書一六一頁）、それは上記の「軍国主義の廃絶と民主的手続の強化」の提案の中から、人権確保を優先した改革を要求したものであることが理解できよう。

また、「(4)基本的な政府改革の開始」のパラグラフでは、次のような四つの項目に分類して説明がなされている。①衆議院の権限の乏しさを改め、首相と内閣が、予算面で国民に選ばれた代表機関である議会に完全に依存するよう変革する。②「戦後日本に陸海空軍を保持させるべきではないという、広範な合意が現在存在してはいるが、それにもかかわらず、もし日本が何らかの軍事機構を後に認められるに至るならば」、その場合軍部大臣の武官制を廃し、文民統制を条件とすることが絶対に必要である。③基本的人権の強化と個人の自由の尊重。④裁判所が司法大臣と警察に支配され過ぎていた弊を改め、裁判官を選挙することにより、自立した民主的な裁判制度を確立する。

②から分かるように、すでにこの時期に憲法九条の戦力の不保持が合意として書かれていることが注目される。さらに、日本国憲法草案が貴族院で論議されている一九四六年九月段階で、連合国の極東委員会の決定を受けたGHQの指示で、憲法第六六条の「内閣総理大臣その他の国務大臣は、文民でなければならない」という文民統制条項が加えられることになったが、それに関連した問題がすで

に出されていたことは興味深い。

上記の文書「軍国主義の廃絶と民主的手続の強化」を書いたのは、ヒュー・ボートン博士である。彼は絶対的な平和主義者、平等主義者として知られるアメリカのクエーカー教徒（キリスト教のピューリタン的プロテスタントの一派）で、一九二八年に東京の三田にある普連土《フレンド》女学校に奉仕活動の一環として赴任するために来日、三年間日本に滞在した間に日本に魅せられ、新渡戸稲造や高木八尺《やさか》、前田多門ら日本のリベラリストとの人脈ができる。その後日本学のメッカであるオランダのライデン大学で学んだあと、一九三五年に東京に舞い戻り、東京帝国大学で日本近世史を学びながら、満州事変以後の軍部支配体制の強化を体験的に知り、二・二六事件も実際に目撃した。再びライデン大学に戻り、博士号を取得した後にアメリカに帰り、コロンビア大学で日本学を教える。その間に『一九三一年以降の日本』という現代史の書物を書き上げ、軍国日本の形成過程を熟知していたのである。

さきに見た、ボートン作成の日本の戦後改革、民主化政策が戦前の日本社会の欠陥をふまえた現実的なものであったのは、彼の経歴から構想されたからである。ボートンのような人物が、アメリカの日本占領政策と戦後民主化政策の立案に参画して重要な役割を担ったことは、日本にとって幸いであった。[12]

国務省と陸軍省の対日政策立案の動きをうけて一九四四年一二月、アメリカ政府の対日占領政策立案機関として国務・陸軍・海軍三省調整委員会（State-War-Navy Coordinating Committee=略号ＳＷＮＣＣ《スウィンク》）が発足した。そして同委員会のなかに、具体的な対日占領政策を起草するための極東小委員会（SWNCC Subcommitee for the Far East=略号ＳＦＥ）が設置された。

5 象徴天皇制への道

アメリカの日本占領政策、戦後改革政策において、天皇制をどうするかをめぐって、国務省や陸軍省内でも激しい論争が展開されたが、結論的には、天皇の権威を利用して降伏と敗戦処理をおこない、戦後は象徴天皇制として戦後改革、民主化に利用するという方向に収斂していった。象徴天皇制の利用は、敗戦後に予想される共産主義革命の動きを封じるという目的もあった。

一九六一年から六六年までアメリカの駐日大使をつとめたエドウィン・O・ライシャワーは、夫人のハルさんとともに名前を覚えている人も多いと思うが、彼は東京で生まれ、一六歳まで日本で生活していた知日派で、ハーバード大学を卒業して同大学の日本研究者となった。太平洋戦争中および戦争直後は、日本問題の専門家として、国務省や陸軍省の情報活動や対日政策の立案に協力した。ライシャワーも早くから象徴天皇制への道を模索した一人で、一九四二年九月の段階で提出した「対日政策に関する覚書」でこう述べている。(13)

わが国においては、日本の天皇が個人的にいかなる信条をもっているかを知っている者はおりませんが……日本の基準からいって、天皇は自由主義者であり内心は平和主義者であると考えてもよい理由があります。天皇を国際連合と協力する政策に転向させることが、彼の臣民を転向させることよりも、ずっと易しいことであるというのは、大いにありそうなことであります。天皇が、おそらく天皇のみが、彼の臣民に影響を与え、彼らに現在の軍部指導者を弾劾するに至らせることができるのであります（中略）。

過去数カ月、裕仁という名前は邪悪な日本の体制を象徴するものとしてかなり使われて参りました。戦後問題を考慮して、政府におかれましては、本邦の報道波及機関に対しまして、裕仁への言及をできるかぎり避けること、むしろ東条あるいは山本……を現在わが国が戦争状態にある敵国日本の人格的具現として使用するよう、ご指導されるべきかと考える次第であります。

中村政則『象徴天皇制への道――米国大使グルーとその周辺』が詳細に検討したように[14]、天皇制の存続のために奮闘したのは、一九三二年からアジア太平洋戦争開始により四二年六月に交換船で帰国するまでの一〇年間、駐日大使をつとめたジョセフ・C・グルーであった。石川欣一訳で回想録『滞日十年』が出版されている[15]。

グルーは、帰国後国務長官特別補佐官に任命され、きたるべき戦後と和平に備えて対日世論の啓発に全国を飛びまわって講演を重ねた。しかし、その講演の内容にはジャーナリズムからの批判の矛先は鋭く、グルーは「利敵行為」などと責められた。

国務省の戦後計画委員会（ＰＷＣ）における議論のなかで天皇制をめぐる攻防戦が頂点をなしたが、グルーは、ＰＷＣにおいて、天皇ヒロヒトと天皇制を区分する持論を展開した。ヒロヒト個人が戦争に反対していたことは明らかであるにせよ、その名において戦争がおこなわれた以上、「敗戦に際して責任をとり退位することを免れうるとは、考えがたい」。しかし、天皇制は残さねばならない。軍国主義を廃し戦後日本を再建するに際して、天皇制が「有力な資産」となると主張した。

天皇制をめぐる議論でPWCは真二つに割れたが、グルーの主張への批判の主なものは、①天皇制と侵略政策は不可分であり、戦後の平和を維持するためには天皇制の廃止が不可欠である、②統治のための便宜から天皇制を利用することは、長期的・根本的な日本の民主的変革を計るという基本目的を損なう、③アメリカと中国の世論は天皇制廃止である、などであった[16]。

グルーは日本と和平のために働けるならと、一九四四年に、彼にとっては格下げにも等しい国務省の極東局長を務め、前述の知日派のブレイクスリーやボートンの主張を政府の中枢に取り次ぐ役割を果たした。そして、四四年の暮、対日強硬派であったハル国務長官が病に倒れて引退し、後任の長官に次官のステティニアスが昇格したのにともない、グルーが国務次官に就任することになった。グルーはその人事権をフルに利用して、国務省に知日派を迎えいれた。駐日大使館の部下であったジョセフ・バランタインを極東局長に据え、同じく大使館員だったユージン・ドーマンを国務・陸軍・海軍三省調整委員会(SWNCC)の極東小委員会議長につけた。さらに、一九四五年に、ステティニアス国務長官が国際連合を創設するために四月から六月の間ワシントンを留守にしたことから、グルー自身が国務長官代理を務めることになった。

こうして知日派の集団は、ブレイクスリー、ボートンの起案作業のワーキング・グループをベースに、バランタイン、ドーマンの政策実務レベル、グルーの政策決定へと一貫した布陣を敷くことになった。

いっぽう、一九四四年一月に設置された国務長官が主宰する最高レベルの戦後計画委員会（ＰＷＣ）は、四五年の二月に入って、初期対日占領政策をはじめとするさまざまな戦後計画の立案をボートンらに命じていた。そこで、ボートン自身が作案した前述の「軍国主義の廃絶と民主的手続の強化」が、対日占領政策に盛りこまれることになったのである。

四五年四月一二日、アメリカのルーズベルト大統領が六三歳で急死した。反ファシズム戦争であった第二次世界大戦における連合国協力体制の中心的指導者となり、大西洋憲章、カイロ会談、カサブランカ声明、ヤルタ会談などを通じて、戦後世界の構想に主導的にかかわってきたルーズベルトが、アメリカ史上唯一の四選を果たし、大統領に就任した直後であった。ルーズベルトの急死によって、副大統領のハーリー・Ｓ・トルーマンが大統領に就任し、終戦および戦後のアメリカの内政・外政および連合国を指導することになった。

五月七日にドイツ軍が連合国に無条件降伏し、イタリアはすでに一九四三年九月に無条件降伏していたので、枢軸国で日本だけが孤立して戦争をつづけることになった。トルーマン新大統領は、ドイツの降伏をうけて五月八日、日本に無条件降伏を勧告した。こうした戦況において、日本の敗戦を早めようとしたグルーは、戦後にも天皇制の存続を容認する声明を発表するよう、トルーマン新大統領に働きかけようと五月二八日、国務長官代理の立場であったことを利用して、直接大統領に直訴した。その際、提案の主旨をつぎのように語って、トルーマンを説得しようとした。(17)

対日戦争の目的は、「日本が二度と世界平和を脅すことができぬよう」、その戦争能力を破壊することにある。この目的を、「アメリカ人生命の犠牲がもっとも少ない方法で達成すること」こそ肝要である。「最後の一人」まで戦う能力を持つ日本人にそうさせては、アメリカ人の犠牲は計りしれない数に上るであろう。「日本人が無条件降伏する上での最大の障害」は、天皇と天皇制を永久に破壊されてしまうと信じていることである。もし今、将来の政治体制は日本人自身の決定に任されると保証してやれば、二日前の東京大空襲の直後であるだけに、大きな心理的効果を持つだろう。日本を永遠に支配できない以上、われわれが望みうることは、天皇制を廃止することではなく、「立憲君主制の発展」である。

明治維新以降の天皇は、穏健で平和的な路線を基本としてきたが、近年の軍事的野心の上げ潮に対抗できるほど強力ではなかった。「真珠湾」は、天皇ゆえにではなく、天皇の抑制努力にもかかわらず、行われたのである。二・二六事件は、軍の過激派が「天皇周辺の平和主義的助言者」をねらい撃ちしたものである。東条一派は、かつての将軍と同じ軍事的独裁者であり、天皇がそれに歯向かって開戦を拒否していたとすれば、その祖先たちと同じ運命をたどったであろう。だからといって、開戦の詔勅を発したヒロヒトの責任が免除されるわけではない。要は、天皇がサインしようとしまいと、強硬派は思いどおりのことを行ったであろうという点である。もし、敗戦により軍部強硬派が信を失えば、まったくの「シンボル」である天皇は、おそらくニュー・リーダーたちによって用いられるだろう。天皇制は、平和な日本を再建するための「礎石」となるであろう。

グルーのこのような対日声明の提案の説明にたいしてトルーマンは、「健全な考え」と同意しながらも、軍関係者の同意が得られることを条件にした。大統領が求めた会合は翌五月二九日、参謀総長、陸・海軍長官をはじめとする軍関係の最高幹部が出席して開催された。

グルー国務長官代理がまず、趣旨を説明した。日本人が天皇のためにファナティックに戦うのをやめさせ、無条件降伏を受諾しやすくするために政体選択の自由を保証する声明を発するべきではないか。つづいて、ドーマン極東小委員会議長が作成した「対日声明案」について、配布されたコピーにもとづいて説明した。

説明を終えると、スティムソン陸軍長官が待ちかねたように「このペーパーには、一つだけ批判がある。それは、日本が幣原、若槻、浜口といった西洋世界の指導的政治家と同等にランクされうる進歩的指導者を生み出す能力を持っていることを、十分に論じていない点である。けれども、私はこの文書は結構だと思う」。スティムソンは、この草案が日本に対する理解と処遇を与えすぎているのではなく、与え足りないと、逆説的な表現で示唆したのであり、いわば一〇〇パーセント以上の支持の表明であった。

スティムソンは、一九三〇年のロンドン海軍軍縮会議のとき国務長官をつとめ、アメリカの全権代表として出席した。本書で述べたように、日本側の全権代表が若槻であり、彼を送り出したのが浜口首相と幣原外相であり、日本国内の激しい批判とテロの脅威にさらされながらも同条約の批准を実現したのであった（本書七四頁）。スティムソンは、政治的生命、肉体的生命を失う危険にさらされながらも国際協調を貫こうとした、幣原、若槻、浜口らを高く評価していて、一五年後に、敵国日本が倒れようとする瞬間に、すでに七七歳になっていたスティムソン陸軍長官が、大正デモクラシー期の日本が生み出した国際協調主義者たちの名を、忘れることなく口にしたのである。

五百旗頭真《いおきべまこと》が指摘するように、日本史においては、大正デモクラシーと戦後民主主義の間に断絶があったが、アメリカにおいて日本を知る人々が、両者の間をつなぐ役割を果たしたのである。〈大正デモクラシー〉→〈アメリカ知日派の日本認識〉→〈戦後日本の再建〉という脈絡は、これまで見てきたように、ブレイクスリー、ボートン、バランタインらに明確に認められたが、それまで日本問題に中立的であった陸軍の代表者のスティムソンも同じ文脈に立っていることが、ここに示されたのである。〈大正デモクラシー〉は一部のアメリカ人に受け止められ、終戦時に日本に向かって投げ返されることになったのである。

政治・軍事双方にまたがる性格の問題についてのスティムソンの発言は、圧倒的な重みを持っていた。スティムソンがこれほど明確な判断を最初に示した以上、陸海軍関係者から異を唱える者はいなかった。(18)

しかし、対日声明の発表は、マーシャル参謀総長が、具体的なことは明示せずに「ある軍事的理由」から「時期尚早」と反対したため、対日声明の発表は延期となった。「ある軍事的理由」とは、荒井信一『原爆投下への道』が指摘するように、アメリカのマンハッタン計画による原子爆弾の完成が現実的な日程に入ってきたので、アメリカの政策決定者たちの間で、原爆の対日実戦使用が決定されたためである。(19)

スティムソンは七月二日にも、トルーマン宛にスティムソン・メモを提出し、硫黄島や沖縄における日本兵の死闘を指摘しつつ「ひとたび日本本土への上陸戦と力による占領を開始すれば、おそらく最後の一兵の死に至るまでの抵抗にあうであろう」、それはドイツの最期よりももっと凄惨なものとなろう、と警告した。これを回避するために、天皇制を「立憲君主制」として容認する警告を日本に受諾させ、降伏させることの重要性と可能性を指摘し、それは、近代日本の輝かしい発展の実績と、日本国内の「自由主義指導者」の存在から説明し、「日本は、このような危機のなかで最後まで戦うことの愚をさとり、無条件降伏に至る条件提示を受け入れるだけの知性と能力を持っている、と私は考える」と強調した。スティムソンの日記によると、大統領はこれを読み、「明らかに感銘を受けた」様子だったという[20]。

しかし、いっぽうでは、後述するバーンズ新国務長官のように、アメリカ政府内には天皇制保持の反対者が優勢であった。それは、天皇制を認めた場合のアメリカ国民の激しい反発が予想されることへの懸念であった。四五年六月一日から五日にかけておこなわれた世論調査機関ギャラップ社の調査の天皇問題に関する調査結果は、意見なしが二三%であったが、(天皇を)処刑せよ三三%、投獄せよ一一%、流刑にせよ九%、何もしない四%、傀儡の役割を果たさせよ三%で、被調査者の約七〇%が天皇を戦争犯罪人として何らかの処罰をすることを望んでいたのである[21]。

後述するように、ルーズベルトアメリカ大統領・連合国の対日無条件降伏論がしだいに修正され、ナチスドイツにたいする連合国軍による無条件降伏(軍事占領と直接統治)とは異なって、日本ではマッカーサー連合国軍最高司令官による間接統治方式に変更された。その結果、継承された天皇制・日本政府のもと、GHQの指令によって戦後日本の諸改革が遂行され、大日本帝国憲法を「改正」するという手続きで、日本国憲法が誕生することになる。

五百旗頭の指摘するように、「知日派は軍事帝国としての近代日本に劣らず、一九二〇年代まで政党政治を発展させた日本に注目した。最近の用語法を使うなら『大正デモクラシー』を彼らは評価したのである。この近代日本の内発的発展の成果を、米国のプランナーが受けとめて、敗戦時にそれを日本に投げ返すという構図が、対日占領政策のなかに活かされた。それは闘争と破壊の論理を相対化し、日米関係の再構築への展望を開くうえでなくてはならない視角であった」という視点は重要である。

六月一一日には「降伏後における合衆国の初期対日方針」を扱ったSWNCC―一五〇が完成する。一九四二年に国務省の片隅でスタートした極東班の草案が、三年近くの歳月と紆余曲折を経て、アメリカの国家方針にまで登りつめたのである。ポツダム宣言の文案のルーツもまた、同じ国務省の知日派が書いた本章で紹介してきたような一連の文書があったのである。そしてそれは、日本国憲法草案の指針となったSWNCC―二二八（本書二一五頁）へとつながっていく。そのSWNCC―二二八を書いた人物もヒュー・ボートンであった[22]。

SWNCC―一五〇では日本の占領方式は軍による直接統治であったが、その後、つぎに述べるポツダム宣言との関連で訂正され、SWNCC―一五〇／三では、日本政府を通じた間接統治へと重大な訂正がなされ、マッカーサー元帥が厚木に到着する一日前に、ワシントンからマニラへ届けられた。

6　国際連合憲章と日本国憲法

一九四五年六月二六日にサンフランシスコにおいて第二次世界大戦の連合国によって国際連合憲章（以下国連憲章）が調印され、四五年一〇月二四日に二〇カ国が批准を完了して国際連合が正式に発足する。原秀成は、国連憲章の第一条【目的】に掲げられた三つの目的、すなわち、平和主義、民族自決・国民主権、基本的人権がポツダム宣言にもられ、それが日本国憲法の三つの基本原理になったことを指摘している。原によれば、アメリカ国務省において、国連憲章の立案と日本の戦後政策の立案が同時期に、内容的に並行しておこなわれた結果の影響関係であった(23)。

以下、簡単に国連憲章第一条【目的】に掲げられた三つの目的と日本国憲法の原理との関係を見てみたい。

1　国際の平和及び安全を維持すること。そのために、平和に対する脅威の防止及び除去と侵略行為その他の平和の破壊の鎮圧とのための有効な集団的措置をとること並びに平和を破壊するに至る虞のある国際的の紛争又は事態の調整又は解決を平和的手段によって且つ正義及び国際法の原則に従って実現すること。

国連憲章の第一の目的を「国際の平和及び安全を維持すること」としている平和主義を受けて、日本国憲法前文は「日本国民は、恒久の平和を念願し……平和を愛する諸国民の公正と信義に信頼して、われらの安全と生存を保持しようと決意した。われらは、平和を維持し、専制と隷従、圧迫と偏狭を地上から永遠に除去しようと努めてゐる国際社会において、名誉ある地位を占めたいと思ふ」となっている。そして、国連憲章が目的とする「平和への脅威の防止及び除去」のために、日本国憲法は第九条に「武力による威嚇又は武力の行使」の永久放棄を掲げたのである。第九条に「日本国民は、正義と秩序を基調とする国際平和を誠実に希求し」とあるのは、まさに国連憲章を誠実に希求して実践しようというのである。なお、国連憲章の第二条【原則】に「すべての加盟国は、その国際関係において、武力による威嚇又は武力の行使を……慎まなければならない」とあるのは、憲法九条の条文に「武力による威嚇又は武力の行使は、国際関係を解決する手段としては、永久にこれを放棄する」とほぼ同じ文章が使われている。

2　人民の同権及び自決の原則の尊重に基礎をおく諸国間の友好関係を発展させること並びに世界平和を強化するために他の適当な措置をとること。

国連憲章の第二の目的は「人民の同権」と「人民の自決」の原則で、日本国憲法の「国民主権」の原理となる。「人民の自決」は第一次世界大戦後の国際連盟以来の「民族自決」の原則であるが、この原則がポツダム宣言第一二項の「日本国民の自由に表明せる意思に従ひ平和的傾向を有し且責任ある政府が樹立せらるるに於て」連合国の占領は終わると保証する条項となり、後述するように、「国民主権」となった日本人が天皇制を選択するのであれば、それが認められるという解釈になり、日本国憲法に象徴天皇制が規定されることになる。

3　経済的、社会的、文化的又は人道的性質を有する国際問題を解決することについて、並びに人種、性、言語又は宗教による差別をなくすすべての者のために人権及び基本的自由を尊重するように助長奨励することについて、国際協力を達成すること。

国連憲章における人権の規定は、まだ抽象的であるが、ポツダム宣言の第一〇項で「言論、宗教及思想の自由並に基本的人権の尊重は、確立せらるべし」となり、日本国憲法では「第三章　国民の権利及び義務」で保障された自由と基本的人権尊重の具体的な条項となった。国際連合が人権の内容を具体化したのは、一九四八年一二月一〇日の国連総会で採択された「世界人権宣言」においてであった。

以上見たように、国際連合憲章の三つの目的が、ポツダム宣言を介して、日本国憲法の平和主義、国民主権、基本的人権尊重の原理となったのである。

7 ポツダム宣言と原爆投下

一九四五年七月一七日から八月一日まで、ベルリン郊外のポツダムで、対日戦問題とドイツ・東欧の戦後処理問題を中心的に討議するための米英ソ首脳会談が開かれた。会談の最中の七月二六日、日本にたいする無条件降伏を勧告するポツダム宣言が発表された。

ポツダム宣言の推進者は、これまで述べてきたように、対日声明を提案してきたグルー国務長官代理とスティムソン陸軍長官であったが、グルーやスティムソンの天皇制残置案にたいして国務省内でも反対が多く、七月三日に国務長官に就任したジェームス・F・バーンズは、ハル元国務長官の進言にそって共同宣言案の発表にも反対であったので、グルーとスティムソンが起案し、海軍省の検討も経た共同宣言案は、最終的に未決定の部分を残してポツダム会談に携行された。会談中にスティムソンと新国務長官のバーンズとの対立がつづいたが、トルーマン大統領が最終的な決断を下した。

しかし、トルーマンは、スティムソンのポツダム宣言草案の一二条を変更させた。スティムソン草案には「これらの（占領）目的が達成され、日本人民を代表する性格をもち、平和的傾向を有しかつ責任政府が疑問の余地なく樹立された時には、連合国占領軍はただちに撤退するであろう。このような政府が日本において侵略的軍国主義の将来の発展を不可能とするような平和政策を追求する上で真正の決意を有していることにつき平和愛好諸国が確信できる場合には、このうちに現在の皇統の下における立憲君主制が包含されるであろう」となっていた。

しかし、ポツダム会談開始の前日の七月一六日にアメリカのニューメキシコで原爆実験が成功したという機密電報が届いた。トルーマンは、アメリカが原子爆弾を強力な切り札にして、スターリン体制下のソ連に対抗して、戦後に予想される米ソ対決の国際政治における指導権をアメリカが掌握できると考えた。そしてトルーマンは原爆投下以前に戦争が終結することを恐れ、条件つきで天皇制の保持を認めることを明言したスティムソン草案の一二条をつぎのように変更させた。「前記諸目的が達成され、且日本国民の自由に表明せる意思に従ひ平和的傾向を有し且責任ある政府が樹立せらるるに於ては、聯合国の占領軍は、直に日本国より撤収せらるべし」となった。戦後の政府は「現在の皇室の下における立憲君主制を排除するものではない」「現皇室の下における立憲君主制を含みうるものとする」という天皇制の存続を認める条項が削除されたのである。

いっぽう、ポツダム会談においてスターリンは、ソ連は八月一五日に対日参戦をすることをトルーマンに通告した。それは、一九四五年二月四日から一一日まで、ルーズベルトとチャーチル、スターリンとによってクリミヤ半島のヤルタで開かれたヤルタ会談において決められたヤルタ密約によって、ソ連は、南樺太、千島、満州権益とひきかえに、ドイツ降伏後二、三カ月以内に対日参戦をすることを約束していたからである。

そこで、トルーマンは、ソ連の対日参戦前に原爆を投下して日本を降伏させることを企図し、八月一〇日までに原子爆弾を投下するよう命令した。ポツダム会談の最終日の七月二六日、アメリカ・イギリス・中国による対日共同宣言であるポツダム宣言が発表されたが、トルーマンの意図どおり、日本の鈴木貫太郎内閣は、国体（天皇制）の護持が保証されていないと、ポツダム宣言を「黙殺」し、戦争を邁進するという談話が新聞報道された。「黙殺」は拒否と受けとられ、八月六日に広島に原爆が投下された。[24] これにたいして、ソ連は、カイロ会談、ヤルタ会談で約束された対日参戦の代償として米英が約束した東北アジアに諸権益が獲得できなくなることと、東アジアの戦後政治に対日戦勝国として関与できなくなることをおそれて、八月八日に日本に宣戦布告をおこない、九日には満州への進撃を開始した。同日、アメリカは長崎に原爆を投下した。アメリカの原爆投下は、ソ連の対日参戦を約一週間早めることになり、その結果東アジアにおける米ソの競り合いを促進することになった。ポツダム宣言は、ソ連の参戦によって米・英・中・ソの四大国による共同宣言となった。

ただし、鈴木貫太郎は自伝において、「この宣言にたいして意思を表示しないことを決定し、新聞紙にも帝国政府該宣言を黙殺するという意味を報道した」が、「余は心ならずもこの宣言は重視する要なきものと思う」という意味で答弁したのである。つまり今でいえば「ノーコメント」の意味だったのであるが、「余の談話はたちまち外国に報道され、我が方の宣言拒絶を外字紙は大々的に取り扱ったのである。そしてこのことはまた、後日ソ連をして参戦せしめる絶好の理由をも作ったのであった」「この一言は後々に至るまで、余の誠に遺憾と思う点であり、この一言を余に無理強いに答弁させたところに、当時の軍部の極端なところの抗戦意識が、いかに冷静なる判断を欠いていたかが判るのである」と回想している。[25] しかし、鈴木貫太郎の「黙殺」報道の前に、アメリカは原子爆弾を投下し、ソ連は対日参戦する準備を進めていたことは、さきに述べたとおりである。

日本では、「ポツダム宣言」の受諾をめぐって、特に陸軍側から天皇制の護持が明確に保証されていない、戦争犯罪人、武装解除、占領の範囲などについて条件をつけるべきだなどと強い反対が出され、御前会議が繰り返された。八月一〇日、日本政府は「ポツダム宣言」受諾の条件として「天皇の国家統合の大権を変更するの要求を包含しおらざることの了解の下に、帝国政府は右宣言を受諾す」という申し入れをおこなった。無条件降伏に条件をつけ、それをアメリカや連合国が認めるかどうか照会のかたちで打診したのである。

照会にたいするバーンズ国務長官の回答文（八月一一日付）が八月一二日に日本に知らされた。それは「降伏の瞬間から天皇および日本政府の国を統治する権限は連合国軍最高司令官に従属するものとする」（第一項）とする一方、「日本の究極的政治形態は、ポツダム宣言に従い、日本国民が自由に表明した意思に従い決定されるべきである」（第四項）と述べたものであった。一見すると、日本側の条件に答えていないようであるが、よく読むと、第一項で、占領下でも天皇が残ることを伝え、第四項で国民が望めば占領後も天皇制が存続できることを示したものであった。前述したトルーマンが原爆投下をおこなうために変更させた、スティムソンのポツダム宣言草案の一二条の内容を復活させたのである。(26)

バーンズ回答文でアメリカ政府が日本側に天皇制を保持しうるという見通しを伝えたのは、天皇制の保持を認めることは、日本軍の降伏をスムーズに進めるというばかりでなく、さらに進んで、ソ連と対抗するうえで、戦後の日本をアメリカの同盟国として獲得する道を明確に進めようとしたからであった。アメリカは原爆の独占を背景にして対ソ連外交を強め、朝鮮半島を三八度線で分けて日本の関東軍が防衛する北部はソ連軍が進駐、占領し、日本の朝鮮軍が駐屯する南部は日本本土と同様にアメリカ軍が進駐、占領することを認めさせた。いっぽう、スターリンが提案したソ連軍による北海道への進駐、占領案をトルーマンは拒否した。アメリカ軍による日本の単独占領を企図したのである。日本では、さきのバーンズ回答文にたいして、海軍軍令部や政府内にも「従属」とは「帝国の属国化」であると猛然たる反発が生じた。しかし、天皇は「結局天皇の地位を認めた」というシグナルであることを理解した。

八月一四日、陸海軍両総長が御前会議開催を求める文書に署名しなかったので、天皇招集という異例のかたちで開かれた御前会議において、天皇は「国体問題についていろいろ疑義があるとのことであるが……先方は相当好意を持っているものと解釈する。……要は我が国民全体の信念と覚悟の問題であると思うから、この際先方の申入れを受諾してよろしいと考える。どうか皆もそう考えて貰いたい」との「聖断」で受諾を決定した。同日午後一一時、「天皇陛下は日本のポツダム宣言受諾に関する詔書を発した」という電報がスイスに向けて打電された(27)。

翌一五日は常にまして蒸し暑い日であったが、正午にポツダム宣言を受諾した「終戦の詔勅」を天皇が読んだ「玉音放送」が重大放送として全国はもちろん、海外の日本占領地においても流された。「終戦の詔勅」の最後の段落に「朕ハ茲ニ国体ヲ護持シ得テ忠良ナル爾臣民ノ赤誠ニ信倚《しんい》シ常ニ臣民ト共ニ在リ」とあるように、天皇は日本政府とアメリカ政府や連合国とのやりとりのなかの「最終的な日本政府の形態は、『ポツダム宣言』に従って、日本国民の自由に表明される意思により樹立される」というメッセージが分かったのである。「爾臣民」すなわち日本国民が天皇制を「最終的な日本政府の形態」として決定してくれるという「赤誠」（真心）を「信倚」（信じて頼る）して「国体」（天皇制）は護持できると判断して「聖断」を下したのである。

しかし、この「聖断」が下るまでに広島へ原子爆弾が投下されて、年末までに推定死者一五万人、長崎への原爆投下によって年末までに推定死者八万人が犠牲となった。広島、長崎以外の都市でもこの間に、B29の大編隊による無差別爆撃が継続され、八月一四日夜から一五日早暁においてさえも、B29二五〇機が七都市を焼夷弾攻撃し、高崎・熊谷などが灰燼に帰し、数千名の死傷者がでたのであった。

さらにソ連の対日参戦によって、三一万八〇〇〇人を数えた満州開拓移民の人たちがソ連軍の満州侵攻に巻きこまれて戦死や集団自決、さらに八月一五日以降、ソ連軍占領下の満州から日本へ引き揚げてくる間の集団自決、病死・餓死などの悲劇により、約七万八五〇〇人が犠牲となって死亡した。また総数八万六五三〇人にたっした満蒙開拓青少年義勇軍は、日本軍に召集抽出され、北朝鮮に撤退した関東軍主力部隊に代わって、侵攻してくるソ連軍の矢面に立たされ、約二万四二〇〇人が死亡した。四五年に満州に居住していた日本人の全体数は約一五五万人であったが、そのうち約一七万六〇〇〇人が犠牲になって死亡した。(28)

他にも絶望的な戦況におかれたアジア太平洋戦争の戦場で、「国体護持」にこだわった「聖断」の遅れによって、膨大な数の日本兵が、玉砕、病死、餓死などの犠牲になり、命を失った。

こうして、日本は日本に迫られた戦争終結条件および戦後処理に関する米・英・中・ソの共同宣言である「ポツダム宣言」を受諾して、無条件降伏をしたのである。宣言の内容については改めて論ずるが、大まかには、①日本の軍国主義の駆逐、②連合国による日本の軍事占領、③日本の主権を本州・北海道・四国・九州と連合国が決定する諸小島に制限、④戦争犯罪人の処罰、⑤再軍備の禁止、⑥軍需産業の禁止、日本の民主化、基本的人権尊重の確立などの条件をあげ、これらの目的が達成されれば占領軍は撤退する、というものであった。

本章において、日本国憲法を規定したポツダム宣言の作成、発表、受諾にいたる経緯を大西洋憲章からはじめて世界史に位置付けて整理した。本章で強調したかったのは、日本国憲法は、日独伊の枢軸国にたいする米英を中心とした反ファシズム戦争による反ファシズム諸勢力の勝利の結果として、ファシズム国家日本を改革、民主化する目的で、連合国軍の間接統治のもとに作成、制定されたということである。それは、日本国憲法とくに憲法九条を、「GHQが押しつけた」「マッカーサーが押しつけた」などと、短絡的に論じることを批判するためであった。

【註】

(1) 加藤典洋『9条入門』創元社、二〇一九年。

(2) 本章は、一々注記しないが、五百旗頭真『米国の日本占領政策——戦後日本の設計図(上・下)』(中央公論社、一九八五年)および原秀成『日本国憲法制定の系譜 I 戦争終結まで』(日本評論社、二〇〇四年)、油井大三郎『未完の占領改革——アメリカ知識人と捨てられた日本民主化構想』(東京大学出版会、一九八九年)に全面的に依拠している。

(3) 原秀成『日本国憲法制定の系譜　I　戦争終結まで』日本評論社、二〇〇四年、一一二〇～一一二一頁・三八一～三八三頁。
(4) 大沼保昭編『国際条約集』(二〇〇六年版)、有斐閣、七八二頁。
(5) 五百旗頭真『米国の日本占領政策――戦後日本の設計図　上』中央公論社、一九八五年、一一三頁。
(6) 五百旗頭真、同(5)、一五四頁。
(7)『改訂特装版　蔣介石秘録(下)』サンケイ新聞社、一九八五年、三七七頁。
(8) 油井大三郎『未完の占領改革――アメリカ知識人と捨てられた日本民主化構想』東京大学出版会、一九八九年。
(9) 原秀成、前掲(3)、四四六～四四九頁。
(10) 原秀成、同(3)、四六四～四六七頁。
(11) 文書「軍国主義の排除と民主的過程の強化」についての引用は、鈴木昭典『日本国憲法を生んだ密室の九日間』角川文庫、二〇一四年、一〇一～一〇三頁より。
(12) 鈴木昭典、同(11)、九二～九三頁。
(13) 酒井直樹『希望と憲法――日本国憲法の発話主体と応答』以文社、二〇〇八年、三〇〇～三〇一頁。
(14) 中村政則『象徴天皇制への道――米国大使グルーとその周辺』岩波新書、一九八九年。
(15) ジョセフ・C・グルー、石川欣一訳『滞日十年　上下』毎日新聞社、一九四八年。
(16) 五百旗頭真『米国の日本占領政策――戦後日本の設計図　下』中央公論社、一九八五年、六二～六三頁。

(17) 五百旗頭真、同(16)、一六八頁、油井大三郎、前掲(8)、二〇一頁。
(18) 五百旗頭真、同(16)、一七一～一七二頁。
(19) 荒井信一『原爆投下への道』東京大学出版会、一九八五年、一八〇頁。
(20) 五百旗頭真、前掲(16)、一九二頁。
(21) 荒井信一、前掲(19)、二五八頁。
(22) 五百旗頭真、前掲(5)、iv頁。
(23) 原秀成、前掲(3)に、「戦争の終結と憲法の原理――国際連合憲章と日本」の章で論じられている。
(24) ポツダム宣言の削除とソ連の対日参戦と原爆投下については、荒井信一、前掲(19)、二三七～二四六頁。
(25) 鈴木一編『鈴木貫太郎自伝』時事通信社、一九六八年、二九二頁。
(26) 荒井信一、前掲(19)、二六〇頁
(27) 五百旗頭真、前掲(16)、二四四～二四七頁。
(28) 笠原十九司『日中戦争全史　下　日中全面戦争からアジア太平洋戦争敗戦まで』高文研、二〇一七年、三三八頁。

第4章　幣原喜重郎内閣の発足

1　マッカーサーとGHQによる日本占領政策の開始

一九四五年八月一三日、ポツダム宣言の降伏条項を履行する権限をマッカーサーに与えるというトルーマン大統領の提案に、英・中・ソ三国政府が同意し、アメリカが日本から最終的な降伏通告を受け取った八月一五日、トルーマン大統領はアメリカ太平洋陸軍司令官のマッカーサーを日本を占領する連合国軍最高司令官[1]に任命した。

八月三〇日、マニラを発ったマッカーサーは愛機「バターン号」で神奈川県の厚木飛行場に到着し、日本占領の第一歩を踏んだ。九月二日、東京湾のアメリカ戦艦ミズーリ号艦上で、連合国軍最高司令官マッカーサーをはじめとする交戦国九カ国の代表と日本政府・大本営代表との間で降伏文書の調印式がおこなわれた。日本の全権は重光葵外相と梅津美治郎陸軍参謀総長であった。調印に先立ってマッカーサーはつぎのように演説した(2)。

われわれ主要交戦国の代表は平和を回復する厳粛な協定を締結するため、ここに集った。いろいろな理想と思想にからむ問題はすでに世界の戦場で決定されており、もはやわれわれが討議すべきものではない。また地球上の大多数の人々を代表するわれわれは、不信と悪意と憎悪の精神でここに集ったわけではない。

勝者も敗者も含めてわれわれに課せられていることは、われわれがこれから追求しようとしている神聖な目的にふさわしい、より高い尊厳をめざして立上がり、われわれすべての国の国民がここに正式に引受けようとしている責務を忠実に果すことを誓うことである。

この厳粛な式を転機として、流血と虐殺の過去からよりよい世界、信頼と理解の上に立つ世界、人間の尊厳と人間の最も渇望している自由、寛容、正義の完成をめざす世界が生れてくることを私は心から希望している。それはまさに全人類の希望でもある。(中略)

私は連合軍最高司令官として、私の代表する諸国の伝統にもとづき、降伏条項を速やかにかつ忠実に実行されるようあらゆる必要な措置をとる一方、私に課せられた責務を正義と寛容の心で果す決意であることをここに宣言する。

マッカーサーの演説には、本書で述べてきた「大西洋憲章」を原点とした戦後世界の理想が語られており、日本国憲法もこの理念にもとづいて制定されることになった。

アメリカ占領軍は九月から一〇月にかけて日本全土に進駐、各都道府県に軍政部を設置した。四五年末までに占領軍の数は約四三万人に達した。日本全土に進駐を終えた占領軍は、ただちに占領政策の実施にとりかかった。九月一七日にアメリカ太平洋陸軍総司令部を横浜から東京に移し、お堀端の第一生命相互ビルを本拠とした。一〇月二日、マッカーサーは同ビルに連合国軍最高司令官総司令部(General Headquarters, GHQ)を設置し、執務を開始した。

日本の占領政策を開始するにあたって、九月六日基本原則を修正した「降伏後における合衆国の初期対日方針」(SWNCC—一五〇)がトルーマン大統領からマッカーサーに伝達されていた。主な内容はつぎのようなものであった。[3]

1945年8月30日、神奈川県厚木飛行場に降り立つマッカーサー連合国軍最高司令官(提供：共同通信社)

①日本占領は間接統治とする。すなわち、占領行政は天皇を含む既存の日本政府機関を通じて行うこと。ただし「既存の統治形態は利用するも支持せず」。
②信教の自由、言論・政党活動の自由化、政治犯の釈放などの基本的人権の保障の強化。
③財閥の解体を示唆する「産業および金融の大企業結合体の解体」。
④「日本政府または国民のいずれがイニシアティブをとるにせよ、封建的・権威主義的

傾向をもつ統治形態の変更は許容され、支持される。この目的のために政府または国民が実力を行使しても、占領目的または占領軍の安全を害さないかぎり最高司令官はこれに干渉しない」という実力による民主主義革命の支持。

ここで、注目されるのは、日本の占領は、ドイツの直接占領と異なり、間接占領方式が採用されたことである。これには既述のように（本書一二九頁）、アメリカの知日派を中心に、アメリカ国防省の指導メンバーが日本の大正デモクラシーを評価し、日本に議会政治を実施する基盤があることを認識していたことの結果でもあったことである。

ただし、沖縄県が間接占領となった日本本土から切り離されて、アメリカ軍の直接占領下におかれ、一九四六年一月二九日付マッカーサーの指令で、公式にアメリカの軍政府の統治下におかれ、日本本土では平和主義、主権在民、基本的人権の尊重をうたった憲法が制定されても沖縄県民には適用されなかったことは、忘れてはならない。一九四七年九月になるが、天皇もアメリカが沖縄その他の琉球諸島にたいして軍事占領を継続することは、「米国の利益になり、また、日本を防衛することにもなろう……このような措置は、日本国民の間で広範な賛成を得るであろう」と、長期占領を希望する旨をマッカーサーに伝えさせていた。(4)

『新崎盛暉が説く　構造的沖縄差別』が、「日本占領当初、米国、少なくとも米軍部は、占領政策の円滑な遂行のために、日本国民の中に根強く根を下ろす天皇制の維持・利用を図った。そして、日本国民の天皇信仰・天皇への忠誠心それ自体に軍事的脅威を感じるフィリピン、オーストラリア、ニュージーランドなどの太平洋地域の連合国の懸念を払拭するためにも、日本を非武装国家とする方針をとった。アメリカと太平洋地域で覇を争った日本帝国主義の牙を抜いたのである。同時に、日本を監視し、非武装国家日本への周辺諸国の影響力の浸透を防ぐためにも、沖縄を日本から分離し、米国の軍事的拠点として、排他的な支配下に置こうとした。（中略）こうして、象徴天皇制、日本の非武装化、沖縄の（分離）軍事支配は、占領政策の上で、三位一体の関係になったのである」と指摘しているとおりである[5]。

沖縄を犠牲にして切り離し、日本本土にたいしては間接占領方式をとったので、マッカーサーが発した占領政策の指令は、日本政府からは「ポツダム勅令」として公布された。GHQが設置される前の九月二〇日に「ポツダム宣言の受諾に伴い発する命令に関する件」と題する緊急勅令五四二号が公布され、即日施行された。同勅令は、「政府はポツダム宣言の受諾に伴い連合国最高司令官の為す要求に係わる事項を実施する為特に必要ある場合に於ては命令をもって所要の定をなし、及び必要なる罰則を設くることを得」というものであった。日本国憲法が施行されるまでは勅令として「ポツダム勅令」といわれ、以後は政令となったので「ポツダム政令」といわれた。

連合国軍総司令部（GHQ）のあった第一生命ビル。星条旗がはためく

マッカーサーとGHQは、占領当初、日本の非軍国主義化、民主主義化のために「指令」「覚書」などの形式でそ

の政策を日本政府に強制したが、日本政府をつうじて政策を実施させる必要があったので、議会審議を経ないで日本政府の緊急命令として公布させたのが「ポツダム勅令」である。具体的な「ポツダム勅令」については改めて後述する。

2　天皇が首班指名に直接関与

(1) 鈴木貫太郎への組閣の大命

昭和天皇は、終戦に前後する鈴木貫太郎、東久邇宮稔彦《ひがしくにのみやなるひこ》、幣原喜重郎の首相の任命に積極的に関与した。戦前の首相は元老が推挙して天皇が組閣の大命を下す慣例が長くつづいたが、最後の元老となった西園寺公望の発言力が二・二六事件後の軍部の台頭以後弱まった。一九四〇年に木戸幸一が内大臣に就任すると後継内閣首班選定法を改正し、内大臣が主導する重臣会議が首班選定をおこない、天皇が組閣の大命を下すようになった。内大臣は宮中におかれて内大臣府を統轄し、席次は総理大臣より上であった。

木戸幸一は内大臣として、第二次近衛内閣（一九四〇年七月）から戦後の幣原喜重郎まで後継首相の選定にかかわったので、『木戸幸一日記』[6]から、天皇が先の三人の組閣大命に積極的に係わったことを知ることができる。

同日記によれば、日本の終戦工作をおこない、ポツダム宣言を受諾して終戦を断行して、戦前最後の首相となった鈴木貫太郎が組閣をひきうけたのは、天皇自らの強い説得によるものであった。

東条英機内閣が一九四四年七月に総辞職し、陸軍大将の小磯国昭が内閣を継いだが、戦況悪化の行き詰まりから四五年四月五日に総辞職した。その日の午後五時から後継首班をめぐって木戸幸一の主催する重臣会議で鈴木貫太郎が推薦されたが、「軍人が政治に出るのは国を亡ぼす基なりと考えあり。ローマの滅亡然り、カイザーの末路、ロマノフ王朝の滅亡また然り。故に自分は政治に出ることは自分の主義上より困難なる事情あり。耳も遠し、お断りしたし」と固く辞退した。

これにたいし、木戸自らが発言、「今日は国内が戦場とならんとする際なるがゆえに、一層政治の強化が必要にして、国民の信頼あるどっしりとしたる内閣を作らざるべからず、この意味にて東条閣下のご意見も御尤《ごもつと》もと思うが（東条は陸軍の畑俊六元帥を押した）、自分はこの際、鈴木閣下のご奮起を願いたしと考える」と主張した。しかし、東条は、海軍大将の鈴木貫太郎では「陸軍がそっぽを向く虞《おそ》れあり。陸軍がそっぽを向けば内閣は崩壊すべし」と最後まで反対した。(7)

重臣会議がおわった後に天皇が鈴木を招いて、直接後継首班を命令した。その際も鈴木は「聖旨まことに畏れ多く承りました。唯、このことは、何とぞ拝辞のお許しをお願いいたしたく存じます」と固辞したのである。しかし、最後は天皇に「鈴木がそういうであろうことは、私も想像しておった。鈴木の心境も、よく分かる。しかし、国家危急の重大時期に際して、もう他に人はいない。頼むから、どうか、まげて承知してもらいたい」と説得したのである。鈴木貫太郎はそのとき老齢七九歳であった。(8)

（2）日本憲政史上はじめての皇族内閣

困難な終戦工作をおこなって降伏を決定し、八月一五日に終戦の詔書を発表したのち鈴木貫太郎内閣は総辞職した。後継首班は、重臣会議を開かずに木戸内大臣と平沼騏一郎枢密院議長とだけで推挙した皇族の東久邇宮稔彦王に天皇も同意して、日本の憲政史上最初で最後の皇族内閣が発足した。敗戦と連合国軍の日本本土進駐を受け入れるにあたって、「天皇の軍隊」であった陸海軍の反乱や不穏な動きを封じるには、皇族内閣が一番無難であるという天皇の判断が働いたと思われる。

天皇は大命により、朝香宮鳩彦《あさかのみややすひこ》王を南京へ、閑院宮春仁《かんいんのみやはるひと》王を南方へ、竹田宮恒徳《たけだのみやつねよし》王を満州へそれぞれ派遣して、終戦の聖旨を伝達させ、「軽挙妄動せざるよう」訓戒させる措置をとった。このように、天皇が日本軍の降伏にさいして軍の反乱を防止した権威と威力を現実に見たマッカーサーは、彼の軍事秘書のボナー・フェラーズが、「無血侵攻を果たすにさいして、われわれは天皇の尽力を要求した。天皇の命令により、七〇〇万の兵士が武器を放棄し、すみやかに動員解除されつつある。天皇の措置によって何万何十万もの米国人の死傷が避けられ、戦争は予定よりもはるかに早く終結した」と「最高司令官あて覚書」に記しているように、占領政策も天皇の権威を利用すればスムーズにいくと考えたのである。(9)

東久邇宮内閣は、敗戦とアメリカ軍進駐にたいする軍部の不穏な動きを封じるためのいわば「リリーフ内閣」であり、マッカーサーとアメリカ軍の進駐が平穏のうちに進行し、マッカーサーとGHQ

の占領政策が矢継ぎ早に遂行されるようになると、後で述べるように、もはや対応できないことが明確となっていく。

なお、アメリカの国務省では、四五年八月の日本の敗戦に前後して、国務次官がグルーからディーン・G・アチソン（Dean G. Acheson）に代わったのをはじめ、知日派外交官が一斉に退陣し、その影響力は急速に低下した。その結果、アメリカの対日政策が、知日派の構想した「上から」の改革から「下から」の改革を助長するように変更された。国務次官に就任したアチソンは、マッカーサーにたいして「日本が侵略戦争を再開し得ざる状態に置かれることであり、日本の戦争への意志をつくる現在の経済ならびに社会体制を変更して、その戦争への意志が存続しなくなるようにすることである」と指示した(10)。それを受けて、マックロイ陸軍次官補が中心となって、経済改革条項や追放条項を補強し、「下から」の変革を遂行する条項が盛りこまれ、前述の「降伏後における合衆国の初期対日方針」（SWNCC—一五〇）がホワイトハウスからマッカーサーに指示されたのである。マッカーサーが矢継ぎ早に占領改革を指令したのは、アメリカ政府内で、対日徹底改革派が強まった結果であった(11)。

ところで、ここで述べたディーン・アチソンは、マッカーサーの政治顧問部長をやったジョージ・アチソンとは別人である。ディーン・アチソンは、その後国務長官となり、対日講和会議のアメリカ全権団の一人となる。

(3) 天皇、マッカーサーと会見

木戸幸一の九月一七日の日記に「首相宮〔東久邇宮〕御来室、重光外相より米国内の空気に鑑み、此の際内閣は殿下を除き全員辞職し、之に代り若手を以て組織(各省部局長の辺にて)せられては如何との意見の申出あり(中略)、就ては生温るい様だが、先ず重光外相を退官してもらい、マ元帥と話のできる外相を据え、マ元帥の意向などを参酌して、第二段の改造を行いたし」という東久邇宮首相の提案に同意して、重光外相を辞任させ、代わりにマッカーサーと話のできる吉田茂を外相に就任させることを決定したと記されている。

重光外相は進駐してきたマッカーサーと九月三日、九月五日に会談をおこなったが、天皇は会談の詳細を報告させて、マッカーサーの占領政策に関する言説や動向を分析したうえで、木戸と協議して、重光を辞任させ、吉田茂を外相に就任させたのは、マッカーサーと「話のできる外相」にふさわしいと考えたからである。天皇は、九月一七日に吉田が引き籠っていた大磯の邸宅から呼び出し、その日の夜のうち天皇の立ち合いで外相親任式をおこなった。

天皇や木戸が「話のできる外相」として吉田茂を急遽外相に就任させたのは、マッカーサーに接近していく仲介をさせるために吉田が最適であるという判断があったからである。それは、吉田が戦前はグルー大使と親交があり、太平洋戦争期は、軍部から親米派、自由主義者とみなされて、四五年には近衛文麿の対米和平交渉にかかわったという嫌疑で、憲兵隊に検挙され、四〇日間も監獄に収監されたという経歴を知ったうえで、そのことがマッカーサーとの折衝に有利にはたらくことを利用しようとしたのである。

天皇はさっそく、吉田外相にマッカーサーに会見したいという内意を伝え、吉田がその旨を伝えるとマッカーサーも大いに賛成し、「ただ私の方から宮中へお伺いするわけには参らないが、陛下がお出で下さるならば、何時でも喜んでお会いする」という返答をえたのである。[12]

こうして、モーニング姿で緊張して直立の天皇と背の高いマッカーサーが腰に両手をあてリラックスした姿勢で立っている写真でよく知られる、九月二七日の天皇とマッカーサーとの会見が実現した。会談は四五分ほどであったが、天皇は「私は、国民が戦争遂行にあたって政治、軍事両面で行なったすべての決定と行動に対する全責任を負う者として、私自身をあなたの代表する諸国の裁決にゆだねるためおたずねした」と話すと、マッカーサーは「私は大きい感動にゆすぶられた。死をともなうほどの責任、それも私の知り尽している諸事実に照らして、明らかに天皇に帰すべきではない責任を引受けようとする、この勇気に満ちた態度は、私の骨の髄までもゆり動かした」のである。[13]

1945年9月27日、マッカーサーを訪問した昭和天皇

吉田茂がこの会見が済んでからマッカーサー

に会ったところ「陛下ほど、自然そのままの純真な、かつ善良な方はみたことがない、実に立派な人柄である」といって、天皇との会見を非常に喜んでいた、という。(14)

ただし、天皇が「政治、軍事両面の戦争全責任を自分が負う覚悟」と表明してマッカーサーを感激させたが、必ずしも天皇の本心ではなかったのは、マッカーサーとの会見の前日の九月二六日、天皇はマッカーサーとの会見で言うべきことを考えていた時と思われるが、「開戦の詔書を発布するに当り、自分は東条に此の詔書を発するは自分は実に断腸の思いである、殊に多年親交ある英国の皇室と仮令一時たりとも敵対するは真に遺憾に堪えない」と東条に話したことを木戸に述懐したことに表れている。(15)つまり、一九四一年一二月八日の対米英への宣戦の詔書は「断腸の思い」で出さされたのだという意識であり、天皇自身の責任であったという自覚はない。

マッカーサーと会見した二日後、天皇は、アメリカ世論の天皇の戦争責任を追及する声が強いのを懸念して、「これに対し頬かむりで行くというも一つの行方なるが、又更に自分の真意を新聞記者を通して明にするかあるいはマ元帥に話すと云うことも考えられるが如何」と木戸に尋ねている。これにたいして木戸は「目下米国の論調は評論家の言説が主にして、これは米国政府の論にもあらず、また、マ元帥の考えも決して如斯ものにあらず、而して米国においては日本の態度につき相当深き邪推あり」と答え、さらに「余は他日閑地につき余命あらば、是非満州事変以来この激動期に処して陛下の御執り被遊した御処置、御考えにつき書残して、御聖徳を顕揚致度き処存なる旨を奉答」した。

これは、翌年の三月から四月にかけて四日間、寺崎英成御用掛ら五人の側近が、張作霖爆殺事件からの天皇の体験と考えについて、天皇から直接ヒヤリングして『昭和天皇独白録』としてまとめた。(16)

宮中グループが天皇はもともと平和主義者であり、ただ軍部に引きずられて、戦争を統帥する役割を担わされたことを印象づけるために天皇が「独白」の形で「真意」を語ったものとして編集された。天皇が東京裁判で起訴されないようにと企図したものであった。[17]

天皇の決断によって実行した最初のマッカーサーとの会見は「藤田侍従長の話ではお帰りの道すがら、陛下には御機嫌が麗しかったとのことであった」というから、[18]天皇にとっては、マッカーサーとGHQが自分を利用こそすれ、戦争犯罪人として裁かないという感触を得たことと、なによりも象徴天皇制という形にせよ、天皇制継続の確信を得たことが「御機嫌が麗しかった」理由であろう。

マッカーサーはもともと天皇を戦争犯罪者として裁くことには反対であり、「天皇が戦争犯罪者として起訴され、おそらく絞首刑に処せられることにでもなれば、日本中に軍政をしかねばならなくなり、ゲリラ戦がはじまることは、まず間違いないと私はみていた」のであった。[19]マッカーサーにとっても占領政策の遂行にたいして天皇から全面協力の表明を得たことは、軍部や右翼勢力の抵抗を抑止しながら、戦後改革を断行していくという占領方針の決断の契機になったと思われる。

天皇とマッカーサーの会見は、四七年五月までに四回にもおよんでいる。最初のマッカーサーと天皇の会談をうけて、一〇月一日、マッカーサーとGHQ首脳部は、占領を平和裡におこない、国民の左傾化と革命化を防止するために天皇を戦争犯罪人として告発・起訴することを回避する方針を了承した。前掲のマッカーサーの軍事秘書のフェラーズによる「最高司令官あて覚書」では、「もしも天皇が戦争犯罪のかどにより裁判に付されるならば、統治機構は崩壊し、全国的反乱が避けられないであろう。（中略）彼らは武装解除されているにせよ、混乱と流血が起こるであろう。何万人もの民事行政官とともに大規模な派遣軍を必要とするであろう。占領期間は延長され、そうなれば、日本国民を疎隔してしまうことになろう」と天皇免責の理由を書いている。[20]しかし、このことは日本側に知らされず、マッカーサーは米国政府にも胸の内を伝えなかった。

いっぽうで、アメリカ軍の単独占領と天皇制を利用しての間接支配による日本の民主改革は矢継ぎ早に実行された。

一〇月四日、GHQは「政治的・民事的・宗教的自由に関する制限撤廃の覚書」を東久邇宮内閣に通達した。その内容は、第一に天皇に関する自由討議を認めるとともに、政治犯の釈放、第二に治安維持法や治安警察法など、自由制限に関する一切の法令の撤廃、第三に内務省警保局と府県特高課の廃止、第四に内務大臣、警保局長、警視総監、府県警察部長から特高課長の端にいたるまで総勢五千名近い特高警察全員の一斉罷免を命ずるものであった。

これを受けた東久邇宮内閣は前述のように、この覚書は実行できないとして、一〇月五日に総辞職した。

3 天皇、幣原喜重郎へ組閣の大命

一〇月五日のうちに木戸幸一は藤田侍従長や平沼枢密院議長と後継首相について協議し、「米国側に反感のなき者、戦争責任者たるの疑なき者、外交に通暁せる者との見地より、第一候補幣原男爵、第二候補吉田外相に意見一致す」となった。それから、木戸は、天皇の「御嘉納」（他人の進言をよろこんで受け入れること）を得たうえで、マッカーサー司令部との諒解をとりつけるために、吉田外相に依頼して、GHQへ赴いてもらい、サザランド参謀長と交渉してもらっている最中に、マッカーサーがその室に来たので報告をしたところ、「マッカーサー司令部としては、日本の内政に干渉する意思なし、今聴きたる経歴なれば幣原男は好ましき人物なりと思考すとのことなりきとの報告」を吉田外相から受けた。それを天皇に報告したうえで、「幣原男には未だ事前工作何等行われおらず、突然の御召にては本人も当惑すべきを以て、吉田外相に依頼し予め心組を為さしめおく様頼みたる趣も」天皇に「言上」（申し上げる）したのである。(21)

翌一〇月六日、吉田外相から幣原との交渉の経過について「容易に受諾の模様なしとのことなり。老齢、内政に興味なしと云うことが主たる理由なり」との報告を受けた木戸は、天皇と協議したうえで、従来は形式的であった組閣の大命降下とちがって「今回は御席を賜り聖上御親ら充分御説得被遊様言上す」というように、天皇自らが席を設けて幣原を説得することになり、正午に幣原を参内させ、天皇自らが組閣首班を引き受けてくれるよう要請した結果、大命を「幣原男も拝受」となったのである。(22)

この間の経緯について、吉田茂『回想の十年』にも述べられていて、当時の状況がよくわかるので、少し長くなるが、紹介する。(23)

次の内閣首班を誰にするかということとなり、木戸内府は幣原喜重郎男に白羽の矢を立てた。

そして内大臣秘書官長の松平康昌君を私のところへ寄越して、幣原氏の引出し役を求めてきた。幣原氏は私の外務次官時代の大臣で、私にとっては先輩、当時外交界の長老の一人であった。平和主義者というので、やはり軍人の間に評判が悪く、ずっと官途を離れ、政治にも全く関係せずして籠居しておられた。私は早速当時玉川にあったお宅へ出向いて、後継内閣に関する木戸内府の意を伝えた。

ところがなかなか承知しない。言を左右に託して逃げる。私は、この際は責任を回避すべき時ではない、速やかなる時局収拾の必要な時だと……口を酸っぱくして説いたが、幣原氏はいろいろ理屈をこねて承知しない。一時間ぐらい粘ったが、一まず私が負けた格好で帰ってきた。

それからその経過を木戸内府に報告して、内府から直接説得するより外に方法はないといった。そして幣原邸から帰りがけに「今に宮中からお召しがあるから、覚悟していなさるがよい」と私が言い置いたことを伝えた。内府は早速幣原氏を内大臣府へ呼んで、陛下が非常にご心配になっておられる旨を告げて懇々と説いた。木戸内府としては、幣原氏について予め陛下のお許しを得ていたらしく、その日は大膳部から食事をとって、食べながら話したんだそうだ。

かくて幣原氏の意の動くのを確かめ得た木戸内府は早速陛下に申上げ、いつもの形式的な手続きとは違って、その時は陛下から特に席を賜わり、優渥なる〔恩沢をあまなく受ける〕お言葉をかけられたので、幣原氏は大へん感激して、お引きすることになったのである。

そこで、私が使者となって、幣原後継総理奉薦の方針についてマッカーサー総司令部の承認を求めにいった。その時のことをよく憶えているが、司令部のサザーランド参謀長の部屋に入って行くと、「何かご用ですか」というので、問われるままに、「実は次の内閣の首班に幣原さんが内定したので、それをいいに来た」と話していると、そこへ元帥が入ってきて、「何を話しているんだ」という。私は「バロン・シデハラのアグレマン〔フランス語で、特定の人を外交使節に任命するに先立って、派遣される相手国が与える同意の意思表示〕を求めに来た」と答えると、元帥は「年はいくつだ」と聞くから、「七十いくつだ」というと、「馬鹿に年寄りだなあ」といってから、「英語は話せるのか」と聞くのである。幣原氏は英語の大家をもって自他ともにこれを認めているのに、「英語がわかるか」である。「むろん、分かる」と答えておいた。

次は幣原喜重郎の『外交十年』からの幣原自身の回想にもとづく経緯である。(24)

幣原はこの日（一〇月五日）、戦災で千駄ヶ谷の家も家財も図書資料も失い、すでに七三歳という老齢になったことから、東京を離れ、鎌倉の別荘へ隠遁し、書物を読んで静かに老後生活を送ろうと、トラックに引越しの荷物を積み終わり、門を出ようとした出会いがしらに宮内省の自動車が来て「早速御参内相成度」という侍従長からの手紙を渡され、参内したのであった。

「宮内省へ行くと、陛下がお待ちになっておいでになるとのことで、早速拝謁した。陛下は私に、内閣組織の大命をお下しになった。寝耳に水と言おうか。これは全く夢にも予想しなかったことであって、私にはお引請け申上げる自信がなかったから、ご勘弁を願ったが、お話申上げているうちにも、いかにもご心痛のご様子が拝察された。事ここに至ってはこのうえご心配をかけては相済まない。自分で出来ることなら、生命を投げ出してもやらねばならぬと、堅く心に誓うに至った。それで、『幣原にはこの大役が勤まるという自信はございませんけれども、全力を尽して御意を奉じましょう』と申上げて、御前を下がった。」

幣原には「寝耳に水」であったが、天皇が幣原に組閣を懇請するにいたったのは、政治的な深慮遠謀がはたらいていたと思われる。それは、前述した東久邇宮内閣の外務大臣を重光葵から吉田茂に代えたところが重要なポイントになっていた。つまり、東久邇宮内閣の後継にアメリカ側に受け入れられやすい、戦前の英米協調派、反軍部的な自由主義思想をもった幣原のような人物を首相に任命することであった。

4 幣原内閣の組閣

天皇の強い懇請をうけて急遽首班となった幣原は、吉田茂を外相に留任させ、外務大臣官邸に本部を設けて組閣人事をすすめた。長いこと政局を離れていたので、どういう人がどういうポストに相応しいのか、さっぱり見当がつかないほどであったが、それでもどうにか閣僚を集め、一〇月六日に大命を受けてから三日後の一〇月九日に、日本の憲政史上第四四代となる幣原喜重郎内閣を発足させた。発足時の閣僚は以下のとおり。下村陸相と米内《よない》海相と吉田外相、岩田司法相、松村農相、前田文相は東久邇宮内閣からの留任である。

総理　幣原喜重郎　外務　吉田茂　内務　堀切善次郎　大蔵　渋沢敬三

陸軍　下村定　　　　海軍　米内光政　　　　文部　前田多門　　　　厚生　芦田均
農林　松村謙三　　　商工　小笠原三九郎　　　運輸　田中武雄　　　　国務　松本烝治
書記官長　次田大三郎　　法制局長官　楢橋渡

日本の陸海軍の解体にともなって、四五年一二月一日に陸軍省と海軍省が廃止されたのにともない、陸軍大臣下村定と海軍大臣米内光政は失職し、代わって同日、すべての軍組織を解き、軍人軍属を除隊、帰郷させ、その生活援護の処置をとるため、第一復員省（陸軍関係）と第二復員省（海軍関係）が発足、両復員大臣は総理大臣の幣原喜重郎が兼務した。

日本の敗戦により海外に残留した三三〇余万人の軍人軍属の引き揚げと状況不明者の調査は困難を極めた事業であった。海外在留の一般邦人六〇〇余万人の引き揚げと一二〇余万人の在日外国人の本国への送還業務は、厚生省の外局として設けられた引揚援護院が主となって担当した。

幣原内閣発足から二日後の一一日、新任の挨拶に行った幣原にたいし、マッカーサーは、人権確保のための五大改革を口頭で要求した。五大改革とは、婦人解放、労働組合の結成奨励、学校教育の自由主義化、秘密審問司法制度の撤廃、経済制度の民主化であった。このとき、マッカーサーは、憲法の自由化を要求、大日本帝国憲法の改正を示唆した。

幣原内閣は発足当初から矢継ぎ早に改革要求を指令されてこれに対応を迫られ、一〇月一三日には、国防保安法、軍機保護法、言論出版集会結社など臨時取締法などの廃止を前述の「ポツダム勅令」（本書一四七頁）で公布、さらに一〇月一五日には、おなじく「ポツダム勅令」で治安維持法、思想犯保護観察法などの廃止を公布するという慌ただしさであった。一一月二一日には、治安警察法も「ポ

1945年10月9日、幣原内閣成立。前列右から吉田外相、松本国務相、岩田法相、幣原首相、米内海相、堀切内相、松村農相。後列右から次田書記官長、下村陸相、芦田厚相、前田文相、田中運輸相、河相情報局総裁、小笠原商相、渋沢蔵相、楢橋法制局長官

ツダム勅令」で廃止された。

大規模におこなわれた公職追放は、四六年一月四日のＧＨＱ公職追放の指令にもとづき、具体的措置は、当時の幣原喜重郎内閣が「ポツダム勅令」により実施した。四五年一〇月九日に発足した幣原喜重郎内閣が、マッカーサーとＧＨＱからつぎつぎ出される民主改革の指令にもとづき、それに対応した「ポツダム勅令」の公布と実施にてんてこ舞いであった状況は、想像にかたくない。「ポツダム命令」と総称される「ポツダム勅令」「ポツダム政令」は新憲法下でも継承され、占領終了までに五三〇件を数えたのである。

ところで、幣原が憲法九条を発案してマッカーサーに提起したことを否定する憲法学者は、幣原内閣発足時に幣原が憲法改正に否定的ないし消極的であったことをその

根拠としている。よく引用される資料は、木戸日記の一〇月九日に「閣僚親任式迄の間に、憲法改正問題につき幣原男と協議す。男は此の問題については、極めて消極的にして、運用次第にて目的を達すとの論なり」とあるところである。[25] つまり、幣原は憲法改正、すなわち日本国憲法の作成は考えていなかったというのである。

もう一つ引用される資料は、幣原内閣の厚生大臣となった芦田均の日記に、「憲法改正問題は十月十日午前の閣議に於て松本国務大臣から発言があったが、幣原総理は憲法を改正しなくとも、解釈に依って如何ようにも運用出来るとの主張である」とあることである。[26]

幣原が憲法改正の重要さを認識し、熱意をもって取り組むようになる経緯は、本書で詳しく追っていくが、幣原内閣発足当時の幣原の発言を根拠に、「幣原は憲法改正に無関心であった」という類の断定をするのは、これまで述べてきたように、幣原にとって「寝耳に水」の突然の組閣と新任の挨拶にいったマッカーサーから要求された五大改革への対応があり、首相としての政策構想を考える余裕もなかった状況での発言であったという事態への理解が不足しているからである。何よりも、あとで述べるように、アメリカ軍の空襲により焦土と化した東京をはじめとして、全国の国民は生きてゆくために、食うことと住む場所という生活手段の確保に必死で苦しんでいたのである。そのような都民や国民を前にして、首相になったばかりの幣原が「憲法改正は後の問題」と考えていたことは当然であろう。まして、幣原にとって、浜口雄幸首相の遭難直後に首相臨時代理を数カ月引き受けたことはあったが（本書七四頁）、本格的な首相としての行政経験はないに等しかったから、「憲法改正」の方針を考える余裕などなかったのが実情であろう。

それでも幣原内閣はマッカーサーの示唆をうけて、一三日の臨時閣議において、憲法改正の発言をした松本烝治国務大臣を主任にあてて、憲法改正に関する研究をはじめることとし、一〇月二五日に松本国務大臣を委員長とする憲法問題調査委員会を設置した。同委員会の発足については、改めて詳述する。

同委員会は勅令によらず、閣議の了解として決定された非公式のものであったこともあり、幣原首相は、松本烝治国務大臣に憲法改正草案の調査、検討、作成を任せて、閣議でも本格的に議論をしなかった。その事情については、後述するが、憲法九条幣原発案を否定する論者たちには、それは幣原が憲法改正に無関心であった証左であり、閣議でもＧＨＱ案が提示されるまでまともに議論しなかったのはそのためであると断定する。

否定論者に共通するのは、幣原首相が閣議で憲法改正問題についてどう発言したか、あるいはどういう態度をとったか、さらには他の閣僚にどのように言っていたか、という幣原の言説を中心に取り上げて、「幣原は憲法九条に否定的な発言をした」「ＧＨＱの憲法草案に反対する発言をした」という記録や証言に依拠して判断していることである。

そこで、幣原内閣が発足した当時の敗戦直後の日本社会はどのような状況にあり、幣原首相は憲法改正問題にだけこだわってはいられない、さまざまな深刻で困難な、急な対応を迫られる問題に直面していたことを素描してみたい。

5　幣原内閣が直面した敗戦直後の日本社会

日本国憲法に「女性の権利」「男女平等」の条項を書いたことで知られるベアテ・シロタ・ゴードンは、一九四五年一二月二四日、GHQの民間人要員の一人として、来日した。一九二三年にウィーンで生まれた彼女は、ピアニストの父に伴い、五歳のとき来日、その後一〇年間を日本で過ごし、三九年に単身渡米して大学を卒業、日米開戦により、日本に残留した両親と別れ別れになっていた。日本の敗戦により、志願してGHQ民政局のスタッフとなり、米軍機で厚木飛行場に降り立ったのである。以下に彼女の目をとおして、そのときの横浜と東京の姿を紹介する。[27]

ベアテ・シロタ・ゴードン（提供：ドキュメンタリー新社）

〔横浜上空〕赤茶けた土の上に、焼け残ったビルと煙突が釘のように突き刺さっている。科学の本にある火星の挿絵みたいに爛《ただ》れ、その間を静脈のような川が流れていた。緑の色彩はなく、ぼろ布をかぶせたような地面が、ただただ拡がっていた。私は生まれてはじめて乗った飛行機から、皮肉にも、戦争に

負けることはないといわれた「神国ニッポン」の変わり果てた姿を見ることになった。（中略）

横浜市内に入ると、飛行機からは見えなかった空襲の激しさが、一二月の冬空の下で凍てついていた。ビルというビルは、煙でいぶされ、炎の痕跡をとどめていた。窓ガラスはみごとに無かった。しかし、ビルとビルの間の焼け跡は、耕されそこに畑が作られていた。赤茶けた瓦礫《がれき》まじりの畝《うね》には、かぼそい葱《ねぎ》が緑をつけ、冬大根の葉が生きていることを主張していた。（中略）

ジープが国会議事堂の前を通りかかったとき、私は思わず車から身を乗り出した。議事堂の前はきれいに耕されて、何本もの畝が作られていた。赤土の上には、麦が芽を伸ばし野菜の葉が繁っていた。日本は農業国なんだ。みんな生きる手だてを知っているんだ。私の知っている人たちも、どこかで鍬《くわ》を握って生きている。そんな実感が湧いてきた。しかし、赤坂の付近にきても、ビルはところどころ残っているものの、普通の民家は全く存在しなかった。見る影もなく変わり果てていた。少女時代の記憶と重なる風景を、見いだすことは不可能だった。（中略）

焼け野原の中で、日本人の総人口七一九九万人は例外なく飢えに飢えていた。食べ物にまつわる事件は、数限りなく発生していた。自分の畑から芋を盗んだ母娘をつかまえた電気商が、怒って二人を感電死させた事件。東京の裁判官が、闇の食糧を買わず、配給の食糧だけで生活していて栄養失調で死亡した事件。ジャガイモを二個盗んで三年の実刑が科された話などきりがない。

ベアテ・シロタ・ゴードンが見たのは焦土と化した横浜と東京の敗戦の年の暮れの姿であった。東京全市街の半分以上が焼失させられた東京空襲の被害状況の一端は、幣原邸の焼失のところで紹介したので思い出してほしい（本書九五頁）。

彼女がおどろいた国会議事堂前の野菜畑、麦畑も、東京空襲で廃墟になった国会議事堂周辺の瓦礫を取り除いて畑にしたのである。前掲の幣原内閣が国会議事堂を背景に撮影した閣僚の記念写真には空襲で焼けた枯れ木が背後に写っている。

新宿や渋谷、池袋などの東京の盛場には闇市が開かれ、食糧飢餓を恐れた市民が殺到、またリュックを背負った市民が郊外の農村へ米やイモなどの買い出しに超満員の列車ででかけ、ようやく米を買って帰る列車が途中で警察の一斉取り調べをうけ、闇米として没収される光景があちこちで見られた時代である。闇で米や食糧を買わずに栄養失調で死亡した裁判官のエピソードは、当時は日本人の多くが闇市を利用しなければ生きていけなかった時代を物語っている。

天皇に請われて精神的準備もなくいきなり首班となった幣原に、マッカーサーやGHQの指令する民主改革への対応、そして何よりも深刻であった、民の日常生活への対応が迫られていた。戦災による被害、食糧難、住宅難、交通難、インフレの進行、〝闇〟の横行、さらに前述した膨大な軍人軍属の復員や海外居留民の引き揚げ、徴用の解除・軍需産業の廃止による大量失業によって、国民は極度の困窮におちいっていた。食糧問題その他の生活環境問題など、直面する社会問題が大きすぎて、憲法改正問題は後回しと考えて、前述のような発言をしたのは当然ともいえよう。それを「幣原はもともと憲法改正問題に無関心であった」と断定するのは、これまで述べた時代状況への理解が欠落しているからといえよう。

本書の「はじめに」に書いたように、幣原は、一九四六年一月二四日の「秘密会談」においてマッカーサーに憲法九条の発案をするが、それ以前は、憲法改正問題についての積極的な発言はない。それも幣原発案を否定する論者の根拠とされている。そこで、首相となった幣原が直面し、対応しなければならなかった問題について、幣原首相を後継した吉田茂首相が四六年五月段階でまだ直面していた問題を『回想十年』から紹介する。(28)それは幣原首相が直面していた問題でもある。

日毎に昂進して止まぬかに見えるインフレーションと戦いながら、国民生活の一応の安定を確保するのに、果たして如何なる手を打つべきかというのが、当時の政府当局としての主要な課題で、(中略)まして百年の大計などはおろか、先々のことを考えて、対策を建てるなどという生やさしい事態ではなかった。極端にいえば、その日暮しの窮境にあった。

敗戦の後を受け、養うに食なく、住むに家なく、加うるに海外よりは軍隊、軍属その他在外居留民の引揚げ者数百万人におよび、死傷者の手当から、除隊復員の軍事関係事務は勿論のこと、戦禍をうけた鉄道、港湾、道路、橋梁の復旧、治安秩序の維持、国民食糧の用意等々。さらに戦勝連合国の日本処分方針、意図など何ら知るところなく、厳格な指令が次から次に出された。しかもそうした方面との大きな摩擦を避けつつ、敗戦後当面する種々な応急措置を講ぜざるを得ないといった按配で、その日その日の措置に気をとられ、夢中で過ごしたというのが、第一次内閣時代の偽らざる実情であった。

幣原内閣が発足した当時の東京を中心にした日本社会の素描の一端からも、アメリカ軍の空襲によりほぼ廃墟と化した市街において、国民にとっては、掘っ立て小屋でもバラックなどでもまず住むところの確保、そして何よりも生きていくための食糧の確保が最優先の課題であったことがわかる。発足した幣原内閣にとっては、国民の生活問題への対応、マッカーサーやGHQからの改革指令への対応、さらに膨大な陸海軍の軍人軍属ならびに海外居留民の引き揚げなどへの対応等々、抱えきれない問題をかかえて、てんてこ舞いの状況にあったのである。そのため、幣原はその年の年末から新年の正月が過ぎるまで、過労から肺炎を患って寝込むことになった。このときに幣原は憲法九条の発案についての思いを巡らせるのであるが、そのことは改めて詳しく述べる。

【註】

(1) 連合国軍最高司令官は Supreme Commander for the Allied Powers の訳である。第二次大戦中、連合国を United Nation と呼び、the Allied Powers といえば連合国軍を指した。マッカーサーもアメリカ軍単独ではあるが、日本を占領した連合国軍の最高司令官として日本に進駐してきて、占領政策をおこなったのである。ところが、当時の日本の公文書はマッカーサーを連合国最高司令官、GHQを連合国最高司令官総司令部と表記をしている。多くの著書・論文も連合国最高司令官という表記をしている。しかし、GHQ（General Headquarters）は辞書では「米陸軍の総司令部」となっており、軍の機関である。そこで本書においては実際のイメージにふさわしい「連合国軍最高司令官」を使用する。ただし引用文中の「連合国最高司令官」はそのままとする。

(2) ダクラス・マッカーサー、津島一夫訳『マッカーサー大戦回顧録（下）』中公文庫、二〇〇三年、一六〇〜一六一頁。
(3) 竹前栄治『GHQ』岩波新書、一九八三年、八四頁。
(4) 駐日政治顧問部W・J・シーボルド「連合国最高司令部外交局マッカーサー元帥宛覚書（一九四七年九月二〇日）」（『資料日本占領 1 天皇制』大月書店、一九九〇年、五七九頁）。
(5) 新崎盛暉『新崎盛暉が説く 構造的沖縄差別』高文研、二〇一二年、一六〜一七頁。
(6) 『木戸幸一日記 下巻』東京大学出版会、一九六六年。
(7) 『木戸幸一日記 下巻』、同(6)、一一九三頁。
(8) 鈴木貫太郎傳記編纂委員会編『鈴木貫太郎傳』（非売品）一九六〇年、一八四頁。
(9) 東野真『昭和天皇二つの「独白録」』日本放送出版協会、一九九八年、三四〜三五頁。
(10) ディーン・アチソン、吉沢清次郎訳『アチソン回顧録1』恒文社、一九七九年、一四頁。
(11) 油井大三郎『未完の占領改革――アメリカ知識人と捨てられた日本民主化構想』東京大学出版会、一九八九年、二〇九〜二一八頁。
(12) 吉田茂『回想十年 第一巻』新潮社、一九五七年、九七頁。
(13) ダクラス・マッカーサー、津島一夫訳、前掲(2)、二〇二頁。
(14) 吉田茂、前掲(12)、九七頁。
(15) 『木戸幸一日記 下巻』、前掲(6)、一二三七頁。
(16) 『昭和天皇独白録 寺崎英成御用掛日記』文藝春秋、一九九一年。
(17) さらに詳細は、東野真、前掲(9)を参照されたい。
(18) 吉田茂、前掲(12)、一〇六頁。
(19) ダクラス・マッカーサー、津島一夫訳、前掲(2)、二〇一頁。

⒇　東野真、前掲⑼、三五頁。
(21)　『木戸幸一日記　下巻』、前掲⑹、一二四〇頁。
(22)　『木戸幸一日記　下巻』、同⑹、一二四〇〜四一頁。
(23)　吉田茂、前掲⑿、一二六〜一二八頁。
(24)　幣原喜重郎『外交五十年』中公文庫、一九八七年、二一四頁。
(25)　『木戸幸一日記　下巻』、前掲⑹、一二四一頁。
(26)　『芦田均日記　第一巻』岩波書店、一九八六年、五二頁。
(27)　ベアテ・シロタ・ゴードン、平岡磨紀子〔構成・文〕『1945年のクリスマス——日本国憲法に「男女平等」を書いた女性の自伝』朝日文庫、二〇一六年、一八頁・二一〜二二頁・三〇頁・四〇頁。
(28)　吉田茂、前掲⑿、一四二頁。

第5章　憲法改正作業の始動

1　天皇が要請した大日本帝国憲法の改正

『木戸幸一日記』によれば、天皇はマッカーサーに会見する一週間近く前の九月二一日に、木戸内大臣に憲法改正について下問をしたので、木戸はすぐに内大臣府の松平康昌秘書官長に憲法改正問題について調査を依頼している。天皇は敗戦後も天皇制が護持されたことに安堵したうえで、アメリカや連合国にたいする手前もあって、天皇を日本国の元首とし、陸海軍を統帥する元帥と規定する大日本帝国憲法の一日も早い改正を望んだのである。

いっぽう、東久邇宮内閣の国務大臣（無任所）に就任した近衛文麿は、戦前第三次にわたって首相を歴任した経験から副総理的に東久邇宮首相の補佐役をつとめたが、天皇のマッカーサー会見よりも早く、九月一三日にマッカーサーを訪問し、占領政策に資することを企図して日本の事情を説明した。

そして天皇のマッカーサー会見を引き継ぐかたちで、一〇月四日にマッカーサーを訪問し、二度目の会談をおこなった。一時間半におよんだ会談で、近衛は、軍閥と極端な国家主義者が日本に破局の戦争をもたらしたことを説明し、さらに日本を民主国家にするために、封建的勢力を除去するとともに、左派勢力による「赤化」を防止する必要があると力説した。

近衛の「政府の組織および議会の構成について、何かご意見なりご指示があれば承り度」という質問にたいし、マッカーサーは決然たる口調で「第一、憲法は改正を要する、改正して自由主義的要素を十分取り入れなければならない」と憲法改正が必要であることを指摘した。さらにマッカーサーは「公はいわゆる封建的勢力の出身であるが、『コスモポリタン』で世界の事情にも通じている」ので、「敢然として指導の陣頭に立たれよ、もし公がその廻りに自由主義的分子を糾合して憲法改正に関する提案を天下に公表せらるるならば、議会もこれについて来ることと思う」とまで励ましたのである。(1)

近衛はマッカーサーの励ましの言葉にふかく満足し、帰りの車のなかで、通訳の奥村勝蔵外務省参事官に「今日はえらいことを言われたね」と言ったという。

マッカーサーの言葉に励まされた近衛は、憲法改正問題に積極的に動くようになり、一〇月八日には高木八尺(アメリカ研究者)、松本重治(ジャーナリスト)、牛場友彦(通訳)をともなって連合国軍最高司令官顧問、すなわちマッカーサーの政治顧問部長のジョージ・アチソン(George Atcheson Jr.)を訪ねて憲法改正について会談をもった。アチソンは個人的意見として改正すべきいくつかの問題点を指摘、GHQは近衛に協力する態度を示した。アチソンについては、改めて後述する(本書二〇八頁)。

アチソンと会見した近衛は、帰るとすぐに木戸にたいしてアチソンとの会談について報告、木戸もかねて天皇から憲法改正の必要についてしばしば下問をうけていたので、近衛を中心にして内大臣府において憲法改正の調査を進めることにした。その結果、一〇月一一日に近衛は内大臣府御用掛に任命された。同日天皇は近衛を引見し、「ポツダム宣言の受諾に伴い、大日本帝国憲法改正の要否、もし要ありとすれば其の範囲如何」を調査するよう命じた。

近衛の指示をうけたと思われるが、外務省の田付景一条約局第一課長兼第二課長は「帝国憲法改正問題試案」（昭和二〇年一〇月一一日付）を作成していた。[2] それは「ポツダム宣言」とアメリカ政府の「降伏後における合衆国の初期対日方針」（SWNCC—一五〇、本書一二九頁）にもとづき、日本帝国の軍備が撤廃されている事実からも憲法改正が必要である旨を述べている。そして「連合国の希望が日本の民主主義化、平和主義化及び合理主義化を目指し折り、帝国としても『ポツダム』宣言の受諾に伴い、日本国の斯かる方向への迅速なる発展を期し居るものなるが故に、憲法改正もまた此の方向に向かい行われざるべかず」と憲法改正の指針は日本の民主主義化、平和主義化、合理主義化にあることを提示した。

そのうえで、憲法改正の基本方針として、①天皇制度の維持、しかし天皇大権に関する事項は慎重考慮の要あり、②民主主義的合理主義的法制の確立、③軍隊の解消に伴う改正、などが示された。

この外務省の「帝国憲法改正問題試案」は、後述する幣原内閣の憲法問題調査委員会委員長松本烝治の「憲法改正松本私案」よりは、大日本帝国憲法を大きく改正することを提示していた。

近衛はその後、憲法学者の佐々木惣一や美濃部達吉および高木八尺、松本重治らと憲法改正の仕事にあたり、近衛その他の関係者がつねにアチソンらと緊密な連絡をとり、たびたび先方の意見を打診しながら、立案を進めた。近衛らは、GHQとの接触をつうじて、連合国側は民主制の実を挙げうるものであれば立憲君主制であっても別段異議はないことを察知した。このことは、近衛を深く満足させた。近衛はそのときまで天皇制にたいする連合国の意向を憂慮してやまなかった。それは、天皇制は、マッカーサーとの会談で述べたように、彼が恐怖している共産主義者の革命にたいする有力な防波堤になると考えていたからである。

近衛はアメリカのAP通信の記者とも会見して、憲法改正について語り、「近衛公、憲法改正を語る　米記者と再び会見　草案十一月中に完成　皇室典範も改正へ」（『朝日新聞』一九四五年一〇月二三日）などと大きく報道された。

最終的には、近衛とともに内大臣府御用掛に任命された佐々木惣一が中心になって憲法改正草案を作成、「一一月二二日、御文庫に於て近衛公憲法改正につき奉答す」（『木戸幸一日記』）とあるように近衛から憲法改正要綱を天皇に提出したのである。皇居の御文庫とは、アジア太平洋戦争中に完成した防空施設で、地上一階、地下二階からなるコンクリート製の堅牢な建物で、戦争末期の一九四四年一二月一四日から一九六一年一二月七日までの一七年間、天皇皇后の住まいとなった。この御文庫の「御政務室」が天皇の書斎を兼ね、内大臣や宮内大臣などの側近が拝謁するときに使用された。

近衛が天皇に報告した二日後、「一一月二四日　佐々木博士来室、十時半より憲法改正につき御進講申上ぐ」（『木戸幸一日記』）とあるように、佐々木惣一から直接天皇へ、憲法改正草案について解説をした。このとき天皇に提出された佐々木惣一の百カ条からなる憲法改正草案は、GHQと連絡して知りえたアメリカ側の意向を多分に取り入れて作成されたので、幣原内閣に設けた憲法問題調査委員会の松本烝治私案（「松本私案」、後述）に比してより民主的な内容であった。[3] それは佐々木惣一自身が、吉野作造の親友として大正デモクラシーの論客となり、憲法学者として普通選挙の実施を求めた論陣をはり、時の文部大臣の鳩山一郎が京都帝国大学の瀧川幸辰教授（刑法）を「赤化教授」として処分したことに抗議して、末川博ら八人と抗議の辞職をおこなって（一九三三年四月瀧川事件）、大学の自治を守ろうとした戦前からのリベラリストであったので、当然ともいえた。

しかし、近衛らの憲法改正要綱は、近衛や木戸をめぐるGHQの対応の急変によって、GHQに提出されることもなく、日の目を見ずに終わった。

近衛が内大臣府御用掛として憲法改正に関わっていることや近衛が新党創立に参加する準備をしていることなどが報道されるや、世上で近衛の戦争責任を問う声が高まったのである。たとえば、第八九回臨時帝国議会（一九四五年一一月二八日）において、戦時中「反軍演説」[4] をして議員を除名された齋藤隆夫議員（日本進歩党）が、質問演説に立ち「此の戦争を惹起した所の根本責任は近衛公爵と東条大将、此の両人であると云うについて、天下に異論ある筈はないのであります」と東条とならべて近衛を糾弾すると、議場のあちこちから拍手が巻き起こった。つづいて齋藤隆夫は「支那事変を起こし」「日独伊三国軍事同盟を締結し、「日米交渉の失敗」により日本を大東亜戦争にいたらしめた近衛の戦争責任を厳しく追及し、万雷の拍手を浴びたのである。[5]

近衛文麿がAP通信記者と会見して、憲法改正について話した記事がアメリカで報道されると、たちまち反発と批判が起こった。「ニューヨーク・タイムズ」（一九四五年一〇月二六日）に、「日本に見られる誤った動き――公爵・近衛を憲法起草の首班に指名することへの批判」と題して、ナサニエル・ペッファーという読者の投書が掲載された。投書は「近衛侯爵のような人間に、日本の新しい憲法の起草を統括させ、将来の日本を設計させることを許すことは……近衛にわれわれの公式の承認を与えてしまうことになる」という厳しいものだった。これを受けて「ニューヨーク・タイムズ」は同日に「日本の憲法」と題して、近衛を批判する社説を掲載した。(6)

マッカーサーにとってはこのように、米国のマスコミが、マッカーサーが近衛のような旧勢力に依拠して憲法改正をしようとしていることを批判し、さらにはマッカーサーが天皇や官僚、財界、一部の軍人にさえ依存していては、日本の民主化は無理であろうなどと報道していたことへの懸念が大きかった。(7)

このような内外における近衛批判の高まりを考慮してか、一一月一日、GHQは突如つぎのような声明を発表した。(8)

> 日本憲法の改正について近衛公の演じている役割に関して重大な誤解が存在しているように思われる。近衛公は連合軍当局によってこの目的のために選ばれたのではない。近衛公は東久邇宮内閣の総辞職前には首相代理であった故に、そのような近衛公に対して日本政府は憲法改正を要求されるであろうということを伝えたのである。しかし、その伝達をした翌日に東久邇宮内閣は総辞職したので、憲法改正問題についての連合軍当局と近衛公との関係は終った。最高司令官は幣原新首相に対して憲法改正に関する指令を通告した。それ以後に近衛公が憲法改正問題とかか

わりをもっているのは、全く同公と皇室との関係からであり、連合国軍総司令部が同公に勧めたためではない。日本政府は憲法改正の方向にそった準備的調査を進めており、云々。

マッカーサーとGHQによる占領政策はさらに進展し、前述のように、佐々木惣一が天皇に憲法改正要綱を解説に行った当日の一一月二四日に内大臣府が廃止され、一二月一日には陸軍省と海軍省が廃止された。そして一二月六日、GHQは近衛文麿と木戸幸一にたいして戦争犯罪人容疑者として逮捕状を発令したのである。衝撃をうけた近衛は、「いわゆる戦争犯罪人として、米国の法廷において裁判を受けることは耐え難いことである」と巣鴨拘置所に出頭が命じられた一二月一六日の明け方、青酸カリによる服毒自殺をとげた。享年五五歳であった。

2 憲法問題調査委員会の発足

幣原喜重郎がマッカーサーに首相就任の挨拶に行った一〇月一一日の最初の会見で、憲法改正を考慮するよう要求され、一〇月二五日に松本烝治国務大臣（無任所大臣）を委員長とする憲法問題調査委員会（以下単に調査委員会とも略称する）を設置したことについてはすでに触れたとおりである（本書一六四頁）。

調査委員会の発足については、後年、「松本烝治氏に聞く」という聞き取りで松本自身が語っている。[9]

それによれば、松本は最初、幣原内閣の組閣にあたって、吉田茂から農林大臣と商工大臣を兼ねてやってほしいという依頼をうけた。健康の理由で固辞したところ、吉田から何度も懇望されたので、「何も用のない無任所の国務大臣というものができたようだから……何もしなくてもいいだろうから、ただオブザーバーみたいな意味で」引き受けたのであった。「その時分には私は憲法のことは実は一つも頭の中になかった」のである。

それが、幣原内閣が発足して閣僚の初会議のとき、松本は「この憲法をどうかしなければならぬのだ、どうしても少なくとも憲法改正について準備をやることは幣原内閣の任務だろう」と発言した。「しかしそのことはほかの閣員その他の国務大臣には少し不愉快なことだったように見えて、だれもそれに対して、それはよかろうとか、そうしなければなるまいというようなことは言われなかったので、憲法なんぞ、そういうめんどうなことはやりたくないという考えをみんな持っておられたと思います。私も実はそういうことをやるのが好きでも何でもないんで、しかしどうしても憲法の問題は起こるのだと思って、言った」のであった。

ところが、一〇月一三日の新聞に、内大臣府が近衛公爵に委嘱して憲法改正の草案をつくるということが報道された。これにたいして松本は、憲法改正は「最も重要な国務なんだから当然内閣でやるべきことで、内大臣府がそういう国務をやられるということはとんでもないことで、筋違い」であると、閣議において、「ほんとうの改正の事務は内閣でやらなければなるまい」と発言し、誰を主任とするかが問題になったので「私がやってもいいということを申したかもしれない」ということで主任になった。

ただし、松本は調査委員会の発足の時点では、「当時のような人心のまだ非常に安定せざる状態においてほんとうの憲法改正なぞができるわけがないので、調査をするにはなるべく長く、ゆっくりと調査をして、そうして講和がもっと早くできると思っておりましたから、講和でもできてからやる方がほんとうではないか」と思っていた。

なお、幣原内閣に先行して、東久邇宮内閣の国務大臣および内大臣府御用掛として近衛文麿が天皇の意向を受けて手掛けた憲法改正の作業は、前述したような経緯で頓挫し、幣原内閣の憲法問題調査委員会の作業へと一本化されたことは確認しておきたい。

調査委員会は、勅令によらず閣議了解として決定された非公式のものであり、別にその組織・権限などについて明文で定めた規定はなかった。松本烝治国務大臣は一八七七（明治一〇）年生まれで、当時六八歳であった。委員長になったのは、「私は御承知のように私法の方の専門家ですから、公法の方、ことに憲法についてははなはだ知識がなくて、実に任ではないということは自分でも思っておったのですが、しかしまあ比較的に、やはり私がやるほかはなかろう、ほかに適任者もいないようだからというので、とうとう私が主任になって調べるようにという話になりまして」ということだった。

しかし、松本の経歴は大物といえる錚々《そうそう》たるものであった。東京帝国大学法科大学を卒業、東京帝国大学の助教授となり商法を担当、英独仏の三国に留学した後に教授となり、法制局参事官を兼任、大学を辞職して満鉄副社長となり、ついで山本権兵衛内閣の法制局長官、斎藤実内閣の商工大臣を歴任、また弁護士も開業しながら、日銀参与・理事、多数の会社の取締役などをつとめ、多くの立法にも関与し、数度にわたる商法改正に貢献した。以上の経歴からわかるように、法律とくに商法の専門家として大変な自信をもっていた。そのため、調査委員会は松本が主役となって発言し、リードする委員会となった。法制局第二部長として調査委員会委員となった佐藤達夫は、松本について、「いったん議論となると、自信満々、かみそりのように鋭い論理を展開され、容易なことでは引っこまれなかった」と書いている。(10)

調査委員会は当時松本が「必ずしも憲法改正を目的とするものではなく、調査の目的は、改正の要否および改正の必要があるとすればその諸点を明らかにするにある。そして、もし、改正案の作成を必要とする時期が来た場合には、多少なりともその役に立ち得るようにしたい」と語っていたように、松本もその後の展開のように、日程に追われて憲法改正草案を作成することになるとは、予想していなかった。

憲法問題調査委員会は一〇月二七日に総会を開き、活動を開始する。最初の委員会の構成は、次のとおりであった。(11)

委員長　松本烝治（国務大臣）
顧問　清水澄《とおる》（帝国学士院会員）　美濃部達吉（同）　野村淳治（東大名誉教授）
委員　宮沢俊義《としよし》（東大教授）　清宮四郎（東北大学教授）　河村又介（九大教授）　石黒武重（枢密院書記官長）　楢橋渡（法制局長官）　入江俊郎（法制局第一部長）　佐藤達夫（同第二部長）
補助員　刑部荘（東大助教授）　佐藤功（東大講師）

構成員については、いずれも正式な辞令は発せられておらず、内閣部外の人には、松本が非公式な書面によって依頼した。このように、調査委員会は「松本委員会」とも呼ばれたように、松本国務大臣の個人的な意向を反映した組織であり、幣原首相が権限と責任をもつ諮問委員会ではなかったことは確認しておく必要がある。というのは、憲法学者、政治学者のなかには、同委員会の審議が幣原首相の関与、了解のもとに進行し、憲法改正の「松本私案」（後述）は幣原内閣の政府草案であるかのようにみなす見解もあるからである。

調査委員会における審議ならびに翌年の二月以降、幣原内閣の閣議において審議される憲法改正の松本私案とGHQの憲法草案をめぐる議論の経緯については、当時法制局第一部長（後に法制局次長、さらに法制局長官）の入江俊郎と法制局第二部長（後に法制局第一部長）の佐藤達夫がまとめた詳細な記録があるので、本書では二人の記録を基本資料として全面的に依拠する[12]。

調査委員会の会合には、顧問以下全員が会合する「総会」と、顧問を除く委員だけが会合する「調査会」とがあり、一九四六年に入ってからは、小委員会ともいうべき委員のみによる会合がしばしば開かれた。総会は、一〇月二七日から一二月二六日までの六回と一カ月余の間をおいて最後の二月二日の計七回、調査会は一〇月三〇日から一月二六日までの計一五回開かれた。調査委員会の活動は、最初の基本的態度について論議した第一段階と、重要問題を検討した第二段階、さらに憲法試案作成の方向に機運が動いてその起草段階に入った第三段階とに区分される。松本委員長の思惑もあって、調査委員会とGHQとの間には直接の交渉はまったくなかった。前述した近衛文麿らとは対照的である。調査委員会の審議に幣原首相が参加したこともなく、幣原内閣の閣議において、調査委員会の報告が議題としてなされることはなかった。GHQに提出するために「松本私案」といわれる憲法改正草案が初めて資料とともに閣議に提出され、審議されたのは、一九四六年一月二九日であった。このことについては、改めて後述するが、調査委員会の議論や同委員会が作成した憲法改正草案をあたかも幣原内閣の閣議を経た政府案であるかのように捉えるのは不正確である。

3　第八九回臨時帝国議会における戦争責任と憲法改正をめぐる議論

近衛文麿が齋藤隆夫に戦争責任を追及された第八九回臨時帝国議会が一一月二七日に開会された。同議会は、ポツダム勅令の承諾を求める件や衆議院議員選挙法案、労働組合法案のほか、GHQの農地改革の指令にもとづく農地調整法改正案など日本の民主化をめざす重要法案が提出され、実質的に終戦後はじめての国政審議の議会であった。幣原首相にとって、初めての施政方針演説となったが、ポツダム宣言の受諾にもとづく近代的民主主義の復活強化をめざして、自由公平な選挙の実施、教育の刷新、言論・集会・結社などの取り締まり法規の撤廃、労働組合の育成などに言及したが、憲法改正問題については全然ふれなかった。施政方針演説にたいする質疑も、前述した幣原内閣が直面した戦争直後の日本社会を反映して、食糧その他国民生活に関する問題をはじめ、財政経済など一般政治問題に質疑が集中した。「憲法改正問題よりも食べる、住むなどの生活問題が第一」という当時の日本国民の意識状況を反映していたといえる。幣原が施政方針演説で憲法改正問題に触れなかったことを問題にする論者もいるが、当時の時代状況への理解が不足している。

同帝国議会は、一二月一日に陸軍省と海軍省が廃止されたので、最後の陸軍大臣となった下村定と海軍大臣の米内光政にたいして戦争責任追及がなされたことにおいて、戦時中には考えられないものとなった。前述の齋藤隆夫議員の舌鋒が、下村に向けられると、彼は「陸軍内の者が軍人としての正しき物の考え方を誤ったこと、特に指導の地位にあります者がやり方が悪かったこと、是が根本であると信じます……殊に許すべからざることは軍の不当なる政治干渉であります」と陸軍の独善的で横暴な政治干渉が日本を無謀な戦争にいたらしめ、悲痛な敗戦をもたらしたことを指摘したうえで「私は陸軍の最後に当たりまして、議会を通じて此の点に付き全国民諸君に衷心からお詫びを申し上げます。陸軍は解体を致します」と陸軍の罪責を認め、国民に向けて謝罪したのである。陸軍の戦争責任を認めた下村の誠実な答弁にたいして、議会からは幾度となく拍手がおこり、答弁がおわると万雷の拍手が送られたという。

対照的なのが海軍大臣の米内光政の答弁で、内務省出身の三田村武夫議員が執拗に海軍の戦争責任を追及したのにたいし、「ご質問あるいは御所見に対しては御答えのかぎりじゃございませぬ」と答弁を拒否したのである。これにたいし、議場からは怒号が浴びせられて止まなかったという。(13)

ここでは詳述できないが、海軍は米内光政らが動いて、東京裁判対策として、戦争責任を東条英機らの陸軍へ押しつけ、天皇と海軍の戦争責任免責をセットにした裏工作を海軍の組織をあげて取り組んでいた。したがって、米内は帝国議会において海軍の戦争責任を認める答弁をする気はさらさらなかったのである。(14)

齋藤隆夫議員の質問は幣原首相にも向けられたが、幣原は戦争責任者については明言を避け、戦争責任ということについて一切触れず、現下におこなわれつつある連合国軍の逮捕審査に委ねるという態度を採った。齋藤議員はさらに、憲法改正について、我が日本進歩党の綱領の第一条に、「国体を擁護し民主政治を徹底せしむべし」とあるが、世間の一部には国体を忘れた議論をする者もあるので、政府はこの際、憲法改正に関する方針を天下に発表する必要がある、と質問した。これにたいして幣原は以下のように応答した。

「帝国憲法の規定は弾力性に富むもので、時勢の進運に応ずるように運用の道を講ずることは、必ずしも不可能とは思わないが、過去の事例に徴し、もし、憲法の若干の条規を改正することによって将来の疑義を閉ざし、濫用のおそれをたち、国運の伸張に貢献し得らるるものがあると認める場合には、この際、かかる方向に歩を進めることが望ましいと考えている。しかし、今日いかなる条規がいかなる改正を要するかということについては、まだ決定的に述べる時期には達していない」

幣原はこの段階では、大日本帝国憲法の部分的改正によって、戦後の民主化に対応できると考えていたのである。

齋藤議員につづいて、自由党の鳩山一郎議員から、「わが日本において、天皇が統治し給うということは、国民の血肉になっている信念である」が、「政府のいう民主政治とはどのようなものか」と質問されたのにたいし、幣原首相は「いちがいに民主主義といっても、各国は独自の体制をもっている。わが国にはわが国独自の体制を発達させてしかるべきであると考える。すなわち、皇室を中心として奉戴し、君民一体となって協心協力永久の平和を確立し、世界の文化に貢献する体制を整えたい」と答えている。(15) 幣原の天皇制に関する考えについては改めて述べるが、天皇制を利用して日本の民主化をはかるというアメリカ政府やマッカーサー・GHQの構想と一致するものである。

同議会の一二月八日の衆議院予算委員会において、松本国務大臣から憲法改正問題について、いわゆる「松本四原則」が表明され、一般の注目を浴びた。無所属倶楽部の中谷武世委員が、憲法問題がすでに国民的関心の焦点になり、憲法の民主化が要請されているのに、政府の態度は不透明な官僚的秘密主義に終始していると批判したのに答えたものである。松本国務大臣は「(憲法問題調査委員会の)一員としての自分一個の大体の構想」で「政府を拘束するような意見ではない」と断わったうえで、憲法改正のつぎのような四つの原則を発言した。「これはうっかり総理大臣にそういうことを言うときっととめられると思って、私はだれにも相談しなかった。また書いたものも何もなかった」のである。(16)

一は、天皇が統治権を総攬せらるる原則には変更なきこと、二が、議会の権限を拡張し、いわゆる大権事項を制限すること、三が、国務大臣の輔弼の責任は国務全般に及び、帝国議会に対して責任を負うこと、四が、臣民の権利自由を保護し、その侵害に対する国家の保障を強化すること。

右の「松本四原則」は、松本国務大臣が後に「松本私案」として書き上げた憲法改正草案(本書一九一頁)の柱となるものであり、天皇主権の大日本帝国憲法と基本において変更のないものであった。

なお、衆議院予算委員会の中谷委員は質疑の前半部分において軍の存否に関連して、「今後の国家的目標として、古い富国強兵の観念などに代えて、武装なき大国の建設、身に寸鉄をおびない高度文化国家の建設を理想とすべきである。武装を解除された日本が、純然たる文化国家として平和的繁栄をとげ、ふたたび一流国家の水準に復興するときに、日本の武装解除は単に日本一国の武装解除に止まらず、やがて世界の武装解除を誘導する」ということを述べて、幣原総理大臣の見解をただした。これにたいし、幣原は「私は深き同感を以て拝聴いたしたのであります」と答えている。[17]
中谷委員の質問の、日本がまず非武装国家となり、世界の武装解除を誘導するという発想にたいして幣原が「深き同感」をしたというのは、幣原が憲法九条の軍備全廃を発案するうえで大きなヒントになったと思われ、注目に値する。

4 憲法改正「松本私案」の作成

憲法問題調査委員会が憲法改正草案の作成作業に入るのは、前述のように臨時帝国議会において、松本委員長が憲法改正の「松本四原則」を発言し、それが新聞に報道され、憲法問題に世論の関心が高まったのと、さらに、一二月二一日の毎日新聞において、近衛文麿が一一月二二日に参内して天皇に憲法改正要綱を提出、一一月二四日に佐々木惣一が条文を整理して参内、天皇に百カ条の草案について進講したこと、天皇から他日内閣に下げ渡して、あらかじめこれを重要な資料として憲法改正を審議せよとの勅令を下した旨の記事が報道されたことなどがある。

内大臣府が憲法改正について、調査と草案作成を開始したという報道にたいして、学者や知識人の批判や意見があいついで新聞紙上などに掲載され、国民の側から民主主義的な憲法改正の草案を作成すべきであるという気運もうまれていた。

その一つが、大原社会問題研究所の初代所長で、社会問題研究者、統計学者、法学博士であった高野岩三郎が提唱して一一月五日に結成された憲法研究会で、憲法学者の鈴木安蔵が幹事役をつとめ、大内兵衛、馬場恒吾、森戸辰男、室伏高信《むろふせこうしん》、杉森孝次郎ら多くの学者が参加した。前述した幣原内閣の憲法問題調査委員会委員長の「松本四原則」に明らかな旧憲法の精神をできるだけ保存し、徹底的な民主化を回避しようという動きにたいして、民間人による民主的な憲法の作成を切迫した課題とした。憲法研究会は、一二月二七日に「憲法草案要綱」を作成し、GHQと首相官邸に届けるとともに、翌日の各新聞は一斉に全文を報道した。同要綱が、「統治権」として「一、日本国の統治権は日本国民より発す　一、天皇は国政を親らせず国政の一切の最高責任は内閣とす　一、天皇は国民の委任により専ら国家的儀礼を司る、天皇の即位は議会の承認を経るものとす」と国民主権、内閣の国政最高責任、象徴天皇制をさだめているのは注目される。[18]

憲法研究会の「憲法草案要綱」は、GHQ民政局でも検討され、その結果が「幕僚長に対する覚え書き――〔案件〕私的グループによる憲法改正草案に対する所見」（一九四六年一月一一日）と題する詳細な報告書にまとめられ、GHQ民政局局長コートニー・ホイットニー、ラウエル陸軍中佐の名で幕僚長に提出された。[19] 執筆者はラウエルであるが（本書三二三頁）、この報告書では、「憲法草案要綱」の各条項にたいしてコメントがつけられ、例えば、「国民の権利および義務」の項目では「言論、出版、教育、芸術および宗教の自由は保障され、かつその他の社会的諸原則もその中に包含されており、そのすべては、民主主義と両立しうるものである」と評価されている。総じて、「いちじるしく自由主義的な諸規定」「この憲法草案中に盛られている諸条項は、民主主義的で賛成できるものである」と共感をもって評価されており、後日、ホイットニーのもとで、民政局が憲法改正草案を作成した際に、大いに参考にしたことがうかがわれる。

憲法研究会の中心となった鈴木安蔵が「『戦争放棄』条項については、憲法研究会ではなんらの主張も出なかった」と述べているのは[20]、後述する幣原の「戦争放棄」条項発案との関係で注目しておいてよいだろう。

憲法研究会を提唱した高野岩三郎は天皇制を廃止して共和制とすることを主張して研究会員と議論をたたかわせたが、多数の会員が「国民感情から判断して、いまただちに天皇制廃止にふみきることは、政党の綱領としてならともかく、実際的にはおこなわれ難いのではないか」との意見だったので、高野も最後は多数意見にしたがった。ただし、高野は「天皇制を廃止し、之に代えて大統領を元首とする共和制採用」を「根本原則」とする「日本共和国憲法私案要綱」を作成して公表している。

後日談になるが、一九四六年三月六日に憲法改正草案要綱が発表されると（本書三五七頁）、高野は「憲法改正政府案に対する意見」（『読売新聞』一九四六年三月八日）を掲載し、政府原案が思ったより進歩的なことを喜ぶと述べ、とくに戦争放棄を規定している点を最も重要な特徴として高く評価したのである。[21]

一九四五年の一一月、一二月と新聞紙上で憲法改正問題がしきりに報道され、自由党、進歩党、さらには共産党もふくめて、憲法改正草案作成の動きが強まるなかで、松本烝治国務大臣も、「一応どうしても仮の案でもいいからこしらえなければなるまい」ということになって、一二月三一日の夜にはじめて閑ができたので、鎌倉山の別荘にこもって、憲法改正草案の作成にとりかかり、七五条からなる憲法改正「松本私案」[22]を一月四日に書き上げたのであった。東京に帰ってそれを清書し、幣原首相には見せたが、閣議にははかることなく、一月七日に参内して天皇に拝謁し、二時間余にわたって、憲法問題調査委員会の経過および結果と改正案の趣旨と各条の簡単な内容を説明したのである。

調査委員会では、「松本私案」とは別に、他の委員によって、従来の研究を集大成した広い視野にたって憲法改正草案が作成されたが、松本委員長は「松本私案」にもとづいて改正草案の審議を進めたので、他の委員の作成した改正草案についての紹介は省略する。松本が天皇に提出して解説したのも「松本私案」であった。[23]そのうち、いくつかの条文を大日本帝国憲法と比較して例示してみる。（　）が大日本帝国憲法の条文。

第三条　天皇は至尊にして侵すべからず
（第三条　天皇は神聖にして侵すべからず）
第一一条　天皇は軍を統帥す
軍の編制及常備兵額は法律を以て之を定む
（第一一条　天皇は陸海軍を統帥す）
第一二条　天皇は帝国議会の協賛を以て戦を宣し和を講ず
（第一二条　天皇は陸海軍の編制及常備兵額を定む）
第一三条　天皇は諸般の条約を締結す但し法律を以て定むるを要する事項に関する条約又は国庫に重大なる負担を生ずべき条約を締結するは帝国議会の協賛を経べし

（第一三条　天皇は戦を宣し和を講し及諸般の条約を締結す）
第二〇条　日本臣民は法律の定むる所に従ひ役務に服する義務を有す
（第二〇条　日本臣民は法律の定むる所に従い兵役の義務を有す）
第二八条　日本臣民は安寧秩序を妨げざる限に於て信教の自由を有す
（第二八条　日本臣民は安寧秩序を妨げず及臣民たるの義務に背かざる限に於て信教の自由を有す）
第三一条　日本臣民は前数条に掲げたる外凡て法律に依るに非ずして其の自由及権利を侵さるることなし
（第二九条　日本臣民は法律の範囲内に於て言論著作印行集会及結社の自由を有す）

以上の条文例から、「松本私案」は大日本帝国憲法の部分的改正であり、前掲の外務省の「帝国憲法改正問題試案」（本書一七五頁）の理念よりもはるかに保守的であることが理解できよう。「松本私案」の提示と解説をうけて、天皇から、枢密院を残してその官制は法律できめる、そうした場合に皇室の事務を扱うためのものならば、その官制は勅令でやるべきではないか、という質問や、行政裁判所の廃止について、なぜ行政裁判所があると不完全になるのかなど、条項についての質問があり、天皇が憲法改正について、強い関心をもっていることをうかがわせた[24]。

このとき、天皇から佐々木惣一が近衛文麿に委嘱されて執筆した「帝国憲法改正の必要」と題する文章と百条文にわたって立案された「憲法改正の条項」を単なる参考文献として研究してもらいたいと渡されたのであった。前述の毎日新聞に報道されたことがこのときおこなわれたのである。松本は

「憲法改正の条項」だけを謄写して、調査委員会の部内に配布しているが[25]、憲法改正「松本私案」には反映させなかった。

ここで、松本烝治国務大臣が憲法改正「松本私案」について、幣原首相にただ見せただけで別に協議もせず、また閣議にはかることもせずに自分だけで参内して天皇に拝謁して、調査委員会の経緯を報告し、「松本私案」を提出して解説しているように、幣原首相と閣議を無視している行為について説明しておきたい。それは、憲法九条幣原発案説を否定する論拠として、幣原首相は憲法改正問題について松本国務大臣を委員長とする調査委員会に任せきりであったし、首相として、松本国務大臣にたいして指示するような言動をしていない、さらに後述するように閣議でマッカーサー草案と憲法改正「松本私案」について議論した際に、「松本私案」に明確に反対する意見を述べていない、またマッカーサー草案の九条は自分の発案によることを明確に発言していない、等々の事例をあげる論者が多いからである。それは、戦前の首相の権限が、戦後の国会にたいして責任をおう議院内閣制とちがって、弱かったことへの理解がなされていないからだと思われる。

大日本帝国憲法は、国務各大臣が所管する事項に関しては、単独で天皇を輔弼する制度＝国務大臣による単独輔弼制を採用していた。大日本帝国憲法は「第五五条　国務各大臣は天皇を輔弼しその責に任ず」とあるだけで内閣に関する規定はなかった。それは、「第一〇条　天皇は行政各部の官制及び文武官の俸給を定め及び文武官を任免す」とあるように、天皇の大権によって内閣官制が定められた。その内閣官制は第一条で「内閣は国務各大臣を以て組織す」とされ、第二条で「内閣総理大臣は各大臣の首班として機務を奏宣し旨を承けて行政各部の統一を保持す」（内閣総理大臣は国務大臣の第一の席次にある者として、機密に関する政務を天皇に申上げ、天皇の趣意を承諾して行政各部の統一を保つようにする）と内閣総理大臣の職責がさだめられていた。つまり、内閣総理大臣は、内閣の首班として閣議を主催するが、その地位は国務大臣中の第一人者にすぎず、国務各大臣にたいして命令する権限を持たなかった。また、国務大臣の任命権は天皇に属するため、国務大臣を罷免したり新たに任命する権限も内閣総理大臣は持たなかった。

このように、戦前の内閣は国務各大臣が天皇の大権を輔弼して、成文化された所轄の行政権を行使したのであり、国務各大臣の権限は強く、それだけ各省の自立性は高かった。そのことは内閣総理大臣の権限が弱いことと表裏の関係にあった。

松本烝治が天皇を輔弼する国務大臣として、幣原首相や閣議にはかることなく、天皇に拝謁して憲法改正「松本私案」を提出したのは、以上のように大日本帝国憲法の規定に従った行為であった。幣原が憲法改正問題の取り組みを松本国務大臣の権限として任せざるを得なかったのは、そのためである。

これを現在の内閣総理大臣の権限と比較してみよう。日本国憲法では第五章内閣において第六五条から第七五条にわたり、行政権を行使する内閣の権限が謳われ、内閣総理大臣は国会で指名され、国務大臣の任免権をもち、「第七二条【内閣総理大臣の職務】内閣総理大臣は、内閣を代表して議案を国会に提出し、一般国務及び外交関係について国会に報告し、並びに行政各部を指揮監督する」と規定されている。

現在の内閣総理大臣は各省の大臣および各省庁を「指揮監督する」権限をもっているが、幣原首相の時代は、そのような権限はなかった。この相違をきちんと理解していないと、前述したように、幣原内閣の閣議における松本国務大臣の積極的な発言にたいする幣原首相の消極的発言を問題にしたり、さらには憲法改正「松本私案」を幣原内閣の閣議で承認されたもの、さらには「日本政府草案」とまで記す本まで登場する。

以上のような、幣原内閣時代の国務各大臣にたいする内閣総理大臣の権限の弱さは、これから本書で明らかにしていく、幣原喜重郎がマッカーサーとの密談で戦争放棄と軍備全廃を提案し、マッカーサーも共鳴して合意した結果、二人の「秘密合意」としてGHQの憲法草案に九条条項を入れることになったこと、それを「秘密合意」として幣原は松本には秘密にして語らず、閣議においても明言しなかったことと密接にかかわってくるので、ここで指摘しておきたい。

【註】

(1) 「近衛国務相、マッカーサー元帥会談録」(昭和二〇年一〇月四日)(外務省編纂『日本外交文書』占領期第二巻、六一書房、二〇一七年、九八三〜九八六頁)。

(2) 「帝国憲法改正問題試案」(昭和二〇年一〇月一一日田付)(外務省編纂『日本外交文書』占領期第二巻、六一書房、二〇一七年、九八七〜九九一頁)。

(3) 岡義武『近衛文麿――「運命」の政治家』岩波新書、一九七二年、二一六〜二二一頁。

(4) 第七五回帝国議会(一九四〇年二月)において民政党を代表して「支那事変処理を中心とする

質問演説」をおこなって軍部の戦争政策を批判、「反軍演説」として陸軍の強い圧力で議員を除名された。

(5) 篠原昌人『非凡なる凡人将軍下村定——最後の陸軍大臣の葛藤』芙蓉書房出版、二〇一九年、二〇五〜二〇六頁。

(6) 原秀成『日本国憲法制定の系譜 Ⅲ 戦後日本で』日本評論社、二〇〇六年、四九四頁・五〇三頁。

(7) 油井大三郎『未完の占領改革——アメリカ知識人と捨てられた日本民主化構想』東京大学出版会、一九八九年、二二一〜二二二頁。

(8) 岡義武、前掲(3)、二二一〜二二二頁。

(9) 憲法調査会事務局「松本烝治氏に聞く（一九五〇年一一月二三日東京大学占領体制研究会による聞き取り）」（昭和三十五年六月）。

(10) 佐藤達夫『日本国憲法誕生記』中公文庫、一九九九年、二三頁。

(11) 佐藤達夫『日本国憲法成立史 第一巻』有斐閣、一九六二年、二五二頁・二五四頁。

(12) 憲法調査会事務局『日本国憲法成立の経緯』（憲資・総第四十六号 昭和三十五年七月）は、東京大学占領体制研究会において、入江俊郎が昭和二九年夏に口述し、同三一年秋に修補し同研究会が作成したものを、憲法調査会事務局が印刷に付したものである。同書は、入江俊郎論集『憲法成立の経緯と憲法上の諸問題』（第一法規出版、一九七六年）に「第一編憲法成立の経緯」として収録されている。

佐藤達夫『日本国憲法成立史 第一巻』（一九六二年）、同『日本国憲法成立史 第二巻』（一九六四年）ならびに、佐藤達夫著・佐藤功補訂『日本国憲法成立史 第三巻』（一九九四年）、佐

藤達夫著・佐藤功補訂『日本国憲法成立史　第四巻』（一九九四年）はいずれも有斐閣から出版されたもので、三、四巻の補訂者の佐藤功は、補助員として憲法問題調査委員会の作業に最初から参加した人物である。全四巻からなる同書は、日本国憲法の成立の経緯について、アメリカ政府とマッカーサーとＧＨＱの占領政策をふまえながら、憲法問題調査委員会の議論、さらにマッカーサー草案の提示と幣原内閣の閣議での議論、そして幣原内閣としての憲法改正草案（日本国憲法草案）の発表と帝国議会における審議まで、憲法作成に携わった当事者がまとめた記録であり、前掲の入江俊郎の記録とともに、日本国憲法成立についての基本文献資料である。本書は入江と佐藤の文献資料に全面的に依拠しながら、幣原喜重郎の憲法九条発案を証明するものである。なお、佐藤達夫『日本国憲法誕生記』（中公文庫、一九九九年）は、全四巻からなる佐藤前掲書をふまえて、日本国憲法成立の経緯を分かりやすくまとめている。

本書では、憲法九条ならびに日本国憲法作成時の基本的文献資料として以上の文献に依拠した叙述をおこなうが、日本国憲法成立史については、本書巻末の参考文献に記した、古関彰一、河上暁弘、原秀成らの憲法学者による優れた研究成果が公刊されており、筆者は大いに学ばせていただいた。しかし、本書においてこられの先行研究の成果に依拠して引用するかたちを取らなかったのは、憲法学界ならば、先行研究無視の批判を受ける問題であるところ、本書は、一般読者を対象にした歴史書として、歴史研究者の筆者自らが第一次史料に直接当たり、筆者なりに憲法九条と日本国憲法の成立史を再構成することを目的にしたため、先行研究に依拠、紹介、引用するという方法を取らなかったことをお断りしておきたい。

⒀　篠原昌人、前掲⑸、二〇八〜二一〇頁。

⒁　ＮＨＫスペシャル取材班『日本海軍４００時間の証言――軍令部・参謀たちが語った敗戦』

（新潮社、二〇一一年）は、敗戦直後、戦時中の軍令部員からなる第二復員省が、東京裁判で海軍トップの戦争責任を回避するための組織ぐるみでおこなった秘密工作を連合国との「第二の戦争」と位置付けて遂行した事実を、旧軍令部の参謀たちの証言によって明らかにした。拙著『海軍の日中戦争――アジア太平洋戦争への自滅のシナリオ』（平凡社、二〇一五年）で、東京裁判において免責された日中戦争における海軍の戦争責任を詳細に解明したので参照されたい。
(15) 佐藤達夫、前掲(11)、四二〇～四二一頁。
(16) 憲法調査会事務局「松本烝治氏に聞く」、前掲(9)、一四～一五頁。
(17) 佐藤達夫、前掲(11)、四三六頁。
(18) 鈴木安蔵『憲法制定前後――新憲法をめぐる激動期の記録』（青木書店、一九七七年）の「Ⅲ憲法研究会の憲法草案起草」。
(19) 高柳賢三・大友一郎・田中英夫編著『日本国憲法制定の過程　Ⅰ　原文と翻訳――連合国総司令部側の記録による』有斐閣、一九七二年、二六～三九頁。
(20) 鈴木安蔵、前掲(18)、一〇二頁。
(21) 大島清『高野岩三郎伝』岩波書店、一九六八年、三九〇～四〇〇頁。
(22) 松本烝治国務大臣が作成した憲法改正草案について、入江俊郎前掲書は「松本私案」と記し、佐藤達夫前掲書は「松本試案」と記している。松本は自分の作成した改正案を天皇にも提出、GHQにも提出しているが、閣議で議論して決定していないので、松本の「私案」という性格が強い。したがって本書では入江俊郎の「あくまでも松本個人の草案」という指摘が相応しいので「松本私案」という用語を使う。
(23) 「憲法改正私案（一月四日稿）松本烝治」（外務省編纂『日本外交文書』占領期第二巻、六一書房、二〇一七年、九九二〜一〇〇〇頁）。

(24) 憲法調査会事務局「松本烝治氏に聞く」、前掲(9)、一二頁・一七頁・一九頁。憲法調査会事務局「松本烝治口述　日本国憲法の草案について」（一九五四年七月七日、自由党憲法調査会総会における松本烝治の口述したもの）、（憲資・総第二十八号、昭和三十三年十月）、六頁。

(25) 入江俊郎論集『憲法成立の経緯と憲法上の諸問題』第一法規出版、一九七六年、四六頁。

第6章　アメリカ政府とGHQによる憲法改正の促進

1　天皇の「人間宣言」

米国政府の内部では、対日占領政策が開始された後も、天皇制の扱いや天皇の戦犯問題をめぐって激しい論争がつづいていた。四五年一〇月一九日にいたり、国務・陸軍・海軍三省調整委員会においてようやく、当面、天皇の扱いについての最終決定は延期し、戦犯容疑についてマッカーサーにたいして証拠を収集し、訴追の是非を統合参謀本部に報告するように指示することだけを決定した。天皇の戦争責任については、天皇制を存置するとしても、昭和天皇個人の戦争犯罪を問う可能性も検討されていた。このマッカーサーへの指示にたいして、マッカーサーと幣原が密談をおこなった四六年一月二四日の翌日、マッカーサーがアイゼンハワー陸軍参謀総長宛に「天皇の戦争犯罪の明確な証拠は発見されなかった」と回答したことは後述する（本書二五八頁）。マッカーサーとGHQ首脳が一〇月一日に天皇免責を決定したことはすでに述べた。

一二月八日に東京裁判の被告を選定するための国際検察局（ＩＰＳ）が東京・千代田区の明治生命ビルに設立されて以降、二八人の被告が最終的に選定されるまでのおよそ四カ月半にわたって、日本側とＧＨＱおよびＩＰＳとの間で、特に天皇の問題をめぐって水面下での交渉が盛んに展開されるようになった。

このころになって、ＧＨＱから皇族の梨本宮守正《なしもとのみやもりまさ》に戦犯の指名が一二月二日にあり、一二月六日には近衛文麿と内大臣の木戸幸一にたしても逮捕令が出され皇族や天皇の側近にも逮捕の手が伸びたことは、天皇にも衝撃と動揺をあたえたと思われる。特に、本書で述べてきたように、木戸幸一は終戦工作から敗戦、その後の米軍の占領政策への対処と天皇の片腕となって、天皇制護持のための権謀術数ともいえる知略を考え、実行してきた側近であった。それだけに、天皇にとっては大きな衝撃であったと思われる。

一〇月二三日に侍従次長に就任したばかりの木下道雄が書いた『側近日誌』の一二月四日の項に、「〔天皇から〕戦争責任について色々御話あり。右は非常に重要なる事項にしてかつ外界の知らざる事あり、御記憶に加えて内大臣日記〔『木戸幸一日記』のこと〕、侍従職記録を参考として一つの記録を作り置くを可と思い、右御許可を得たり。松平内記部長を相手とし、予自ら作成の考えなり」とあるように、東京裁判対策のために昭和天皇の『独白録』を作成することであった。(1)

ＧＨＱがすでに天皇制を残しながら占領政策を進めた方が得策であるという結論に達していたことはすでに述べたとおりである。そこで前掲の『側近日誌』によれば、ＧＨＱの民間情報教育局（Civil

Information and Education, CIE）のケン・ダイク（K. Dyke）から軍国主義日本の絶対君主という天皇のイメージを変えるメッセージを内外、特に世界に発信することの提案がなされた。彼は第二次世界大戦に従軍し、心理作戦を担当した。リベラルな性格の持ち主で、GHQの初代CIE局長として、政治犯釈放、特高解体、教職パージ、神道指令（国家神道に対する政府の保証・支援・保全・監督および弘布の廃止）などの初期民主化に敏腕をふるった。[2]『側近日誌』には、ダイクの名前が度々登場するので、GHQと天皇側近との情報ルートの一つとなっていたのであろう。

『側近日誌』には一二月二三日に「大詔渙発について次官も議に与り居り種々懇談。新年早々思い切った大詔を拝し国内の思想に光明を与うべし」とあり、一九四六年一月一日に発布された天皇の「新日本建設に関する詔書」（一般には天皇の神格化を否定した「人間宣言」と呼ばれている）の作成を決めたことが書かれている。『側近日誌』には、その後「人間宣言」の発布にいたるマッカーサーを含めてのGHQと幣原首相、天皇と側近とのやり取りが詳細に書かれているが、大筋は以下のとおりである。

最初は一二月初旬に天皇が自分が神であることを否定する詔書を出すことを決め、それを聞いたCIEが、天皇から神聖を除去するために、「大詔渙発」すなわち、天皇自らが人間であることの詔（お言葉）を天下に発布することを思いついたのであった。最初にCIE教育課長のハロルド・ヘンダーソンが草稿を書き、[3]マッカーサーの承認を得たうえで、幣原首相に渡され、それを幣原が詔書として英文で書き上げ、それを内閣書記官が日本語に翻訳した。一二月二四日に幣原は天皇に会い、密かに賛意を得ている。

『側近日誌』には、「詔書案中気に入らぬことは沢山ある。殊に文体が英語〔幣原首相の筆になる〕の翻訳であるから徹頭徹尾気に入らぬ」（一二月二九日）とあるように、その後、詔書の形に書き直し、天皇からは「五カ条の誓文」を冒頭におくように要望がなされた。詔書の原稿を幣原が英文で書いたのは、天皇の「人間宣言」を海外に向けて発表し、改革された天皇制が日本の民主化の妨げにならないことをアピールする狙いがあったからである。

『側近日誌』の一二月二五日には「大詔渙発のことは、幣原がこれは国務につき是非内閣に御任せを願うとの希望を聞き、幣原を呼び、これを伝えた。Mac〔マッカーサー〕の方では内閣の手を経ることを希望せぬ様だ。これは一つには外界に洩れるのを恐れる為ならん」と書いている。マッカーサーはGHQが押し付けたという印象を避けるため、あくまで天皇自らが出したかたちにしたかったのである。さらに同日の記述に「鶴の一声と京都御隠退、これは米国における退位論を鎮むるに力あり。Oxford 及び米国の教会方面に、日本に対する同情論台頭しつつあり」とある。「鶴の一声」とは天皇の「人間宣言」のことであり、「京都御隠退」とは、四五年になって重臣たちの間で天皇を京都の仁和寺に迎え、出家させようという計画が練られていたことを指す。天皇と側近は、天皇の戦争責任を追及し、天皇制廃止を主張する厳しいアメリカ世論をどう鎮めるかということに苦慮していた。天皇の「人間宣言」の大きな目的がアメリカにおける天皇退位論を鎮静化させることにあったことがわかる。

一九四六年一月一日に、御名御璽に内閣総理大臣と各国務大臣の副署を付して公布され、各新聞はいっせいに天皇の年頭の詔書を掲載した。その「新日本建設に関する詔書」の要点を以下に抜粋する。

朕は茲《ここ》に誓を新たにして国運を開かんと欲す。須《すべか》らく此の御趣旨に則り、旧来の陋習《ろうしゅう》を去り、民意を暢達し、官民挙げて平和主義に徹し、教養豊かに文化を築き、以て民生の向上を図り、新日本を建設すべし。(中略)

朕と爾《なんじ》等国民との間の紐帯《ちゅうたい》は、終始相互の信頼と敬愛とに依りて結ばれ、単なる神話と伝説とに依りて生ぜるものに非ず。天皇を以て現御神《あきつみかみ》とし、且日本国民を以て他の民族に優越せる民族にして、延て世界を支配すべき運命を有すとの架空なる観念に基づくものにも非ず。(中略)

我国民が人類の福祉と向上との為、絶大なる貢献を為す所以なるを疑わざるなり。

一年の計は年頭に在り、朕は朕の信頼する国民が朕と其の心を一にして、自ら奮い、自ら励まし、以て此の大業を成就せんことを庶幾《こいねが》う。

戦時中、天皇を現人神として「八紘一宇」の大東亜共栄圏の建設を謳ったのは「架空なる観念」であると否定したうえで、人間としての天皇は、国民と心を一にして、世界平和の確立と人類福祉の増進を願い、新生日本の建設に邁進することを誓ったこの詔書は、世界に向けて、とくに連合国へ向けて、戦前の天皇制のイメージを払拭することを目的にしたものであることがわかる。日本の新聞は一月三日付で、マッカーサーが詔書にたいし、満足の意を表明したことを報じた。

天皇は「人間宣言」のアメリカ世論への影響を気にかけ、一月六日に吉田茂外相を参内させて、報告させている。『側近日誌』には「詔書の米国世論に与えたる影響につき、吉田外相の奏上の内容を承る。概して良好、二、三の皮肉を除きて」とあり、天皇と木下侍従次長が安堵したことが記されている。「二、三の皮肉を除きて」とあるのは、マッカーサーがすぐに詔書に満足の意を表明したことから、アメリカの数紙は、マッカーサーが詔書を出すにあたって「演出」したことを見抜き、それを報道したからである。例えば、『ワシントン・DC・ポスト』は三日付で「天皇が積極的に、国民は消極的にアメリカ行政への協力を示すと感じた。この名誉は主としてマッカーサーの政治的手腕によるもの」と報じていた(4)。

ここで、GHQのCIEの幹部が、天皇に地方巡幸を提案し、それが実行されたことにも触れておきたい。一月一三日の『側近日誌』に、木下侍従次長がCIEのダイク、ヘンダーソン、ブライスが鼎談して決めた「天皇は単に詔勅によりて、御自身の御意見を発表せらるるに止まることなく、親しく国民に接せられ、その御行動にも、またそのお言葉にも表裏なき一貫したる誠をもって、国民の誇りと愛国心とを鼓舞激励せらるべきである」という天皇の地方巡幸の提案を報告したことが記されている。これにたいして、「右に対する陛下の御参意は多大なりき。地方御巡幸のことは直ちに研究せよ。皇后宮と御同列にてもよし。寒季には身体の関係もあり、暖地を好む、供奉員は減せよ。形式を簡易にせよ」と即座の同意と、実行の指示を木下に出したのである。

天皇の地方巡幸は二月一九日の神奈川県を皮切りに、二月二八日には東京都、三月二五日は群馬県、三月二八日は埼玉県と、関東地方から始まり、以後、全国へと拡大した。一年前には、現人神として軍服姿で神馬「白雪」にまたがり、皇居前広場に参賀のために集まった数万の国民の見上げる二重橋にあらわれて大群衆を睥睨《へいげい》した天皇、各学校に置かれた奉安殿に神のごとき御真影として納められた天皇皇后が、今度は背広姿でシルクハットを片手にもった天皇が皇后をともなって国民に親しく声をかける「人間天皇」に変身したのである。

天皇の巡幸は、はじめはぎこちなさもあったが、各地で大歓迎をうけ、天皇の独特のイントネーションの「あっ、そう」という口調が流行語にもなった。天皇の旺盛な巡幸は、「国民の中の天皇」「国民とともに歩む天皇」という国民に支持された「人間天皇」を内外に印象づけることに成功した。このことは、戦後の国体については、「日本国民の自由に表明せる意思に従い」決定されるというポツダム宣言にもとづいたアメリカの占領政策が、天皇の胸中に深く刻みこまれていたことを思わせる。『側近日誌』の解説「昭和天皇と『側近日誌』の時代」を書いた高橋紘《ひろし》（共同通信社会部）は「敗戦で国民の大半が茫然としていたが、ひとり天皇のみが、GHQの圧力を背後に感じながら、天皇家の存続を賭して実務をこなした感がある」と述べている(5)。

アジア太平洋戦争の最終段階で、戦場では戦線が総崩れとなり、日本軍部隊の玉砕が相次ぎ、いっぽうで輸送体制の壊滅から戦場に取り残された膨大な兵士が餓死、病死さらには自決をせまられる悲惨な状況となり、四五年になって東京大空襲をはじめとして日本の全土が米軍機の空襲によって破壊され、沖縄戦では日本軍が全滅、戦闘に参加あるいは巻き込まれて膨大な県民が「本土防衛のための捨て石」にされたにもかかわらず、昭和天皇が終戦を決断しなかったのは、本土決戦により国民は総玉砕しても皇祖皇宗の天皇制を護持するという執念、別な言い方をすれば、自分の代で万世一系の天皇制を断絶させることへの我々には想像できない恐怖心があり、「国体を護持しなければならない」という強迫観念を背負っていたのではないか、ということである。

本書で明らかにしてきたように、ポツダム宣言を受諾して降伏した「聖断」は、終戦の詔勅に「国体を護持し得て」とあるように、天皇制の維持がほぼ確信できたからであった。また、終戦決定内閣の鈴木貫太郎、敗戦処理内閣の東久邇宮稔彦、戦後改革内閣の幣原喜重郎の首班指名と就任説得は、天皇自身によるものであった。アメリカ政府主導のマッカーサーとGHQによる占領改革政策にたいしても、皇室は独自の情報ルートと交渉ルートをもって対応し、天皇の九月二七日のマッカーサー訪問以降、何回か会見をもちながら、アメリカ政府とマッカーサー・GHQの要求に対応するように、戦前の天皇制から戦後の日本の民主化に対応できる象徴天皇制への転換と移行を積極的に模索し、志向したのである。天皇の「人間宣言」と巡幸はその帰結であった。

国務省から派遣されて連合国軍最高司令官政治顧問部長のジョージ・アチソン（George Atcheson Jr.）は、ワシントンの国務省から派遣されたある意味でマッカーサーのお目付け役であった。彼はアジア太平洋戦争期に中国駐在大使をつとめ、日本の中国侵略政策に反対し、抗日中国へのアメリカの援助政策を推進した親中国派の外交官として知られる。中国では中国共産党を「農地改革者」とみなしてその活動を支持した。日本降伏直前に国務省極東局特別顧問となり、降伏後の九月、マッカーサーの政治顧問部長として東京に赴任した。GHQによる政治犯釈放、政党の自由化、選挙、公職追放など、占領開始期の日本の非軍事化・民主化政策に重要な役割を果たした。四六年四月のGHQの改組によって設置された外交局の初代局長となった。

後述する極東委員会および対日理事会の設置にともない、アチソンは対日理事会の議長（マッカーサーの代理）をつとめ、対ソ政策が主要な任務となり、対日理事会を軽視するマッカーサー・GHQ

の立場を代弁して、しばしばその審議を紛糾させ、機能不全に陥らせた。アチソンは、四七年八月一七日、対日講和についての協議のため帰国途上に、航空機墜落事故により最期をとげた。

そのアチソンは、当初はトルーマン大統領に天皇制廃止を提言していたのであるが、既述のように、天皇の意向を反映させた近衛文麿の憲法改正の取り組みに対応するなど、日本の政治状況の現状を知るにしたがってしだいに見解を変え、天皇制を温存して占領統治に利用すべきだという意見に転じるようになった。「人間宣言」が出された直後の一月四日に書かれたトルーマン大統領あての報告書でアチソンは、「私は、仮にも日本を真に民主化しようとするのであれば、天皇制を消滅させなければならないという持論を変えてはいません」としながらも、「日本を統治し、諸改革を実行するため、引きつづき日本政府を利用しなければならず、したがって、天皇が最も有用であることは疑問の余地がありません。官吏や一般国民は天皇に服従しています。天皇は、われわれの全般的目的の遂行に協力しようとすることによってはっきりと誠実さを示しており、また、民主的であることを、彼の周辺の一部の人々よりも強く望んでいるように思えます。彼の『年頭詔書』は、われわれの意を強くしてくれたものでした」と書いている(6)。「人間宣言」は天皇の思惑どおり、アメリカ政府の政策が「天皇不起訴」に定まることに効果があったのである。

天皇の国家指導者指名の先見性と勘の鋭さについて、ここでもう一つ付け加えておきたい。『側近日誌』の四五年一二月一五日に「11時、内大臣室に於て幣原首相と鈴木貫太郎大将と会見。右は枢府議長就任の勧誘なり。2時、鈴木男、枢府議長親任式あり」とある。枢府とは枢密院のことで、大日本帝国憲法下の天皇の最高諮問機関であり、議会の貴族院と衆議院とは別に設置されていた。大日本帝国憲法や皇室典範の草案審議にあたったが、憲法では「天皇の諮詢《しじゅん》に応え重要の国務を審議す」（第五六条）と規定され、諮詢事項には憲法の条項または憲法に付属する法律・勅令に関する事項、戒厳令などの勅令、条約などもあった。

大正デモクラシー以降の政党政治期に、枢密院は内閣に敵対的な態度をとることがしばしばあった。第一次幣原外交の若槻礼次郎内閣を総辞職に追い込んだのは、貴族院が同内閣が要請した台湾銀行救済の緊急勅令を否決したためであった（本書五七頁）。また第二次幣原外交の浜口雄幸内閣のとき、ロンドン海軍軍縮条約問題でも枢密院は内閣と対立した。

その枢密院議長に平沼騏一郎が四五年四月から敗戦後も一二月三日までその座にあったが、一二月二日に梨本宮守正、広田弘毅らとともに戦犯容疑者として逮捕され収監されたのである（東京裁判ではA級戦犯として終身刑の判決を受ける）。天皇は平沼の後任として鈴木貫太郎を勧誘し、就任させたのである。このとき幣原首相も同席していた。さきの天皇の「人間宣言」の発布を決めた日の一二月二四日の『側近日誌』には「大詔渙発。ダイク—ブライス—山梨—石渡—○—幣原—鈴木」と記されている。これは前述した大詔渙発すなわち「人間宣言」に係わった経路を図式にしたもので、CIE局長から提案され、○は天皇の同意を得て、幣原首相、さらに鈴木貫太郎に伝えられたことが記されている。(7) 幣原が「人間宣言」の原稿を英文で書いたことは述べたとおりである。

右の図式のダイクはGHQ民間情報局（CIE）局長、ブライスは学習院の英国人教師、皇太子の英語教師もつとめた。山梨は学習院長であった山梨勝之進元海軍大将で、既述のロンドン海軍軍縮条約の調印、批准の時、海軍次官をつとめ、幣原外相とともにその成立のために海軍省内を統率する重責をになった「軍縮派」であったが（本書七四頁）、それゆえに加藤寛治ら「艦隊派」の巻き返しによって追放され、予備役にされた人物である。この時、「天皇の人間宣言」について、伝達役として関与していたのである。石渡は宮内省大臣の石渡荘《いしわたそう》太郎《たろう》で、天皇への仲介役である。[8] 幣原から鈴木へとなっているのは、天皇の詔書、詔勅は枢密院が諮問することになっているからである。

注目されるのが、天皇を介在しての幣原首相と鈴木枢密院議長のコンビが形成されたことである。大日本帝国憲法を改正するためには、最初に枢密院で憲法改正草案すなわち新憲法草案が裁可されなければならなかったが、後述するように、鈴木枢密院議長が憲法九条を含む憲法改正草案（日本国憲法）の枢密院議決を全面的にバックアップしたのである（本書三八二頁）。

大日本帝国憲法下に天皇の最高諮問機関として、貴族院、衆議院を監督、干渉した枢密院については、アメリカの国務・陸軍・海軍三省調整委員会の「日本の統治体制の改革」（ＳＷＮＣＣ—二二八）による批判が的確である（本書二二七頁）。

2　マッカーサー・ＧＨＱを統制する極東委員会の設置

日本を敗北に導いたのは主としてアメリカの軍事力であったから、日本の降伏に際し、アメリカ軍が日本本土を占領し、アメリカ軍の司令官が連合国軍の最高司令官として、アメリカ政府によって定められた管理政策にもとづき、日本の占領管理と戦後民主化政策に着手してきたのは、本書で詳述してきたとおりである。

アメリカは日本の占領政策を実質的にアメリカ単独でおこなおうとして、他の連合国にたいしては、小規模の部隊をもって形式的に参加する権利と管理政策について助言する権利しか与えない方針であった。そして極東諮問委員会の設置を提案し、四五年一〇月三〇日に最初の会合を開いたところ、ソ連は強く反対して代表を送らなかった。イギリスも不満であった。そこで、アメリカは譲歩の必要を認め、一二月二七日にモスクワにおける米・英・ソ三国外相会議において、極東委員会（Far Eastern Commission, FEC）と対日理事会を設置することで合意が成立した。

極東委員会の構成は、アメリカ・イギリス・ソ連・中国・フランス・インド・オランダ・カナダ・オーストラリア・ニュージーランド・フィリピンの一一カ国で、日本の占領政策について、ポツダム宣言が規定する降伏条項にもとづいた政策・原則・基準を作成し、必要に応じて連合国軍最高司令官が日本管理に関してとった行動を再検討する権限を与えられた。マッカーサーが実施した占領政策について検討し、変更させる権限が、この委員会に認められたのである。アメリカ政府はこの極東委員会の決定をマッカーサーに下達する義務を負わされた。

極東委員会には、事務局、運営委員会（賠償、経済・財政・労働、憲法・法制、民主化、戦犯、在日外国人、非武装化）が置かれた。議長はマッコイ（米）、事務局長はジョンソン（米）とアメリカが独占したが、専門委員会の委員長は、オーストラリア、イギリス、インド、ソ連、中国、フランス、オランダの諸国に割り当てられた。

ソ連は当初、極東委員会を東京に設置するよう主張した。マッカーサーの近くにいて監視するためであった。しかし、マッカーサーの強力な反対によってワシントンに落ち着いた。その代わり極東委員会の出先機関として、米・英・ソ・中の代表から構成される対日理事会が東京に置かれることになった。これは、建前はマッカーサーに助言し、協議するために設置されたものであるが、実際は、マッカーサーにたいするご意見番にすることをねらったものであった。マッカーサーは対日理事会を徹底的に嫌い、その議長に任命されていたにもかかわらず、一度出席しただけで、あとはアチソン政治顧問部長にまかせた。

極東委員会の設置を決めたモスクワにおける三国外相会議では、対日理事会への付託条項として、「日本国の憲法構造の根本的変革」があげられた。アメリカ政府は事前に極東委員会と協議し、意見の一致をみることが義務づけられていた。四六年一月九日にまだ極東諮問委員会の名称であったが、マッコイ議長を団長とする委員一行が日本を訪れ、マッカーサーをはじめGHQ職員と会談をもった。この会談において、憲法改正問題が議論になったが、後日憲法草案を作成することになる民政局のホイットニー局長、ケーディス次長らは、「憲法改正は、極東委員会の権限内にある。日本の憲法構造の根本的変更にかかわる長期的問題である」として、憲法改正はまったく考えていないと発言していた。マッカーサーも委員会一行が離日する前日の会談で、戦犯、天皇、貿易、軍事占領の期間、対日平和条約など多岐にわたって意見を交わしたあと、憲法改正問題については、自分の手にないことを委員の前でつぎのように断言した(9)。

「憲法改正については、当初の指令では、私に管轄権が与えられていましたが、モスクワ協定〔四五年一二月二七日のモスクワ三国外相会議の協定〕によって、その問題が私の手から取りあげられました。

私は、若干の示唆をなし、日本人は、この案件につき作業するための委員会を任命いたしました。私は、いかなる行動も中止しました。私は、いかなる命令も指名も発しておらず、ただ示唆をなすにとどめました。私は、日本人が、これから起草されるどんな新憲法をも自分たちの作品として判断することができるであろうと希望しています。なぜならば、憲法は、それがどんなによいものであっても、日本人に強制されれば、その強制力が残存しているあいだだけしか存続しないだろうからです。」

しかし、右の発言とは裏腹に、マッカーサーの胸の内では、日本国憲法案を作成する理論的根拠を調べ、委員一行が離日した翌々日（二月二日）には、GHQで日本国の憲法改正案を作成しなければならないとの決意を固めていた。それは、極東委員会が憲法改正について政策決定を発表するまでは、実質的にマッカーサーに憲法改正問題に関与する権限があることを確認したからであった。極東委員会の第一回会合は、四六年二月二六日にワシントンの旧日本大使館で開かれた。そして最初の対日理事会が東京で開催されたのは、一九四六年四月五日であった。マッカーサーは、二月末に極東委員会が正式に発足して機能を開始し、とくに対日理事会が東京で活動を開始するようになれば、憲法改正について自らの手が縛られることを懸念した。

極東委員会では、ソ連がアメリカの方針を激しく非難し、日本の再起を恐れる中国、フィリピン、オーストラリア、ニュージーランドも批判的態度をとった。天皇制の存続についても、ソ連、オーストラリアおよびニュージーランドが否定的であった。

次章で詳述するように、マッカーサーがGHQ民政部にハードな日程で秘密裡に日本国憲法草案を作成させ、幣原内閣にその検討と承認をせまり、三月六日には幣原内閣に憲法改正草案要綱を発表させるにいたった背後には、このようなマッカーサー・GHQと極東委員会との憲法改正問題をめぐる確執があったのである。(10)

3　アメリカ政府による日本国憲法の指針の指示
――SWNCC―二二八

天皇の上に君臨し、日本国民にたいして絶対的権威を持ったと思われているマッカーサー元帥は、実際にはアメリカ政府によって制約されていた。マッカーサーは、アメリカ太平洋軍司令官（一九四七年一月極東軍と改称）の立場にあり、アメリカ政府（統合参謀本部議長、陸軍参謀長、陸軍長官、大統領）の命令に従わなければならなかった。アメリカ政府の指令は日本政府や日本のメディアには秘密にされ、日本国民は知る由もなかったので、戦後改革命令の執行者のマッカーサーがあたかもオールマイティの権限を持っているかのように日本社会には受け止められた。「日本国憲法は、マッカーサーの命令をうけたGHQ民政局のスタッフがわずか一〇日間そこそこで書きあげ、それを日本に押しつけた」という類の改憲論者の主張も、同様に表面的な受け止めかたを根拠にしている。

しかし、マッカーサーがGHQ民政局に日本国憲法作成の原則を指示したという「マッカーサー・ノート」、およびそれにもとづいて民政局スタッフが作成した憲法草案は、一九四六年一月一一日に合衆国太平洋軍司令官マッカーサーに「information」（情報）と題されて送付されたSWNCC（国務・陸軍・海軍三省調整委員会）―二二八〔英語ではスウィンク・トゥー・トゥー・エイトと発音されている〕「日本の統治体制の改革」（Reform of the Japanese Governmental System）という文書に書かれた基本方針にもとづくものであった。

これまでは、二月三日にマッカーサーがホイットニーに指示した「マッカーサー・ノート」（後述）が、新憲法草案の直接指針となったと理解され、日本国憲法はマッカーサーによって押しつけられた「マッカーサー憲法」であるという主張の根拠にされてきたが、それは不正確である。

結論を先に述べると、民政局スタッフの草案作成の作業は、基本的にはＳＷＮＣＣ―二二八に記された「日本の統治体制の改革」の方針を柱にして、七章からなる構成と九〇余条からなる条項を具体的に起草し、条文として厳密なものに推敲し、練り上げていったのである。そうでなければ、民政局スタッフが九日間ともいわれる短期間にあのような憲法草案を完成させることは不可能であった。ＳＷＮＣＣ―二二八は日本国憲法の指針となった重要な文書なので、以下に、同文書についてやや詳細に述べていきたい[11]。

アメリカ政府は、対日占領を開始してまもない時から、ポツダム宣言の実施のために憲法改正を必要とする意向ならびに憲法改正についてその方針および原則をマッカーサー、ＧＨＱに伝えていた。ＳＷＮＣＣ―二二八は、これらを最終的決定として通達したものである。同通達は、マッカーサーにたいして、命令をもって日本政府に憲法改正の実行を要求することができるとしつつも、政策的には、日本政府が自発的におこなうようにせよ、と指示した。憲法改正の作業を急がせたのは、連合国による極東委員会および対日理事会の設置があったからである。アメリカ政府もマッカーサーも、極東委員会が正式な活動を開始してマッカーサーの権限を統御する前に、対外的には、日本政府による自発的憲法改正草案決定という体裁を演出しながら、憲法改正草案作成の既成事実化を急いだのである。

一月中旬に来日した極東諮問委員会の委員にたいして、マッカーサーが自分は憲法改正を日本政府に命令できる立場にない、ととぼけていたのは、「本文書は、公表されてはならない」とSWNCC—二二八に明確に指示されているからである。[12] アメリカ政府とマッカーサーが日本政府に憲法改正を命令することは、他の連合国にたいしても、日本国内にたしても秘密にせよ、と命じたのである。

SWNCC—二二八は、1．結論、2．問題点にたいする考察、3．問題点に関係する事実、の三部の構成になっている。最初の「1．結論」で、憲法改正で改革しなければならない日本の統治体制の問題が網羅的に記されている。つぎの「2．問題点にたいする考察」は「結論」で列挙したことがなぜ問題となり改革しなければならないのか、旧憲法すなわち大日本帝国憲法下の日本の政治と社会の構造と実態から分析、究明しており、非常に重要な部分である。最後の「3．問題点に関係する事実」はSWNCC—二二八がポツダム宣言（本書一三九頁）とバーンズ国務長官の四五年八月一一日付対日回答（本書一三六頁）および「降伏後における合衆国の初期対日方針」（本書一四五頁）を継承するものであることを、関連条項を抜粋して掲げたものである。

「1．結論」は「2．問題点にたいする考察」の結果として明らかになった、憲法改正草案に盛りこむべき諸問題と諸課題が改正されるべき指針として述べられている。これこそ、すでに述べた、日本国憲法の「指針」になったものである。以下にその全文を紹介しながら、それが日本国憲法のどの章のどの条項に関係しているかを〔　〕に指摘する。

1. 結論

（a）最高司令官は、日本政府当局に対し、日本の統治体制が次のような一般的な目的を達成するように改革さるべきことについて、注意を喚起しなければならない。

1. 選挙権を広い範囲で認め、選挙民に対し責任を負う政府を樹立すること

〔第三章　国民の権利及び義務　第一五条【公務員選定罷免権、公務員の本質、普通選挙の保障、秘密投票の保障】〕

2. 政府の行政府の権威は、選挙民に由来するものとし、行政府は、選挙民または国民を完全に代表する立法府に対し責任を負うものとすること

〔第五章　内閣　第六六条【内閣の組織、国会に対する連帯責任】〕

3. 立法府は、選挙民を完全に代表するものであり、予算のどの項目についても、これを減額し、増額し、もしくは削除し、または新項目を提案する権限を、完全な形で有するものであること

〔第七章　財政　第八三条【財政処理の基本原則】〕

4. 予算は、立法府の明示的な同意がなければ成立しないものとすること

〔第七章　財政　第八六条【予算】〕

5. 日本臣民および日本の統治権の及ぶ範囲内にあるすべての人に対し、基本的人権を保障すること

〔第三章　国民の権利及び義務　第一一条【基本的人権の享有】〕

6. 都道府県の職員は、できる限り多数を民選するかまたはその地方庁で任命するものとすること
〔第八章 地方自治 第九三条【地方公共団体の機関、その直接選挙】〕
7. 日本国民が、その自由意思を表明しうる方法で、憲法改正または憲法を起草し、採択すること
〔第九章 改正〕
(b) 日本における最終的な政治形態は、日本国民が自由に表明した意思によって決定さるべきものであるが、天皇制を現在の形態で維持することは、前述の一般的な目的に合致しないと考えられる。
〔第一章 天皇 第一条【天皇の地位・国民主権】〕
(c) 日本国民が天皇制は維持されるべきでないと決定したときは、憲法上この制度〔の障害〕に対する安全装置を設ける必要がないことは明らかだが〔その場合にも〕最高司令官は、日本政府に対し、憲法が上記(a)に列記される目的に合致し、かつ次のような規定を含むことに改正されるべきことについて、注意を喚起しなければならない。
1. 国民を代表する立法府の承認した立法措置——憲法改正を含む——に関しては、政府の他のいかなる機関も、暫定的拒否権を有するにすぎないとすること、また立法府は財政上の措置に関し、専権を有するものとすること
〔第四章 国会 第四一条【国会の地位・立法権】〕

2. 国務大臣ないし閣僚は、いかなる場合にも文民でなければならないとすること
〔第五章　内閣　第六六条【内閣の組織】②内閣総理大臣その他の国務大臣は、文民でなければならない〕
3. 立法府は、その欲するときに会議を開きうるものとすること
〔第四章　国会〕
(d) 日本人が、天皇制を廃止するか、あるいはより民主主義的な方向にそれを改革することを、奨励支持しなければならない。しかし、日本人が天皇制を維持すると決定したときは、最高司令官は、日本政府当局に対し、前記の（a）および（c）で列挙したもののほか、次に掲げる安全装置が必要なことについても、注意を喚起しなければならない。
〔第一章　天皇〕
1. 国民を代表する立法府の助言と同意に基づいて選任される国務大臣が、立法府に対し連帯して責任を負う内閣を構成すること
〔第五章　内閣　第六六条【内閣の組織・国会に対する連帯責任】〕
2. 内閣は、国民を代表する立法府の信任を失ったときは、辞職するか選挙民に訴えるかのいずれかをとらなければならないこと
〔第五章　内閣　第六九条【内閣不信任決議の効果】〕
3. 天皇は、一切の重要事項につき、内閣の助言にもとづいてのみ行動するものとすること
〔第一章　天皇　第三条【天皇の国事行為に対する内閣の助言と承認】〕

4．天皇は、憲法第一章中の第一一条、第一二条、第一三条および第一四条に規定されているような、軍事に関する機能を、すべて剥奪されること
〔第一章　天皇　第四条【天皇の機能の限界、天皇の国事行為の委任】〕
5．内閣は、天皇に助言を与え、天皇を補佐するものとすること
〔第一章　天皇　第三条【天皇の国事行為に対する内閣の助言と承認】〕
6．一切の皇室収入は、国庫に繰り入れられ、皇室費は、毎年の予算の中で、立法府によって承認さるべきものとすること
〔第一章　天皇　第八条【皇室の財産授受】〕

最高司令官がさきに列挙した諸改革の実施を日本政府に命令するのは、最後の手段としての場合に限られなければならない。（中略）本文書は、公表されてはならない。日本政府の改革に関する連合国の政策について声明を発表する場合には、日本側自体における前記諸改革の完遂を妨げぬよう、連合国最高司令官との連絡協議がなされなければならない。

2．問題点にたいする考察

ＳＷＮＣＣ―二二八の一番重要な部分である。それはすでに述べたように、「1．結論」で列挙した大日本帝国憲法に規定された天皇制政治の政治構造と政治機構をなぜ否定し、どのように改正すべきかを明確に指摘しているからである。「1．結論」を日本国憲法の「指針」と述べたが、「2．問題

点にたいする考察」は「指針」に肉付けをしたものであり、これを読めば、日本国憲法のデッサンの役割を果たしていることが理解できる。

では、SWNCC―二二八がなぜ日本国憲法のデッサンといえるのか、日本国憲法の各章にそって、それが「2．問題点にたいする考察」（以下「考察」という）で指摘されたことを具体的条項に反映させていることを照合してみたい。

「考察」はまず「日本の現行統治体制は、憲法、皇室典範、憲法を補充する基本的な法律および勅令、並びに事実上法律と同様に遵守されている慣習および慣行に基づいているが、主として以下に述べる欠陥のため、平和的な慣行および政策の発達に適さないことを、露呈した」と指摘しているように、大日本帝国憲法体制そのものを欠陥あるものとして全面的に否定し、日本国民に新たな憲法の作成を促すことを指示する。したがって、幣原内閣の松本烝治国務大臣が中心になって作成し、GHQに提出した憲法改正「松本私案」（本書一九一頁）がマッカーサー・GHQに拒否されたのは当然といえた（後述）。

第一章　天皇

「考察」では、大日本帝国憲法は「戦争を宣言し、講和をなし、条約を締結する権限は天皇の大権であり、これに関しては、議会は、極めて間接的に影響を与えうるにとどまる」と日本の国家主権が天皇にあったことを指摘する。

日本の軍部が「天皇の軍隊」すなわち「皇軍」として、天皇制を利用して軍部強権体制を築いた理由については「4．軍部が政府および議会から独立して行動することを可能にした日本国統治の二元性」というタイトルをつけた項目において、次のように的確に分析している。

すなわち「陸海軍の統帥権、および平時の常備軍の大きさを決定する権能は、天皇の大権に属する、と憲法に定められている」ので、「陸海軍は天皇に対してのみ責任を負い、軍に関する事項については、内閣からも国会からも独立して行動しうることを意味する、と解釈された」。そのため軍は「天皇の承認が得られると、しばしばそれを軍自身の目的に適合するように解釈し、拡張した」と陸海軍が天皇の統帥権を利用しながら、軍部強権体制を築き、軍部主導による戦争政策が遂行されたことを指摘している。

さらに、「参謀総長および軍令部長並びに陸海軍大臣が有している直接天皇に助言しうる権利は、総理大臣は有するが他の閣僚は有していない特権であり、軍の行動の独立にとり不可欠の条件となっていた」と指摘する。そして「陸軍大臣および海軍大臣は、それぞれ、現役にある陸軍大将または陸軍中将、海軍大将または海軍中将でなければならない」という陸海軍大臣の現役武官制によって、軍部が内閣を解散させ、あるいは新内閣の成立を妨害する手段として使われ、軍部が内閣を牛耳る結果をもたらしたことも指摘する。その結果、「日本政府においては、責任が軍当局と文官当局との間に分割されているため、政策決定において軍に不当の力が与えられていることのほか、自発的に誠実に行動したかもしれない文官政府が、その国際的公約を履行することを妨げられたこともしばしばある」と述べている。「自発的に誠実に行動したかもしれない文官政府」とあるのは、柳条湖事件にたいする若槻内閣の不拡大政策を無視した軍部の二重外交によって破綻させられ、その結果、文官の若槻内閣が総辞職を迫られ「第二次幣原外交」が終焉させられた事例（本書八〇頁）を想起した分析である。

さらに「考察」では、「国家権力は、天皇の周囲にいる数少ない個人的助言者達の手に握られ、選挙によって選ばれた、国会における国民の代表者には、立法に対し限られた範囲で監督権限が与えられただけであった」と、天皇側近の内大臣を中心とした皇室グループや元老など、天皇と個人的に接することのできる個人的助言者たちの影響力が国会よりも強かった天皇制ゆえの弊害も指摘している。「考察」は、軍部強権体制、軍部主導の戦時体制をもたらした天皇制の欠陥と弊害を指摘したうえで、最後には「わが政府は、日本人が、天皇制を廃止するか、あるいはより民主主義的な方向にそれを改革することを、奨励支持したいと願うのであるが、天皇制維持の問題は、日本人自身の決定に委ねられなければなるまい」としている。そして、「天皇制が維持されたときも、上に勧告した改革中数多くのもの」が「天皇制のもつ権力と影響力を、著しく弱め」「日本における〔軍と民の〕『二重政治』の復活を阻止し、かつまた国家主義的軍国主義的団体が太平洋における将来の安全を脅かすために天皇を用いることを阻止するための安全装置が、設けられなければならない」としている。そして安全装置として、前述の「結論」の（d）の3から6の文章を列記して「などの諸規定が含まれなければならない」としている。

日本国憲法の「第一章　天皇」の第一条から第八条は、「考察」で指摘した戦前の天皇制の弊害を抜本的に改革しようとする条項になっていることがわかる。

ここで、注目しておきたいのは、日本国憲法に規定された象徴天皇制についての明確な指示がないことである。したがって、戦後の天皇制を象徴天皇制とすることは、マッカーサーの決断によるものであったといえよう。その決断を決定的にしたのは、本書で何度も言及してきた一月二四日の幣原喜重郎との「秘密会談」の結果であったと思われるが、その根拠については次章で述べてみたい。

第二章　戦争の放棄

ＳＷＮＣＣ―二二八には、「日本の非軍国主義化」「日本軍隊の廃止」という文言はあるが、日本国憲法の第九条に相当する日本の戦争放棄、戦力不保持の問題についての具体的提起はない。このことは、一月二四日の幣原とマッカーサーの「秘密会談」において、幣原が日本の「戦争放棄」と「戦力不保持」を発案してマッカーサーに告げ、マッカーサーがそれに共感して同意、二人の間に「秘密合意」が成立した結果、二月四日にマッカーサーが憲法改正の「必須要件」として三原則、いわゆる「マッカーサー・ノート」を秘密裡に提示したことの有力な証拠である。このことは改めて詳しく述べるので（本書三一三頁）ここでは省略する。

第三章　国民の権利及び義務

「考察」では、「日本の国民は、特に過去一五年間においては、事実上、憲法が彼らに保障している人権の多くのものを奪われていた。憲法上の保障に、『法律に定める場合を除き』、あるいは『法律によるに非ずして』という文言による制約が設けられていたために、これらの権利の大幅な侵害を含む法律の制定が可能になった」と述べ、天皇を主権者と定めた大日本帝国憲法においては臣民たる国民の基本的人権がないがしろにされたことを「６．人権保護の規定が不充分なこと」という項目を設けて、改正すべき事項として多面にわたって問題を提起している。具体的には、マッカーサー・ＧＨＱ

が一九四五年一〇月四日の覚書で指令した、言論、思想および信教の自由などの人権を国民に保障することなどであり、同じく一〇月一一日にマッカーサーが新任の挨拶に行った幣原首相に口頭で指示した「人権確保のための五大改革」（婦人解放、労働組合の結成奨励、学校教育の自由主義化、秘密審問司法制度の撤廃、経済制度の民主化）も含まれる。

さらに「日本臣民および日本の統治権の及ぶ範囲内にいるすべての人の双方に対して基本的人権を保障する旨を、憲法の明文で規定することは、民主主義的理念の発達のために健全な条件を作り出すとその重要性を指摘するとともに、「日本の憲法は基本的諸権利の保障について、他の諸憲法に及ばない」として、大日本帝国憲法は日本在住の外国人は基本的人権の保護を受けられないままにしていることを批判している。

日本国憲法の「第三章　国民の権利及び義務」は、基本的人権が「侵すことのできない永久の権利」として保障され、さまざまな個人の自由権を保障する条項が整えられているが、それらは、「考察」における指摘にもとづいて、民政局の憲法草案作成スタッフたちが、後述するように、情熱をこめて書き上げたものである。

第四章　国会

「考察」は「3．国民に対する政府の責任を確保しうる制度の欠如」の項目において、大日本帝国憲法に規定された国会（議会）は、「国民の側の代議制への要求をなだめるという目的」のためにだけ設けられたもので、実際の国家権力は、天皇の周囲にいる数少ない個人的助言者達の手に握られ、軍部と彼らによる中央集権的、独裁的統治機構が強化されていたことを批判する。「新しい総理大臣は、下院（衆議院）の多数党の領袖から自動的に任命されるのでなく」天皇の周囲にいる助言者たちの推薦にもとづいて天皇によって任命され、その総理大臣が、自分の内閣の閣僚を選ぶようになっているので、国会は、閣僚の選考に関与できず、「新しい政府の性格およびその構成は、下院の多数者の意見によってではなく、天皇の周囲にある勢力の均衡によって、決せられた」と民主主義的な代議制度ではなかったことを批判する。

また、宣戦布告や講和、条約締結は「天皇の大権」であり、国会の権限ではなかったこと、また、「天皇も政府も国会の建議に対し答えることを義務づけられていなかった」ことなど、国会が代議制度の機能を有していなかったことを具体例をあげて指摘している。

「考察」は、「国民を代表する立法府の地位は、国会に対しその欲するときに会議を開く権利を与えることにより、また立法府の承認した立法措置――憲法改正を含む――に関しては、政府の他のいかなる機関も暫定的拒否権を有するにすぎないとすることにより、一段と強化されるであろう」と、国会が国権の最高機関となることを明示している。

さらに、「5．貴族院および枢密院の過大な権限」という項目をたて、貴族（華族）と高額納税者の互選、天皇の任命する者からなる特権階級の貴族院が民選の下院（衆議院）と同等の立法権を有する制度を「日本における有産階級および保守的な階級代表者に、立法に関して不当な影響力を与えるものである」と批判する。さらには、議長一名、副議長一名と天皇の任命する終身の顧問官二四名からなる枢密院が、天皇に対する諮問機関として国会を上まわる権限をもちながら、議会または国民に対して責任を負わず、しかも国務全般にわたって重大な影響力を及ぼしていることを指摘し、「現在の姿での枢密院が、健全なる議員内閣制の発達に対して重大な障害となることは、すでに明らかになっている」と厳しく批判した。GHQ民政局の憲法改正草案からは、枢密院も貴族院も削除された。

そして「憲法に次のような新しい諸条項を加えれば、それが一体となって、国民に責任を負う真の代議制の発達が保障されるであろう」とさきの「結論」（a）の1．2．の男女への普通選挙の実施が真の代議制の実現に不可欠であることを指示している。そのために「考察」の最後に、「改革の望ましいもの」として「選挙制度の全面的改革をもたらす措置」が挙げられている。

「考察」に列挙された大日本帝国憲法下の国会、議会の大きく制限された権限にたいして、GHQ民政局の憲法改正草案では、国会が国権の最高機関であり、国の唯一の立法機関であることを明確に位置付けた。

第五章　内閣

大日本帝国憲法下の内閣は、すでに述べたように、内閣総理大臣は天皇の周囲の助言者の推薦者を天皇が任命して決まり、国務大臣は総理大臣が選任したので、内閣は国会ひいては国民に責任を負うようになっていなかった。民主主義的代議制にとって不可決な議員内閣制ではなかった。「考察」には、議会において「大臣は、要点を外した答弁をしたり、『軍事上の秘密』もしくは『外交上の秘密』を理由に、または、『公益に反する』として、全く答弁を拒否することができる」と、内閣が議会にたいして責任をもたず、超然とした存在でもあったことが指摘されている。

さらに「第一章　天皇」のところで紹介したように、陸海軍大臣が現役武官制であったため、軍部が内閣の組閣、総辞職を制する鍵を握っていた。そこから閣僚は文民でなければならないという指示がなされた。同じく「考察」の「天皇は、一切の重要事項につき、内閣の助言にもとづいてのみ行動すること」「内閣は、天皇に助言を与え、天皇を補佐するものとすること」とが象徴天皇制を遂行するうえで不可欠の要件とされた。

こうした大日本帝国憲法の弊害を改正するために、GHQ民政局の憲法改正草案では、行政権の執行機関としての内閣の位置づけと責務を明確にしたのである。

第六章　司法

「考察」では「日本の裁判所が、仮に直接的な政府の圧力にではないとしても、社会的圧力に屈従し、公平なる裁判を行いえなかったことも、はっきりしている」と司法の独立がなかったことを批判している。

憲法改正の指針を提示した「結論」には、特に司法についての指摘はなかったが、GHQ民政局のスタッフには軍服を着た弁護士や法律家が含まれていたので、アメリカの司法制度を参考にして、憲法改正草案の作成をしたと思われる。

第七章　財政

財政については、「結論」の（a）3．4．において予算の問題を重視し、国会中心主義がとられるべきことが指針として提示されている。おなじく（c）1．で「立法府は財政上の措置に関し、専権を有するものとすること」と指示されている。

「考察」は「予算に関するすべての権限を国民を代表する立法府に与えることによって……政府は、国民を代表する立法府の信任を失ったときは、財源がないため、会計年度の終わりに辞職を余儀なくされることになろう」と、内閣が国民に責任をとらざるをえなくなると指摘している。「考察」においても、財政ないし予算のことを重視し、「予算に関するすべての権限を国民を代表する立法府に与えることにより……天皇制のもつ権力と影響力とを、著しく弱めることになろう」と述べ、「結論」の（d）6．にあるように、皇室収入は国庫に入れられ、皇室費の予算も国会によって承認されるべきものとされた。

第八章　地方自治

「考察」では「都道府県の職員は、できる限り多数を、民選するかまたはその地方庁で任命するものとすれば、内務大臣が都道府県知事の任命を行う結果として従来保持していた政治権力を、弱めることになるであろう。同時に、それは、地方における真の代議制の発達を、一段と助長することになろう」と述べ、大日本帝国憲法下には天皇制にもとづく中央集権政治が行われ、地方政治の自治が認められていなかったことを批判し、地方における代議制の発達をはかることの重要性が指摘されている。「考察」の最後に、「日本の統治体制には、結論で明示されたものの他に、改革の望ましいものが数多く存在する。例えば、都道府県議会および市町村議会の強化」と日本国憲法に定められた地方自治の重要さが改めて強調されている。

GHQ民政局行政部にあって日本国憲法の制定にかかわることの大きかったマイロ・E・ラウエル（Milo E. Rowell）が所蔵していた、“TOP SECRET”の貴重な資料が、高柳賢三・大友一郎・田中英夫編著『日本国憲法制定の過程　I　原文と翻訳——連合国総司令部側の記録による』に収録されているが、その中に、憲法草案作成に参加した民政局の主要スタッフが一九四六年二月六日に会合した議事要録が掲載されている。そこに「SWNCC―二二八に従うこと」というタイトルをつけて「SWNCC―二二八は、拘束力のある文書として取り扱われるべきである。各小委員会の長は、その小委員会の提案がこの文書に矛盾しないかどうかをチェックする責任を負うものとする」と明確に書かれている(13)。

そのSWNCC―二二八は、本書で言及した一九四二年八月にアメリカ国務省内に日本研究の専門家や国際関係論の学者を招集して組織された極東班（本書一一五頁）による大日本帝国憲法下の日本の天皇制、軍部強権制、それを支えた日本の政治制度、封建的社会状況などについての膨大で詳細な報告書にもとづいていることがわかる。

したがって、日本国憲法草案はGHQ民政局の若手スタッフが「わずか一週間で作文」したものではなく、相当の期間をかけて、日本の旧制度を根本的に改革することを目標にした研究と検討をつみ重ねた諸結果が集約されて誕生したとみるべきであろう。そのことは、日本国憲法が大日本帝国憲法下の日本の政治・社会構造を改革するために不可欠な理念と条項を結晶集約したものであり、だからこそ、現実的に有効で切実な憲法として、戦後の日本国民に受容され、長期にわたる自民党政権さらにはアメリカ政府による「改憲」策動を阻止してきたのである。

【註】

(1) 木下道雄『側近日誌』文藝春秋、一九九〇年、七一頁。

(2) 竹前栄治『GHQ』岩波新書、一九八三年、一一六頁。

(3) 草稿は『資料日本占領 1 天皇制』(大月書店、一九九〇年)に、資料181「天皇の人間宣言案」と題して英訳文が収録されている。そのまま詔書になる文章ではない。

(4) 木下道雄、前掲(1)、高橋紘による解説、三四一頁。

(5) 木下道雄、同(1)、二七一頁。

(6) 『資料日本占領 1 天皇制』大月書店、一九九〇年、五三〇頁。

(7) 木下道雄、前掲(1)、高橋紘による解説、三三八頁。

(8) 「元学習院長・山梨勝之進日記 人間宣言の経過、新史料 GHQとの接触、克明に」(『毎日新聞』二〇二〇年、一月六日)。

(9) 西修『日本国憲法成立過程の研究』成文堂、二〇〇四年、三二頁。

(10) 憲法改正をめぐる極東委員会とマッカーサー・GHQとの確執については、西修、前掲(9)を参照した。

(11) SWNCC—二二八が日本国憲法の骨格となったことについては、高柳賢三・大友一郎・田中英夫編著『日本国憲法制定の過程 II 解説——連合国総司令部側の記録による』(有斐閣、一九七二年)に全面的に依拠している。なお、原秀成『日本国憲法制定の系譜 II 戦後米国で』(日本評論社、二〇〇五年)も「第8章 最終決定した『SWNCC228』」において、同文書が日本国憲法の基本になったことを検証しているが、本書は筆者の問題意識にもとづいて分析した。

⑿　高柳賢三・大友一郎・田中英夫編著、同⑾、四一七頁。SWNCC―二二八は、英語原文と訳文が、同書の〔参考資料1〕（四一三～四三七頁）に収録されている。

⒀　高柳賢三・大友一郎・田中英夫編著、同⑾、一三一頁。

第7章　マッカーサーとの「秘密会談」における幣原の憲法九条発案と「秘密合意」

1　幣原喜重郎の「遺言」を聞き取った「平野文書」

幣原喜重郎が読売新聞社の希望に応じて五〇年間におよんだ外交生活を回顧して口述し、それを同社記者が筆記して、一九五〇年九月五日から一一月一四日にかけ六一回にわたって『読売新聞』朝刊に連載された「外交五十年」[1]が、五一年四月、読売新聞社から単行本として発行された。同書の序文は、昭和二六（一九五一）年三月二日付となっているが、幣原はその八日後の三月一〇日に心筋梗塞で急逝した。享年七八歳。

同書は「第一部　外交五十年」と「第二部　回想の人物・時代」とからなるが、幣原が本篇といった第一部の最後の部分に「軍備全廃の決意」というタイトルで、幣原が「軍備全廃」を「誰からも強いられたものではなく」彼自身が発案するにいたった思いが率直に語られている。本書第2章の、「憲法九条の原点となった八月一五日の体験」(本書九七頁)の箇所で引用した。ところが、同書の回顧はそこまでで終わって、マッカーサーとの「秘密会談」と「秘密合意」についての言及は止めている。「本篇、公人としての私の回顧の記録は、ここで一応打切ることとする。(中略)引続き現在に至るまで公人生活を続けているが、回顧談としては余りに生々しいので、それを後の機会に譲ることとし、以下本文に漏れた数篇を、余談として追加する」と記して、終わりにしたのである。[2]

この第一部の付記のかたちで書いた文章は、新聞連載ではなく、本として出版するための「序文」を書いたころのものと思われるが、公表された『外交五十年』には、「回顧談としては余りに生々しいので」と語らなかった。これからとりあげる平野三郎が幣原から聞き取りをしてまとめた「平野文書」には「後の機会に譲ることとし」と述べた内容が語られている。その意味で、「平野文書」は『外交五十年』の事実上の「最終章」となっているともいえる。

幣原が一九四九年二月に衆議院議長に就任したとき、衆議院議員として幣原衆議院議長の秘書役をつとめた平野三郎が、一九五一年二月下旬に世田谷区岡本にあった幣原邸を訪れて二時間ほど、「戦争放棄条項や天皇の地位について日頃疑問に思っていた点を中心にお尋ねし、それについて幣原先生にお答え願った」ことをメモに作成し、そのメモのうち、「これらの条項の生まれた事情に関する部分を整理して」『幣原先生から聴取した戦争放棄条項等の生まれた事情について』と題して憲法調査会へ提出したのである。[3]

「平野文書」が重要なのは、「口外しないように」との条件で、幣原が直接、憲法九条についてマッカーサーと「秘密会談」し、「秘密合意」に達したことを、平野三郎の質問に直接答えた唯一の記録であるからである。それも、幣原が急逝する二週間ほど前の聞き取りである。人は、自分の死期を予感することがある、と経験的に言われていることであるが、幣原にもそれが当てはまり、聞き取りに訪ねてきた平野にたいして「これが最後の機会となるかも知れない」という予感からか「口外しない」という条件をつけて「遺言」のように、胸に秘めていたマッカーサーとの「秘密会談」と「秘密合意」について、思いのたけを語ったと思われる。

平野三郎には著書『平和憲法の水源――昭和天皇の決断(4)』があるので、その「著者略歴」から、簡単に人物を紹介しておきたい。

一九一二（明治四五）年岐阜県郡上八幡町で生まれ、東京高等師範学校附属中学校を卒業、慶応義塾大学に進学するも、治安維持法違反により中退、一九四〇年に召集されて日中戦争に従軍、敗戦後一年間捕虜生活を経て帰還、一九四七年に郡上八幡町長となり、一九四九年に衆議院議員初当選する。このとき、衆議院議長の幣原の秘書役をつとめた。衆議院議員を五期つとめた後、一九六六年から岐阜県知事を三期つとめている。衆議院では一九五五年に自由党と日本民主党の保守合同で結成された自由民主党に所属し、農林政務次官、衆院厚生委員長、自由民主党政調副会長などを歴任している。

自由民主党の幹部を歴任した平野三郎が、一九六四年二月、幣原の死後、十数年を経て、「幣原先生から口外しないようにいわれたのであるが、昨今の憲法制定の経緯に関する論議の状況にかんがみてあえて公にすることにしたのである」と聞き書き資料を憲法調査会事務局へ「平野文書」として提出したのは、当時、日本国憲法制定の経緯をめぐる議論が活発におこなわれていたからである。一九五四年に岸信介を会長とする自由党憲法調査会が設けられ、大日本帝国憲法への復帰を志向する憲法改正の動きが強まり、岸信介内閣は一九五七年に憲法調査会（高柳賢三会長）を発足させ、当初は改憲案の作成をめざした。それが、高柳賢三会長のもとで、日本国憲法制定経過の調査をおこなうように変化し、明文改憲を主張した強硬派の主張も後退するなかで、一九六四年七月に提出された報告書は、憲法改正賛成と反対の意見を併記されたものとなり、憲法調査会も六五年六月に廃止されたのである。

「平野文書」について、本書では、幣原が生前、マッカーサーとの「秘密会談」と「秘密合意」について、詳細に、かつ具体的に語った唯一の資料として重視する。それは、「平野文書」の第一部は平野の「質問」が書かれ、つぎに幣原の「応答」が書かれており、歴史学でいう「聞き書き」「聞き取り」の方法をとっている。現在は「オーラル・ヒストリー」「オーラル・ドキュメント」ともいうが、歴史学の資料収集の手段として認められている。当時は、今日のようにテープに録音する方法は普及していなかったから、聞き手が話し手の話のメモをとり、それを後で文章にするというのが普通であった。当時の新聞記者のインタビュー記事はそのようにして書かれていた。もっとも、メモを見ての記憶にもとづく原稿起こしであったから、幣原が話したとおりの言葉そのままの再現は不可能であったが、話した趣旨がきちんと記録されていれば記録資料として認められる。

しかし「平野文書」の第二部は「先生の世界観で記憶に残るものを加えて、当日伺った戦争放棄条項の生まれた事情を一文にまとめたものである」が、「質問」と「応答」という形式ではなく、平野が幣原の言説を一文にまとめているので、幣原の思想であることは分かるが、「聞き書き資料」「オーラル・ドキュメント」としてはそのままストレートには利用できない。

「平野文書」の信憑性を否定する論稿も多く書かれ、平野の「捏造」「偽造」とまで論難しているものもある。(5) これから「平野文書」を引用しながら、歴史経過を述べていくが、一番重要なのは、幣原が語っていることが、本書で叙述する歴史事実の経緯に符合し、矛盾していないことである。否定論者が「捏造」「偽造」と否定するが、幣原でなければ知らない、語れない事実が述べられている。平野三郎が「これだけたくさんの嘘を書いた」と断定するのは無理である。そもそもあったことを「無かった」と虚偽に否定することは簡単であるが、無かったことを詳細かつ具体的に「あった」と書くことは不可能である。「虚言」であれば、事実と照合して検討すれば、事実との不整合や矛盾を容易に発見することができる。ちなみに、筆者は、幣原憲法九条発案を否定する論者が誤っている根拠と理由を指摘することができる。

2 幣原首相はなぜマッカーサーと「秘密会談」をもったか

幣原は一九四六年一月二四日、マッカーサーと「秘密会談」をするつもりで、秘書官と警護官の二人だけを連れて、日比谷の第一生命ビルにあった連合国軍総司令部にマッカーサーを訪問、マッカーサーの執務室で、二人だけで三時間ほど会談をもった。幣原は英語を自由に話せたので通訳をつけず、マッカーサーも部下を同席させなかった。「秘密会談」だったので、記録もされていないが、この時の会談現場の状況は、マッカーサーの部屋に幣原を案内したホイットニーの回想録にリアルに記述されている（本書二八二頁）。そこで二人は憲法九条についての「秘密合意」にいたったのであるが、その「秘密会談」の内容にふれる前に、幣原首相がなぜ、一月二四日に憲法改正問題についてマッカーサーと「秘密会談」をもったのか、幣原の動機を考えておきたい。

幣原は、首相就任以来の激務が七三歳という老躯に耐えられず、一九四五年の年末から年始にかけて風邪をひいた。それに加えて衝撃を受けたのが年明けの一月四日、GHQが下した軍国主義者の公職追放令に幣原内閣の閣僚六人が該当したことであった。そのなかに、幣原内閣が憲法改正問題を委ねた松本烝治国務大臣が含まれていた。松本の戦前の経歴（本書一八一頁）が問われたのだった。公職追放のショックで幣原は風邪を悪化させて急性肺炎になり、重症におちいった。幣原首相は一旦総辞職も考えたが、思いとどまり、吉田外相の采配で、追放命令を受けた閣僚を入れ替えて一月一三日に内閣改造をおこなった。ただし、憲法改正問題に携わっていた松本国務大臣だけは、GHQとの折衝の結果、在任中にかぎって特別に追放猶予を認めてもらった。

この間、吉田茂外相からその知らせをうけたマッカーサーが、主治医の軍医を幣原邸に派遣し、日本では貴重品だったペニシリンを投与したので、幣原はやがて回復に向かうようになった。

天皇は、天皇制の存廃問題の鍵を握っているのが憲法改正だと考え、既述のように、大日本帝国憲法の改正を最初に口にしたのは天皇であった。さらに、一月七日に松本国務大臣が参内して直接天皇に「松本私案」を提示して、解説をしたときに、天皇が佐々木惣一が執筆した「帝国憲法改正の必要」と「松本私案」よりは民主的であった「憲法改正の条項」を参考文献として研究するようにと渡したのは（本書一九二頁）は、天皇も「松本私案」では総司令部に受け入れられないことを懸念していたからであろう。このような天皇の意向が伝えられ、察知した幣原首相は、内閣改造後、憲法改正問題に積極的に取り組む決心を固めたと思われる。
さらに、前述したマッカーサーが連合国極東委員会の動向と関連させて、憲法改正を急いでいることを吉田外相などをとおして知っていたことがある。体力も回復して本格的に活動を開始した幣原首相が、吉田外相にマッカーサーと日程を調整させて、一月二四日に「秘密会談」をもったのには、以上のような経緯があった。

3　聞き書き資料「平野文書」

聞き書き資料としての「平野文書」の紹介に入るが、分かりやすくするために〈　〉にタイトルをつけて整理し、省略や質疑応答の前後を入れ替えたところもある。〔　〕は筆者のコメントである。

〈憲法九条は長い間考えた末の最終的な結論〉

平野　かねがね先生にお尋ねしたいと思っていましたが、幸い今日はお閑のようですから是非うけたまわり度いと存じます。

実は憲法のことですが、私には第九条の意味がよく分りません。あれは現在占領下の暫定的な規定ですか、それなら了解できますが、そうすると何れ独立の暁には当然憲法の再改正をすることになる訳ですか。

幣原 いや、そうではない。あれは一時的なものではなく、長い間僕が考えた末の最終的な結論というようなものだ。

〈原子爆弾の登場により軍備全廃が人類の課題に〉

平野 そうしますと一体どういうことになるのですか。軍隊のない丸裸のところへ敵が攻めてきたら、どうするという訳なのですか。

幣原 それは死中に活〔を求める〕だよ。一口に言えばそういうことになる。

平野 死中に活と言いますと……

幣原 たしかに今までの常識ではこれはおかしいことだ。しかし原子爆弾というものが出来た以上、世界の事情は根本的に変わって終ったと僕は思う。何故ならこの兵器は今後更に幾十倍幾百倍と発達するだろうからだ。恐らく次の戦争は短時間のうちに交戦国の大小都市が悉く灰燼に帰して終うことになるだろう。そうなれば世界は真剣に戦争をやめることを考えなければならない。そして戦争をやめるには武器を持たないことが一番の保証になる。

平野 しかし日本だけがやめても仕様がないのではありませんか。

幣原 そうだ。世界中がやめなければ、ほんとうの平和は実現できない。しかし実際問題として世界中が武器を持たないという真空状態を考えることはできない。

それについては僕の考えを少し話さなければならないが、僕は世界は結局一つにならなければならないと思う。つまり世界政府だ。世界政府と言っても、凡ての国がその主権を捨てて一つの政府の傘下に集るようなことは空想だろう。だが何らかの形における世界の連合方式というものが絶対に必要になる。何故なら、世界政府とまでは行かなくとも、少くとも各国の交戦権を制限し得る集中した武力がなければ世界の平和は保たれないからである。凡そ人間と人間、国家と国家の間の紛争は最後は腕づくで解決する外はないのだから、どうしても武力は必要である。しかしその武力は一個に統一されなければならない。二個以上の武力が存在し、その間に争いが発生する場合、一応は平和的交渉が行われるが、交渉の背後に武力が控えている以上、結局は武力が行使されるか、少なくとも武力が威嚇手段として行使される。したがって勝利を得んがためには、武力を強化しなければならなくなり、かくて二個以上の武力間には無限の軍拡競争が展開され遂には武力衝突を引き起こす。すなわち戦争をなくするための基本的条件は武力の統一であって、例えば或る協定の下で軍縮が達成され、その協定を有効ならしむるために必要な国々が進んで且つ誠意をもってそれに参加している状態、この条件の下で各国の軍備が国内治安を保つに必要な警察力の程度にまで縮小され、国際的に管理された武力が存在し、それに反対して結束するかも知れない如何なる武力の組み合せよりも強力である、というような世界である。

要するに世界平和を可能にする姿は、何らかの国際的機関がやがて世界同盟とでも言うべきものに発展し、その同盟が国際的に統一された武力を所有して世界警察としての行為を行う外はない。このことは理論的には昔から分かっていたことであるが、今まではやれなかった。しかし原子爆弾というものが出現した以上、いよいよこの理論を現実に移す秋がきたと僕は信じた訳だ。

平野　それは誠に結構な理想ですが、そのような大問題は大国同志が国際的に話し合って決めることで、日本のような敗戦国がそんな偉そうなことを言ってみたところでどうにもならぬのではないですか。

幣原　そこだよ、君。負けた国が負けたからそういうことを言うと人は言うだろう。君の言う通り、正にそうだ。しかし負けた日本だからこそ出来ることなのだ。

恐らく世界にはもう大戦争はあるまい。勿論、戦争の危険は今後むしろ増大すると思われるが、原子爆弾という異常に発達した武器が、戦争そのものを抑制するからである。第二次大戦が人類が全滅を避けて戦うことのできた最後の機会になると僕は思う。如何に各国がその権利の発展を理想として叫び合ったところで、第三次世界大戦が相互の破滅を意味するならば、いかなる理想主義も人類の生存には優先しないことを各国とも理解するからである。

したがって各国はそれぞれ世界同盟の中へ溶け込む外はないが、そこで問題はどのような方法と時間を通じて世界がその最後の理想に到達するかということにある。人類は有史以来最大の危機を通過する訳だが、その間どんなことが起るか、それはほとんど予想できない難しい問題だが、唯一つ断言できることは、その成否は一に軍縮にかかっているということだ。若しも有効な軍縮協定ができなければ戦争は必然に起るだろう。既に言った通り、軍拡競争というものは際限のない悪循環を繰り返すからだ。常に相手より少しでも優越した状態に己れを位置しない限り安心できない。この心理は果てしなく拡がって行き何時かは破綻が起る。すなわち協定なき世界は静かな戦争という状態であり、それは嵐の前の静けさでしかなく、その静けさがどれだけ持ちこたえるかは結局時間の問題に過ぎないと言う恐るべき不安状態の連続になるのである。

〔幣原が戦争放棄と戦力不保持の憲法九条を発案し、マッカーサーに提案した最大の理由は、アメリカが原子爆弾を開発して広島と長崎に投下、その惨状を知ったことである。もしも第三次世界大戦がおこり、敵対国が相互に原子爆弾を使用すれば、人類は滅亡するという危機意識にあったことがわかる。その意味で憲法九条の理念は、現在のように核兵器保有国が増え、すでに人類を絶滅させるに十分な核兵器が製造、配備され、さらに核軍拡競争が歯止めなくつづいている現在の世界においてこそ必要とされているのである。〕

〈軍縮を可能にする突破口として日本が自発的戦争放棄国になる〉

幣原　そこで軍縮は可能か、どのようにして軍縮をするかということだが、僕は軍縮の困難さを身をもって体験してきた。世の中に軍縮ほど難しいものはない。交渉に当たる者に与えられる任務は如何にして相手を偽瞞するかにある。国家というものは極端なエゴイストであって、そのエゴイズムが最も狡猾で悪らつな狐狸となることを交渉者に要求する。軍縮交渉とは形を変えた戦争である。平和の名をもってする別個の戦争であって、円満な合意に達する可能性などは初めからないものなのだ。

原子爆弾が登場した以上、次の戦争が何を意味するか、各国とも分るから、軍縮交渉は行われるだろう。だが交渉の行われている合間にも各国はその兵器の増強に狂奔するだろう。原子爆弾は世界中に拡がり、終りには大変なことになり、遂には身動きもできないような瀬戸際に追いつめられるだろう。

そのような瀬戸際に追いつめられても各国はなお異口同音に言うだろう。軍拡競争は一刻も早く止めなければならぬ。それは分っている。分ってはいるがどうしたらいいのだ。自衛のためには力が必要だ。相手がやることは自分もやらねばならぬ。相手が持つものは自分も持たねばならぬ。その結果がどうなるか。そんなことは分らない。自分だけではない。誰にも分らないことである。とにかく自分は自分の言うべきことを言っているより仕方はないのだ。責任は自分にはない。どんなことが起ろうと、責任は凡て相手方にあるのだ。果てしない堂々巡りである。誰にも手のつけられないどうしようもないことである。集団自殺の先陣争いと知りつつも、一歩でも前へ出ずにはいられない鼠の大群と似た光景——それが軍拡競争の果ての姿であろう。

要するに軍縮は不可能である。絶望とはこのことであろう。唯もし軍縮を可能にする方法があるとすれば一つだけ道がある。それは世界が一せいに一切の軍備を廃止することである。一、二、三、の掛声もろとも凡ての国が兵器を海に投ずるならば、忽ち軍縮は完成するだろう。勿論不可能である。それが不可能なら不可能なのだ。

ここまで考えを進めてきた時に、第九条というものが思い浮かんだのである。そうだ。もし誰かが自発的に武器を捨てるとしたら——。

最初それは脳裏をかすめたひらめきのようなものだった。次の瞬間、直ぐ僕は思い直した。自分は何を考えようとしているのだ。相手はピストルを持っている。その前に裸のからだをさらそうと言う。何と言う馬鹿げたことだ。恐ろしいことだ。自分はどうかしたのではないか。若しこんなことを人前で言ったら、幣原は気が狂ったと言われるだろう。正に狂気の沙汰である。

しかしそのひらめきは僕の頭の中でとまらなかった。どう考えてみても、これは誰かがやらなければならないことである。恐らくあのとき僕を決心させたものは僕の一生のさまざまな体験ではなかったかと思う。何のために戦争に反対し、何のために命を賭けて平和を守ろうとしてきたのか。今だ。今こそ平和だ。今こそ平和のために起つ秋ではないか。そのために生きてきたのではなかったか。そして僕は平和の鍵を握っていたのだ。何か僕は天命をさずかったような気がしていた。

非武装宣言ということは、従来の観念からすれば全く狂気の沙汰である。だが今では正気の沙汰とは何かということである。武装宣言が正気の沙汰か。それこそ狂気の沙汰だという結論は、考えに考え抜いた結果もう出ている。

要するに世界は一人の狂人を必要としているということである。何人かが自ら買って出て狂人とならない限り、世界は軍拡競争の蟻地獄から抜け出すことができないのである。これは素晴らしい狂人である。世界史の扉を開く狂人である。その歴史的使命を日本が果たすのだ。

日本民族は幾世紀もの間戦争に勝ち続け、最も戦斗的に戦いを追求する神の民族と信じてきた。神の信条は武力である。その神は今や一挙に下界に墜落した訳だが、僕は第九条によって日本民族は依然として神の民族だと思う。何故なら武力は神でなくなったからである。神でないばかりか、原子爆弾という武力は悪魔である。日本人はその悪魔を投げ捨てることに依て再び神の民族になるのだ。すなわち日本はこの神の声を世界に宣言するのだ。それが歴史の大道である。悠々とこの大道を行けばよい。死中に活というのはその意味である。

〔幣原は憲法九条を発案するにいたった思いを、熱く語っている。「僕を決心させたものは僕の一生のさまざまな体験ではなかったかと思う」と述べているように、本書の第1章に詳述した「幣原外交」として取り組んだワシントン会議とロンドン会議における海軍軍縮交渉の苦渋の体験もふくめ、戦争に反対してきた幣原の外交官人生の集大成として「平和のため」の憲法九条の構想にたどりついたということである。さらに「何か僕は天命をさずかったような気がしていた」というのは、本書第2章に「憲法九条の原点となった八月一五日の体験」（本書九九頁）に紹介したように、幣原が感じた「一種の魔力」「見えざる力」と共通するものである。それらは、日中戦争、アジア太平洋戦争で悲惨で非業な犠牲を強いられた内外の民衆の怨念の力ではなかったかと筆者には思われる。幣原は「原子爆弾という武力は悪魔である。日本人はその悪魔を投げ捨てることに依て再び神の民族になるのだ」と思いを語った。それから七〇余年を経た二〇一九年一一月二四日、フランシスコ・ローマ教皇が被爆地の長崎、広島を訪れ、長崎における講演で核兵器の製造や維持、改良を進める軍拡競争を「途方もないテロ行為」と強い表現で非難したが、幣原の思いはそれに通じるものがある。

幣原の憲法九条に託した思いは、地球から核兵器を全廃する道を拓くために日本が「世界史の扉を開く狂人」となって非武装宣言して、それが先駆けとなって核保有国の核非武装宣言すなわち核兵器廃棄につなげることにあった。」

〈天皇の人間化と戦争放棄を同時に提案〉

平野　そうしますと憲法〔第九条〕は先生の独自の御判断で出来たものですか。一般に信じられているところは、マッカーサー元帥の命令の結果ということになっています。尤も草案は勧告という形で日本に提示された訳ですが、あの勧告に従わなければ天皇の身体を保証できないという恫喝があったのですから事実上命令に外ならなかったと思いますが。

幣原　そのことは此処だけの話にして置いて貰わねばならないが、実はあの年（昭和二十年）の暮から正月にかけ僕は風邪をひいて寝込んだ。僕が決心をしたのはその時である。それに僕には天皇制を維持するという重大な使命があった。元来、第九条のようなことを日本側から言いだすようなことは出来るものではない。まして天皇の問題に至っては尚更である。この二つに密接にからみあっていた。実に重大な段階にあった。

幸いマッカーサーは天皇制を存続する気持を持っていた。本国からもその線の命令があり、アメリカの肚は決っていた。ところがアメリカにとって厄介な問題が起った。それは豪州やニュージーランドなどが、天皇の問題に関してはソ連に同調する気配を示したことである。これらの国々は日本を極度に恐れていた。日本が再軍備をしたら大変である。戦争中の日本軍の行動は余りに彼らの心胆を寒からしめたから無理もないことであった。殊に彼らに与えていた印象は、天皇と戦争の不可分とも言うべき関係であった。日本人は天皇のためなら平気で死んで行く。恐るべきは「皇軍」である。という訳で、これらの国々はソ連への同調によって、対日理事会の票決ではアメリカは孤立化する恐れがあった。

この情勢の中で、天皇の人間化と戦争放棄を同時に提案することを僕は考えた訳である。

豪州その他の国々は日本の再軍備を恐れるのであって、天皇制そのものを問題にしている訳ではない。故に戦争が放棄された上で、単に名目的に天皇が存続するだけなら、戦争の権化としての天皇は消滅するから、彼らの対象とする天皇制は廃止されたと同然である。もともとアメリカ側である豪州その他の諸国は、この案ならばアメリカと歩調を揃え、逆にソ連を孤立させることが出来る。

この構想は天皇制を存続すると共に第九条を実現する言わば一石二鳥の名案である。尤も天皇制存続と言ってもシムボルということになった訳だが、僕はもともと天皇はそうあるべきものと思っていた。元来天皇は権力の座になかったのであり、又なかったからこそ続いてきたのだ。もし天皇が権力を持ったら、何かの失政があった場合、当然責任問題が起って倒れる。世襲制度である以上、常に偉人ばかりとは限らない。日の丸は日本の象徴であるが、天皇は日の丸の旗を護持する神主のようなものであって、むしろそれが天皇本来の昔に還ったものであり、その方が天皇のためにも日本のためにもよいと僕は思う。

この考えは僕だけではなかったが、国体に触れることだから、仮にも日本側からこんなことを口にすることは出来なかった。憲法は押しつけられたという形をとった訳であるが、当時の実情としてそういう形でなかったら実際に出来ることではなかった。

そこで僕はマッカーサーに進言し、命令として出して貰うように決心したのだが、これは実に重大なことであって、一歩誤れば首相自らが国体と祖国の命運を売り渡す国賊行為の汚名を覚悟しなければならぬ。松本君にさえも打明けることの出来ないことである。したがって誰にも気づかれないようにマッカーサーに会わねばならぬ。

幸い僕の風邪は肺炎ということで元帥からペニシリンというアメリカの新薬を貰いそれによって全快した。そのお礼ということで僕が元帥を訪問したのである。それは昭和二十一年の一月二十四日である。その日、僕は元帥と二人切りで長い時間話し込んだ。すべてはそこで決まった訳だ。

〈第九条は日本の安全のためにも必要〉

平野　お話の通りやがて世界はそうなると思いますが、それは遠い将来のことでしょう。しかしその日が来るまではどうする訳ですか。目下の処は差当り問題ないとしても、他日独立した場合、敵が口実を設けて侵略してきたらです。

幣原　その場合でもこの精神を貫くべきだと僕は信じている。そうでなければ今までの戦争の歴史を繰り返すだけである。しかも次の戦争は今までとは訳が違う。

僕は第九条を堅持することが日本の安全のためにも必要だと思う。勿論軍隊を持たないと言っても警察は別である。警察のない社会は考えられない。殊に世界の一員として将来世界警察への分担責任は当然負わなければならない。しかし強大な武力と対抗する陸海空軍というものは有害無益だ。僕は我国の自衛は徹頭徹尾正義の力でなければならないと思う。その正義とは日本だけの主観的な独断ではなく、世界の公平な与論に依って裏付けされたものでなければならない。そうした与論が国際的に形成されるように必ずなるだろう。何故なら世界の秩序を維持する必要があるからである。若し或る国が日本を侵略しようとする。そのことが世界の秩序を破壊する恐れがあるとすれば、それに依て脅威を受ける第三国は黙ってはいない。その第三国との特定の保護条約の有無にかかわらず、その第三国は当然日本の安全のために必要な努力をするだろう。要するにこれからは世界的視野に立った外交の力に依て我国の安全を護るべきで、だからこそ死中に活があるという訳だ。

〈日本が自発的戦争放棄国となり世界史的任務を受け持つ〉

平野　〔秘密合意について〕元帥は簡単に承知したのですか。

幣原　マッカーサーは非常に困った立場にいたが、僕の案は元帥の立場を打開するものだから、渡りに舟というか、話はうまく行った訳だ。しかし第九条の永久的な規定ということには彼も驚ろいていたようであった。僕としても軍人である彼が直ぐには賛成しまいと思ったので、その意味のことを初めに言ったが、賢明な元帥は最後には非常に理解して感激した面持ちで僕に握手した程であった。

元帥が躊躇した大きな理由は、アメリカの戦略に対する将来の考慮と、共産主義者に対する影響の二点であった。それについて僕は〔マッカーサーに〕言った。

日米親善は必ずしも軍事一体化ではない。日本がアメリカの尖兵となることが果たしてアメリカのためであろうか。原子爆弾はやがて他国にも波及するだろう。次の戦争は想像に絶する。世界は亡びるかも知れない。世界が亡びればアメリカも亡びる。問題は今やアメリカでもロシアでも日本でもない。問題は世界である。いかにして世界の運命を切り拓くかである。

好むと好まざるにかかわらず、世界は一つの世界に向って進む外はない。来るべき戦争の終着駅は破滅的悲劇でしかないからである。その悲劇を救う唯一の手段は軍縮であるが、ほとんど不可能とも言うべき軍縮を可能にする突破口は自発的戦争放棄国の出現を期待する以外ないであろう。同時にそのような戦争放棄国の出現も亦ほとんど空想に近いが、幸か不幸か、日本は今その役割を果たし得る位置にある。歴史の偶然はたまたま日本に世界史的任務を受け持つ機会を与えたのである。貴下〔マッカーサー〕さえ賛成するなら、現段階に於ける日本の戦争放棄は、対外的にも対内的にも承認される可能性がある。歴史のこの偶然を今こそ利用する秋である。そして日本をして自主的に行動させることが世界を救い、したがってアメリカをも救う唯一の道ではないか。

〈世界の共通の敵は戦争それ自体である〉

幣原　また日本の戦争放棄が共産主義者に有利な口実を与えるという危険は実際あり得る。しかしより大きな危険から遠ざかる方が大切であろう。世界はここ当分資本主義と共産主義の宿敵の対立を続けるだろうが、イデオロギーは絶対的に不動のものではない。それを不動のものと考えることが世界を混乱させるのである。未来を約束するものは、絶えず新しい思想に向って創造発展して行く道だけである。共産主義者は今のところはまだマルクスとレーニンの主義を絶対的真理であるかの如く考えているが、そのような論理や予言はやがて歴史の彼方に埋没して終うだろう。現にアメリカの資本主義が共産主義者の理論的攻撃にもかかわらずいささかの動揺も示さないのは、資本主義がそうした理論に先行して自ら創造発展せしめたからである。それと同様に共産主義のイデオロギーも何れ全く変貌して終うだろう。何れにせよ、本当の敵はロシアでも共産主義でもない。このことはやがてロシア人も気づくだろう。彼らの敵もアメリカではなく資本主義でもないのである。世界の共通の敵は戦争それ自体である。

〈地球憲法第九条へ〉「世界の共通の敵は戦争それ自体」で終わる幣原の語りは、憲法九条にこめた世界へのメッセージという内容になっている。それは、原子爆弾の製造、保有がアメリカだけでなく、他国にも広がり、核戦争になれば、アメリカも亡びる運命になるという警告である。さらに幣原の先見の明といえるが、当時強まりつつあった資本主義陣営と社会主義（共産主義）陣営のイデオロギー対立を表面化させた冷戦体制もやがては共産主義イデオロギーの全くの変貌によって崩壊することを予見し、最終的には戦争、核戦争が「世界共通の敵」になるという指摘である。その世界核戦争を防止し、人類を滅亡から救うための唯一の道が、核兵器の全面禁止であり、その先駆となるのが、憲法九条による日本の軍備全廃であるというメッセージである。

幣原が憲法九条にこめた核兵器廃絶の世界へのメッセージは、人類にとってますます重要な意味をもってきている。オハイオ大学名誉教授のチャールズ・オーバビー氏が、湾岸戦争終結直後の一九九一年三月に「第９条の会」をアメリカに設立し、『地球憲法第九条（A CALL FOR PEACE The Implications of Japan's War-Renouncing Constitution）』（国弘正雄訳、講談社、一九九七年）を出版し、「日本国憲法第九条」を世界中の人々に伝える運動を展開しているのはその一つである。

これから紹介するように、マッカーサーも、幣原喜重郎が亡くなってから公然と、幣原が憲法九条をマッカーサーに提案したことを話すようになったが、その中で、幣原がマッカーサーに向かって「世界はわれわれを嘲笑し、非現実的な空想家であるといって、ばかにすることでしょうけれども、今から百年後には、われわれは予言者とよばれるに至るでありましょう」と語ったと述べている。

幣原が憲法九条に託した平和思想は、現在の日本では、たとえばケン・ジョセフ・ジュニア、荒井潤『KENが「日本は特別な国」っていうんだけど……　憲法シミュレーションノベル』(トランスワールドジャパン、二〇一七年)に紹介されている「平野文書をユネスコ世界記憶遺産」に登録して「シデハラさんを世界に知らせよう」という運動に継承されてきている。

さらに重要なのは、二〇一七年七月の国連で「核兵器禁止条約」が一二二カ国の賛成で採択されたことである。二〇一九年現在で、批准国三三カ国に達している(禁止条約の発効には五〇カ国の批准が必要)。二〇一七年度のノーベル平和賞には、核兵器禁止条約の国連での採択に大きな役割を果たした国際NGOネットワーク「ICAN」(核兵器廃絶国際キャンペーン)が選ばれた。しかし、「唯一の被爆国」日本の安倍晋三政府は「アメリカの核の傘」の必要を理由にして、条約に反対したのである。

世界の歴史の流れは、幣原が「今から百年後には、われわれは予言者とよばれるに至るでありましょう」と語ったとおり、憲法九条にこめられた核兵器廃絶の平和思想が紆余曲折を経ながらも現実味を帯びてきていることを証明している。」

（1）象徴天皇制と憲法九条をセットにする

平野が幣原への質問において幣原内閣がＧＨＱの憲法改正草案の「あの勧告に従わなければ天皇の身体を保証できないという恫喝があったのですから事実上命令に外ならなかった」と述べた「あの勧告」とは一九四六年二月一三日にＧＨＱ民政局長のホイットニーが松本烝治国務大臣と吉田茂外相に憲法改正草案を提示して、これを日本政府案としなければ「天皇の身体の保障をすることができない」と「恫喝」されたと松本烝治が述べたことを受けている。(6)「恫喝」されたというのは、松本の受け取りかたである。後年、松本は幣原喜重郎憲法九条発案を全面的に否定する論陣を張る急先鋒となるが、そのことについては改めて述べる（本書三六五頁）。

ここでは、平野がマッカーサーが憲法改正草案を受け入れなければ「天皇の身体を保証することができない」と「恫喝」して押し付けたのではないかという質問に答えるかたちで幣原がまず「天皇制の維持」のことから話し出したことに注意しておきたい。「平野文書」で幣原が天皇制の維持について語っているのは、この箇所だけであり、ほとんどの部分では、すでに見たように、憲法九条に関連した日本の戦争放棄と戦力不保持、軍備全廃をなぜ自分が決意するにいたったかを語っている。

幣原とマッカーサーの「秘密合意」は象徴天皇制と憲法九条をセットにして憲法改正の柱とすることであったが、塩田潮『最後の御奉公――宰相幣原喜重郎』（文藝春秋）のように、幣原にとって天皇制護持が主で、それを連合国に認めさせるために憲法九条を考えたという論も少なくない。幣原の

「僕には天皇制を維持するという重大な使命があった」という応答もそれを裏付けているように思われるが、幣原が「幸いマッカーサーは天皇制を存続する気持を持っていた。本国からもその線の命令があり、アメリカの肚は決っていた」と語っているように、幣原が動かなくてもマッカーサーとアメリカ政府は天皇制の維持を決めていることを知っていたのである。それは本書で系統的に述べてきたとおりである。幣原の天皇制にたいする考えは、幣原の応答で「天皇は日の丸の旗を護持する神主のようなもの」と語っているようにシムボルとしての天皇で、憲法改正「松本私案」の「天皇は至尊にして侵すべからず」(本書一九一頁)のように天皇を統治権の保持者とする発想とは全く異なるものであった。幣原にとって大日本帝国憲法下の天皇制は、本書の第1章に詳述したように、天皇の統帥権を利用した軍部によって「幣原外交」が挫折させられた苦難の体験があった。

マッカーサーと幣原の「秘密会談」と「秘密合意」のなかで、幣原よりもマッカーサーにとって天皇制の維持がより重要であったことは、幣原の応答で「マッカーサーは非常に困った立場にいた」と語っているように、天皇を利用するために天皇の戦争責任の免責を考えていたマッカーサーにとって、それを他の連合国とくに極東委員会、対日理事会にどう認めさせるか、すくなくとも阻止させないようにするにはどうしたらよいかという問題に直面していたことである。これにたいして幣原が進言した象徴天皇制と憲法九条をセットにした憲法改正案は「元帥の立場を打開」するマッカーサーにとって「渡りに舟」という名案であったので、マッカーサーも感激して「秘密合意」にいたったのである。この幣原とマッカーサーが互いに感激して握手をする場面は、後に紹介するようにマッカーサーの回想でも語られ、記録されていて一致するので、ここにおける「秘密合意」成立の事実を否定することはできまい。

「秘密合意」のうちマッカーサーにとって重要であったのは、象徴天皇制と憲法九条をセットにすれば、他の連合国も天皇制の維持について、強くは反対できないようになる方策を思いついたことである。その結果と思われるが、マッカーサーと幣原との「秘密会談」の翌日の一月二五日付でアイゼンハワー米国陸軍参謀長宛につぎのような「機密緊急」電報を打電した。(7)これは、前年の一〇月一九日付で国務・陸軍・海軍三省調整委員会から、天皇の戦争責任について、証拠を収集し、訴追の是非を統合本部に報告せよと指示された文書（本書二〇一頁）へのマッカーサーの回答であった。さらに差し迫っては、幣原との「秘密会談」の二日前の一月二二日に、総合参謀本部からマッカーサー宛に、ロンドンに設置されている連合国戦争犯罪委員会へ同委員会のオーストラリア代表から、主要犯罪人として天皇裕仁をふくむ六一名の日本の指導者を告発するリストが提出され、平和に対する罪あるいは人道に対する罪で天皇の告発を支持する覚書も含まれているので、オーストラリア提案に従い、天皇ほか六一名の日本人の名簿を作成し、戦争犯罪人として告発すべきか否かについて訓令を待つしだいである、という電報が届けられていたのである。(8)

当地においては、天皇の犯罪を裁判で問う場合に備え、設定された諸制約のもとで調査が進められてきた。過去一〇年間に、程度はさまざまであるにせよ、天皇が日本帝国の政治上の諸決定に関与したことを示す同人の正確な行動については、明白確実な証拠は何も発見されていない。可能なかぎり徹底的に調査を行なった結果、終戦時までの天皇の国事へのかかわり方は、大部分

が受動的なものであり、輔弼者の進言に機械的に応じるだけのものであったという、確かな印象を得ている。（中略）

もしも天皇を裁判に付そうとすれば、占領計画に大いなる変更を加えなければならず、それゆえに、実際の行動が開始される前に、しかるべき準備をしておくべきである。天皇を告発するならば、日本国民の間に必ずや大騒乱を惹き起こし、その影響はどれほど過大視してもしすぎることはなかろう。天皇は、日本国民統合の象徴であり、天皇を排除するならば、日本は瓦解するであろう。実際問題として、すべての日本国民は天皇を国家の社会的象徴として尊敬しており、正否のほどは別として、ポツダム協定は、彼を日本国天皇として擁護することを意図していたと信じている。したがって、もしも連合国が〔それに反した〕措置をとるならば、日本国民は、これを日本史上〔最大の〕……背信行為とみなすであろう。（中略）

そうなれば、近代的な民主主義方式を導入する望みはすべて消え、最終的に軍事支配が終わったとき、自由を奪われた大衆は、おそらく共産主義的路線に沿った何らかの形の厳しい画一的管理を志向するようになるであろう。このような事態は、現在抱えている問題とはまったく異なる占領上の問題を生むことを意味し、占領軍の大幅増強が絶対不可欠となるであろう。最小限にみても、おそらく一〇〇万の軍隊が必要となり、無期限にこれを維持しなければならないであろう。

マッカーサーが幣原との「秘密会談」の翌日に天皇に明確な戦争責任がないという調査結果を報告し、東京裁判にたいして天皇を訴追してはならないことを強く進言したのは、幣原との「秘密会談」

によって、日本の戦争放棄と戦力不保持をセットにした象徴天皇制にすれば、他の連合国も反対できないであろうという、幣原の提案どおりに憲法改正案を作成できるという確信を抱いたからだと裏付けることができる。実際、事はそのように進行したのである。マッカーサーが、日本の占領統治と戦後改革を実施し、いっぽうでは共産主義革命を防止するためにも昭和天皇を利用していたことは、これまで述べてきたとおりである。

(2) なぜ「押しつけられた形」にしなければならなかったか

幣原の応答にあるように、幣原は急性肺炎に倒れ、病臥中に憲法九条を憲法に織りこむことを発案し、それをペニシリンのお礼という口実を設けてマッカーサーを訪れて「秘密会談」をもって、マッカーサーに進言した。その「秘密会談」において、憲法九条に織りこまれることになる内容で二人は意気投合し、それをマッカーサーから「命令として出して貰い」、「押しつけられたという形」をとることにしたのである。これで、憲法九条の発案は幣原かマッカーサーかの結論は明確になったと思うが、幣原が発案したものをマッカーサーの命令によって「押しつけられた形にする」という「秘密合意」が成立したのである。

ここで、幣原が憲法九条と象徴天皇制について、マッカーサー・GHQに「押しつけられた形」でなければ憲法改正の柱とできなかったのか、これは日本国憲法全体についていえることであるが、幣原は「一歩誤れば首相自らが国体と祖国の命運を売り渡す国賊行為の汚名を覚悟しなければならぬ」

といっているが、国体（天皇制）については、幣原内閣で憲法改正案作成を担当していた松本烝治国務大臣が大日本帝国憲法下の天皇制をそのまま継承しようとしていたことからも想像できるように、天皇の政治・軍事権力をいっさい奪うような象徴天皇制を幣原首相が国民に向けて主張できる状況になかったことは、容易に理解できよう。さらに戦争放棄と戦力不保持については、一九四五年一二月一日に陸軍省・海軍省が廃止されるまで幣原内閣の閣僚に下村定陸軍大臣・米内光政海軍大臣がいたのであり、陸海それぞれ第一復員省、第二復員省となっても、旧軍組織はまだ残存して隠然たる勢力を維持しており、幣原のように日本人の首相が戦争と軍隊を全面否定する「戦争放棄」「戦力不保持」を憲法改正条項に入れると宣言すれば、それこそ、旧軍関係者や右翼から「国賊」として糾弾され、テロの対象とされる可能性もあった。本書の終章で、朝鮮戦争勃発にともなう警察予備隊の創設のところで述べるが（本書四一二頁）、旧日本軍の参謀や右翼は、「地下政府」「義勇軍」と称する諜報・謀略機関を組織し、日本の再軍備をめざした非合法活動を展開していたのである。

もし幣原が憲法九条を発案したのであれば、幣原は閣議の場で、「これは僕が発案したと自慢したはずである」という憲法九条幣原発案を否定する論者がいるが、当時の日本の社会状況を知らないからであろう。

ところで、幣原が憲法九条および日本国憲法をGHQに「押しつけられた形にする」という場合は、日本国内の旧軍部や右翼、保守勢力など新憲法に反対する勢力を想定して言っているのであり、いっぽう、マッカーサー・GHQにとっては他の連合国とくに極東委員会にたいして、憲法改正草案はあくまでも日本政府が主体的に憲法改正草案を作成したように見せる必要があった。そこで、幣原は対内と対外を使い分けて、ダブルスタンダードの対応をしたことは、確認しておく必要があるだろう。

(3)憲法九条を「秘密合意」にした理由

幣原はマッカーサーとの「秘密会談」と「秘密合意」について「松本君にさえも打明けることのできないことである」と語り、平野三郎の聞き取りの終わりにも、「なお念のためだが、君も知っている通り、去年金森君からきかれた時も僕が断ったように、このいきさつは僕の胸の中だけに留めておかねばならないことだから、その積りでいてくれ給え」(本書三五二頁)と、平野の質問に答えた内容を口外しないように釘をさしていた。

「松本君」とは幣原内閣の憲法問題調査委員会の委員長として憲法改正案作成を担当している松本烝治国務大臣である。「金森君」とは、金森徳次郎のことで、幣原内閣嘱託として憲法改正案の整備に協力していたが、一九四六年四月二二日の幣原内閣の総辞職にともない、それまで憲法改正問題を担当していた松本国務大臣の後任として、憲法改正案が衆議院に提出される前日の六月一九日に吉田茂内閣の国務大臣に任ぜられ、帝国議会における憲法改正案の審議の際の説明と答弁に活躍し、幣原から信頼されていた人物である。その金森国務大臣から聞かれたにもかかわらず、「秘密合意」については語らなかったのである。もっとも金森は幣原発案と勘づいていたことは後述する(本書三八七頁)。

幣原とマッカーサーには、四六年一月二四日の「秘密会談」において、「戦争放棄」と「戦力不保持」を憲法改正の柱とする合意を得たことを「秘密合意」としなければならない当時の内外事情があった。
ひとつは、アメリカ政府が憲法改正の指針であったSWNCC—二二八を「本文書は、公表されてはならない」(本書二一七頁)としたように、他の連合国にたいして、憲法改正は日本国民が主体的におこなっていると思わせる必要があったからである。いっぽう、日本国民にたいしては、連合国が憲法改正を強制しているという受けとられ方をされないようにする配慮から、[9]マッカーサー・GHQの憲法改正への関与を秘密にする必要があった。このことは、アメリカ政府の「降伏後における合衆国の初期対日方針」(本書一四五頁)において、「合衆国は……自由に表明された国民の意志にそって支持されない政府形態を日本に強要することは、連合国の責任ではない」と、政府形態を決める憲法改正は、「日本国民の意思にそった」体裁をとるよう指示していた。

さらに、マッカーサー・GHQは、連合国の極東委員会が憲法改正に向けた活動をする前に、日本政府すなわち幣原政府が、「主体的に作成した憲法改正草案」を既成事実として終えておく必要に迫られた。「日本政府が主体的に作成した」と極東委員会や他の連合国に思わせるために、GHQ民政局の憲法改正草案の作成は「トップ・シークレット」(本書三一〇頁)とする必要があった。このため、マッカーサーは、幣原内閣が閣議でGHQの憲法改正草案を決定するまで、幣原との「秘密会談」と「秘密合意」について公表しなかったのである。

幣原は、長い外交官生活のなかで、秘密交渉や秘密外交を経験しており、幣原内閣の吉田茂外相がマッカーサーやGHQと頻繁に接触するなかで、本書の第3章から第6章に述べてきたようなアメリカ政府とマッカーサー・GHQの天皇を利用しての日本占領政策、とくに第5章・第6章で明らかにしたような、憲法改正をめぐるアメリカ政府のマッカーサー・GHQにたいする秘密指令についても、天皇と内大臣府が情報を得ていたように、相当程度、知っていたと思われる。そのなかに、マッカーサー・GHQがSWNCC—二二八の指示を受け、連合国極東委員会が公式に活動を開始する以前に、アメリカの意向にそった日本政府に改革するために要となる憲法改正をできるだけ早期に実行させることがあった。

幣原は、マッカーサーが他の連合国、とくにソ連にたいして、さらに直接的には極東委員会、対日理事会にたいして秘密裡に工作しなければならないことも察知していた。したがって、一月二四日のマッカーサー・幣原の「秘密会談」と「秘密合意」についても、外交界のモラルにしたがって、双方あるいは一方に秘密公開の必要が生じるまで秘密を守ろうとしたのである。

(4) 幣原が松本国務大臣に「打明けることのできない」理由

「平野文書」で幣原は「秘密会談」と「秘密合意」について、「松本君にさえも打明けることのできないことである」と言っている。

幣原内閣の憲法問題調査委員会の委員長で、憲法改正「松本私案」を作成した松本烝治国務大臣にさえ「打明けることができない」理由について、幣原が「平野文書」では説明していないことについてふれておきたい。それは、幣原がなぜ閣議で、「松本私案」に反対発言をせず、GHQ民政局の憲法改正草案に同意発言をせず、閣僚によっては「反対」したともとれる発言や態度をとったのか、ということと関係する。

幣原は、松本国務大臣が閣議にはかることもなく直接天皇に提示した「松本私案」（本書一九一頁）を松本から見せられて知っており、これではマッカーサー・総司令部に受け入れられないことは分かっていたと思われる。しかし、「松本私案」はそれまで閣議にかけられることがなかったし、もしかけられたとしても、閣議で幣原が批判し、反対したとすれば、松本国務大臣からの猛烈な反発と攻撃をうけ、閣内意見不統一により幣原内閣は総辞職せざるを得ない状況に追いこまれる可能性があった。それは前述のように、大日本帝国憲法下の内閣では、現在と違って国務大臣の権限が強く、首相の権限は弱かったため、自信家で強引でもあった松本烝治が憲法改正担当の国務大臣として積極的に動いているのを、幣原首相には制御する権限が制度的にはなかったからである（本書一九三頁）。

幣原は「松本私案」の否定を意味する「秘密会談」をおこない、マッカーサーと「秘密合意」に達しながら、そのことを松本国務大臣には秘密にし、ＧＨＱ民政局が提出された「松本私案」を拒否して、「秘密合意」を柱にした憲法改正草案を提示してきたときも、閣議においては知らんふりを装ったのであった（後述）。

事実からすれば、幣原首相は松本国務大臣に「芝居を打った」ことになるが、そうしなければ憲法九条は生まれなかったであろう。

4　マッカーサーの証言による幣原発案の証明

これまで、「平野文書」にもとづいて、幣原喜重郎が四六年一月二四日にマッカーサーと「秘密会談」をもち、憲法改正の柱の憲法九条となる「戦争放棄」「戦力不保持」の「秘密合意」が成立したことと、憲法九条に託した幣原の平和思想について詳述してきた。憲法九条幣原発案を否定する論者は、聞き取り史料（オーラル・ドキュメント）としての「平野文書」の価値を認めないわけであるが、これまで紹介してきた幣原の平和思想は、幣原喜重郎でなければ、語れないものであることは否定しようがあるまい。

「平野文書」にあるように、幣原が憲法九条を発案してマッカーサーに提案した事実は、提案されたマッカーサーが、「秘密会談」と「秘密合意」を公表してよい段階になって、具体的に語るようになり、さらに回想録にも記述したので、幣原の憲法九条発案の事実は両者の証言の符合により証明される。以下にそれらを紹介していきたい。

（1）連合国対日理事会におけるマッカーサー元帥の挨拶

連合国の極東委員会の対日理事会の第一回が一九四六年四月五日、東京の明治生命ビルで開催された。極東委員会が正式に活動を開始し、対日理事会が東京で開催される前に、マッカーサーが連合国に秘密に、日本政府が主体的に憲法改正草案を作成した形にして、幣原内閣に三月六日に発表させたことは改めて述べる（本書三五七頁）。

議長たる連合国軍最高司令官マッカーサーのほか、イギリス連邦代表、中国、ソ連代表が参加した同会の冒頭の挨拶の中で、マッカーサーは憲法九条について、つぎのよう述べた。[10]

> 新しい憲法は自由と民主の線に沿って編成され、日本政府はこれをつぎにくる議会の討議に附する意向である。この新憲法草案は、日本国民の間に広く且つ自由に論議され、この全条項を新聞とラジオを通じて全国民の批判に委せようという傾向が見えている。（中略）
>
> 提案されたこの新憲法の条項はいずれも重要で、その各項、その全部が、ポツダムで表現された所期の目的に貢献するものであるが、私は特に戦争放棄を規定する条項について一言したいと思う。これはある意味においては、日本の戦力崩壊からきた論理的帰結に外ならないが、さらに一歩進んで、国際分野において、戦争に訴える国家の主権を放棄せんとするのである。日本はこれによって、正義と寛容と、社会的ならびに政治的道徳の厳律によって支配される国際集団への信任を表明し、かつ自国の安全をこれに委託したのである。（中略）
>
> 日本政府は、今や国家の政策としての戦争が、完全な失敗であることを知った人民を支配しているのであるが、この日本政府の提案は、事実上人類進化の道程における更にもう一歩の前進、すなわち国家は戦争防止の方法として、相互間に国際社会道徳上、または国際政治道徳上、さら

に進んだ法律を発達させねばならぬということを認めたのである。(中略)
故に私は、戦争放棄の日本の提案を、世界全国民の慎重なる考察のために提供するものである。連合国の安全保障機構は、その意図は賞賛すべきものであり、その目的は偉大かつ高貴であることは疑えないが、しかし日本が、その憲法によって一方的に達成しようと提案するもの、すなわち国家主権の戦争放棄ということを、すべての国家を通じて実現せしめ得るなら、国際連合の機構の永続的な意図と目的とを成就せしむるものであろう。戦争放棄は、同時かつ普遍的でなければならない。それは全部か、しからずんば無である。それは実行によってのみ効果づけられるのである。

右の挨拶で、マッカーサーは「新憲法草案」という言葉をつかい、戦争放棄条項は「日本政府の提案」によることを強調し、日本が「国家主権の戦争放棄」を一方的に達成しようとして提案しているのは、「国際連合の機構の永続的な意図と目的とを成就せしむるものであろう」と意義づけたのである。

この段階でマッカーサーは幣原との「秘密会談」と「秘密合意」は伏して「日本政府の提案」として幣原の発案であることを紹介したのである。後述するように、朝鮮戦争が開始されて以後、マッカーサーは憲法九条は幣原の発案であると明言するようになるが、幣原発案説を否定する論者は、それは、マッカーサーが朝鮮戦争に対応して警察予備隊を発足させ、日本の軍備復活を命令したことを弁明するためであったとするが、右の挨拶のように、朝鮮戦争がまだ予想もされていない(朝鮮半島には北朝鮮も韓国も建国されていない）段階において、憲法九条は日本政府の提案であると間接的ながら幣原発案を公にしていたのである。

（2）米国務省政策立案本部長ジョージ・F・ケナンとの会談

一九四八年三月にアメリカのジョージ・F・ケナン国務省政策立案本部長が来日、東京で数次にわたりマッカーサーと会談をおこなった。中国の国共内戦において、アメリカが東アジア国際秩序の要と位置づけてきた蒋介石国民政府が劣勢となってきた状況に対応して、極東の安全保障体制をどう再構築するかが最大の問題とされた。マッカーサーはソ連がまだ原子爆弾を保有していない段階（ソ連は一九四九年九月に原爆保有を公表）において、沖縄を東アジアにおける核戦力体制の要とし、沖縄に核基地を確保すれば日本本土は非武装でよいと考えていた。そうした「核による平和」戦略にもとづいて、マッカーサーはケナンとの三月五日の会談のなかで、押しつけ憲法論に反対してつぎのような発言をした(11)。

いかなる時でも武力の行使を放棄するという憲法の条項は日本側の発意の結果であって、自分が日本人に押しつけたものではない。戦争の結果は、日本人の心理に深く影響したし、かれらの戦力放棄はおそるべき国民的体験にたいする反応を反映したものである。

このマッカーサーの憲法九条は「日本側の発意の結果」という発言は、幣原との「秘密会談」による「秘密合意」を踏まえていることは容易に推測できよう。「戦力放棄はおそるべき国民的体験にたいする反応を反映したもの」というのも、幣原がマッカーサーとの「秘密会談」においてなぜ自分が「戦力放棄」に思い至ったかを述懐したことを踏まえていると思われる。

ここに、マッカーサー発言を紹介したのは、一九五〇年朝鮮戦争勃発前に憲法九条は「日本側の発意」と明言しているからである。

(3) 米国議会上院軍事・外交合同委員会におけるマッカーサー元帥の証言

朝鮮戦争については、本書の終章で触れるが、一九五〇年六月二五日に朝鮮戦争が勃発すると、国連安保理事会は(ソ連は欠席)、北朝鮮の攻撃を侵略と認め、一六カ国が参加する国連軍を編成して朝鮮戦争に出動させ、最高司令官にマッカーサーが就任した。朝鮮戦争の経緯はここでは省略するが、一九五一年三月、マッカーサーは中国本土攻撃も辞せずと声明して、朝鮮戦争休戦を考えていたトルーマン大統領と意見が対立して、四月一一日に国連軍最高司令官を罷免された。このため、マッカーサーは連合国軍最高司令官の地位も失い、日本を去ることになり、四月一六日に離日してアメリカに帰国した。四月二五日アメリカ議会の上院でマッカーサーの解任が正式に可決された。それと同時に上院の軍事・外交合同委員会において「極東の軍事情勢」調査をおこなうことが決定され、五月に入って三日間にわたり、マッカーサーにたいする聴聞会が開催された。マッカーサーは、極東の軍事情勢について、朝鮮戦争を中心に連合国軍最高司令官としての自らの政策の正当性を証言した。そのなかで、マクマホン上院議員（民主党、コネチカット州）が、戦争拡大を防止し、第三次世界大戦を回避するための方策を見出すなんらかの希望をもっているかと質問したのにたいして「戦争廃止こそ最終の解決策（Abolition of war as the final solution）」と題して証言、「日本において行われたことは、その立派な証拠であります」と述べた。それは、「日本の戦争廃止（Abolition of war in Japan）」と題する五月五日の議事録につぎのように記録されている。[12]

日本国民は、世界中の他のいかなる国民にもまして、原子戦争がどんなものであるかを理解しております。かれらにとっては、それは理論上のものではありませんでした。かれらは、現実に死者の数を数え、死者を葬ったのであります。かれらは、かれら自身の発意で、戦争を禁止する旨の規定を憲法に書き込んだのであります。

日本の内閣総理大臣幣原氏―この人は大へん賢明な老人でありましたが、最近亡くなられました――この幣原氏がわたくしのところへやって来てこう申しました。

「これはわたくしが長い間考え、信じてきたことですが、この問題を解決する道は唯一つ、戦争をなくすことです。」

かれはまた言いました。「軍人であるあなたにわたくしがこういうことを申し上げてもとうていとり上げていただくわけにまいらないことは私も十分わかっておりますので、はなはだ申し上げにくい次第ですが、とにかく、わたくしは、現在われわれが起草している憲法の中にこのような規定を入れるよう努力したいのです。」

わたくしは、これを聞いて思わず立ち上がり、この老人と握手しながら、これこそ最大の建設的な歩みの一つであると思うと言わないではいられなかったのであります。

さらにわたくしはそのとき申しました。あるいは世の人々はあなたをあざけるであろう。諸君の御承知のように現在は暴露の時代であり、皮肉の時代であります。世人はそれを受け入れないであろう。それはあざけりの種になろう――本当にそうなったのでありますが――。それを貫き通すには強い道徳的勇気を要するであろう。そして最後にはその線を保持することができないかも知れないというようなことを申したのであります。しかしながら、わたくしは、この老人を激励いたしました。そして、かれらは、あの規定を書き込むことになったのであります。

あの憲法の中に、日本国民の一般的感情に訴える規定があったとすれば、それは他ならぬあの規定でありました。日本人は数世紀にもわたって戦争を遂行し、これに成功してきた武人的民族でありました。しかしながら、爆弾によって、かれらは偉大な概念、損失の大きさ、偉大な教訓を教えられ、それを理解して現実に生かそうとしたのであります。

マッカーサーはアメリカ議会の上院の軍事・外交合同委員会聴聞会で、マクマホン上院議員が連合国軍最高司令官を罷免されたばかりのマッカーサーにたいして、第二次世界大戦、朝鮮戦争をふまえての戦争拡大阻止、平和世界の実現に向けた戦略的可能性について質問したのに答えて、自らが係わった、日本の非武装化、戦争放棄の平和国家日本の再建の世界的意義を強調した。

右の証言においてマッカーサーは、四六年一月二四日の幣原との「秘密会談」において、幣原から戦争放棄を起草中の憲法に入れることを発案され、マッカーサーもそれに共感して「秘密合意」が成立し、マッカーサーから憲法九条は現在は嘲笑されるかもしれないが、道義的勇気を貫くよう、激励したことを証言した。マッカーサーの前掲の証言では、憲法九条は「日本政府の提案」という言い方をしていたが、今回は、幣原の名を公表したのである。マッカーサーが、「最近亡くなられた」と言っているように、この聴聞会の二カ月前の五一年三月一〇日に幣原は七八歳で亡くなっていた。したがって、憲法九条が幣原からの提案であることを公表しても、日本国内で幣原にたいするテロなどの脅迫の懸念は無用となったこと、さらに幣原がマッカーサーへの提案や合意を秘密にしたことで、松本烝治国務大臣を裏切ってきたことなど幣原の対人関係のトラブルも発生しようがなくなったことなど、「情報公開」してもモラルに反しないという判断が働いたと思われる。いっぽう、幣原の場合は、すでに見たように、「平野文書」は公開しないようにとの条件で語りおいたのである。

マッカーサーの証言は、幣原が一月二四日にマッカーサーを訪れ、「軍人である」マッカーサーに「申上げてもとり上げてもらえないことは分かっているが」「長い間考え、信じてきたこと」として戦争放棄、戦力不保持を新憲法に入れることを申し出た場面は、「平野文書」で幣原が語っていたことと一致する。

マッカーサーが憲法九条は幣原の発案であると言ったのは、朝鮮戦争にたいして警察予備隊を発足させ、憲法九条に反することを命令した責任を逃れるためであったという論者が少なくないが、マッカーサーは右の証言につづいて、「世界中の戦争の禁止」はどうして可能になるかという彼の理念を述べ、第三次世界大戦を回避するために、国際平和機構を確立すること、さらには世界の四つか五つの大国が日本のように戦争放棄、戦力不保持の国家となって「範を示したならば、他のどの国もそれを侵すわけには行かないでしょう」と証言した。つまり、朝鮮戦争で日本の再軍備を命令したことの弁明ではなく、むしろ日本の憲法九条を他の大国に取り入れさせることが求められるという文脈で証言したのであり、日本を再軍備させた弁明ではないことは確認しておきたい。

（4）ロスアンジェルスの市民午餐会におけるマッカーサーの演説

一九五五年一月二七日付「ニューヨーク・タイムズ」は「マッカーサーが戦争放棄を強調し、核紛争を警告」という見出しをつけて、一月二六日、ロスアンジェルス市内にあるマッカーサー公園に一万五〇〇〇の市民が集まり、マッカーサーの七五歳の誕生日を祝賀して、マッカーサーの銅像献呈の大集会が開催されたことを報道している。[13] 銅像の脇に作られた演台に立つマッカーサーが「極東の最終的な運命がどうであれ、軍事力では解決できないであろう。戦争はもはや生き残りの手段とはならず、われわれの滅亡をもたらすだけである」と新聞の見出しのような平和演説をおこなったことを報道している。

マッカーサー公園での大集会の後、アメリカ在郷軍人会の主催による午餐会が開催され、一一〇〇余人の市民を前に、マッカーサーはさらに長い平和演説をおこなった。同紙にはその演説の原稿が掲載されている。[14] 在郷軍人会主催の午餐会なので、アメリカの戦争を讃え、肯定する演説かと思うが、逆で、核兵器が登場した現在、世界の最終的運命は軍事力では解決できなくなった。人類は今こそ、人類を滅亡から救うために戦争を禁止し、廃止しなければならないと、世界平和を訴える長い演説であった。この演説のなかでマッカーサーは、幣原喜重郎がマッカーサーに憲法九条を提案したときのことをつぎのように語った。

わたくしは、日本人が新しい憲法の制定にあたってこの問題〔戦争禁止を可能とみるか〕に直面したときのことを、まざまざと思いだします。日本人は、現実主義者であります。そして戦慄すべき経験を通じて、大量殺人のものすごい結果を知っている唯一の国民であります。二つの大きなイデオロギーの間にはさまった一種の国境無人地帯のような運命を負わされている限定された地域のうちにあって、日本人は、もう一度戦争に参加することは、勝つにしても負けるにしても、おそらく、かれらの民族の滅亡を招くであろうということを、実感として知っているのです。

そこで日本の賢明な幣原老首相がわたくしのところに来られて、日本人自身を救うには、日本人は、国際的手段としての戦争を放棄すべきであるということを強く主張されました。わたくしが賛成すると、首相は、わたくしに向かって「世界はわれわれを嘲笑し、非現実的な空想家であるといって、ばかにすることでしょうけれども、今から百年後には、われわれは予言者とよばれるに至るでありましょう」と言われました。

世界は、生き延びようと考えるなら、おそかれ早かれ、この決断に到達しなければなりません。ただ一つの問は「いつ？」ということです。われわれは、もう一度戦わなければ、わからないのでありましょうか？　いつの日に権力の座にある大人物のうちだれかが、この人類共通の望み――しかも急速に人類共通の必要事となってきたこの望み――を実現するに十分な想像力と道徳的な勇気とを持つに至るのでありましょうか。

われわれは新しい時代に生きております……われわれは、新しい考え、新しい発想、新しい概念を必要としているのです。……いつの世にも、だれか指導者が必要ですが、われわれこそ、その指導者になるべきであります。われわれは、今こそ、世界の諸大国と申し合わせて戦争を放棄する用意があることを宣言すべきであります。その結果は、驚異的でありましょう。

右のマッカーサーの演説は、一九四六年一月二四日の幣原との「秘密会談」で憲法九条の「秘密合意」がなり、幣原が「百年後には、われわれは予言者とよばれるに至るでありましょう」と言った事実を紹介している。「平野文書」で幣原が語った「秘密会談」と「秘密合意」の記憶と一致しているのは、事実であるからである。

右のマッカーサーの演説で重要なのは、核戦争による人類の破滅を救うための先駆的な宣言であると憲法九条の人類史的価値をきちんと評価していることである。まさに「地球憲法第九条」という評価である。これを幣原喜重郎からマッカーサーに提案して、それにマッカーサーが共感して同意したことがはっきりとマッカーサー自身によって語られている。念を押すが、核戦争による人類滅亡の道をいかに阻止するかという演説のなかでの言及なのである。

憲法九条幣原発案説を否定する人たちが、朝鮮戦争勃発後、日本の再軍備が必要になったマッカーサーが「軍備全廃」を押しつけた誤りを自己弁護するために、幣原発案説を主張するようになったというのは、下衆の勘繰りに近いといえよう。

（5）『マッカーサー大戦回顧録』より

マッカーサーは一九六四年四月五日に八四歳で亡くなったが、亡くなる三年ほど前から最も情熱をかたむけて取り組んだのが回想録、“Reminiscences”の執筆であった。同書はマッカーサーが亡くなった一九六四年に出版された。回想録の最終章は日本の占領時代の占領政策を回想したものであるが、そのなかで「憲法改正」というタイトルで、憲法九条に関して以下のように述べている[15]。

日本の新憲法にある「戦争放棄」条項は、私の個人的な命令で日本に押しつけたものだという非難が、実情を知らない人々によってしばしば行われている。これは次の事実が示すように、真実ではない。

旧憲法改正の諸原則を、実際に書きおろすことが考慮されるだいぶ前のこと、幣原首相は、当時日本ではまだ新薬だったペニシリンをもらって、病気がよくなった礼を述べるため、私に会いたいといってきた。それはちょうど松本博士の憲法問題調査委員会が憲法改正案の起草にとりかかろうとしている時だった。

幣原男爵は一月二十四日（昭和二十一年）の正午に、私の事務所をおとずれ、私にペニシリンの礼を述べたが、そのあと私は男爵がなんとなく当惑顔で、何かをためらっているらしいのに気がついた。私は男爵に何を気にしているのか、とたずね、それが苦情であれ、何かの提議であれ、首相として自分の意見を述べるのに少しも遠慮する必要はないといってやった。

首相は、私の軍人という職業のためにどうもそうしにくいと答えたが、私は軍人だって時折りいわれるほど勘がにぶくて頑固なのではなく、たいていは心底はやはり人間なのだと述べた。

首相はそこで、新憲法を書上げる際にいわゆる「戦争放棄」条項を含め、その条項では同時に日本は軍事機構は一切もたないことをきめたい、と提案した。そうすれば、旧軍部がいつの日かふたたび権力をにぎるような手段を未然に打消すことになり、また日本にはふたたび戦争を起す意志は絶対にないことを世界に納得させるという、二重の目的が達せられる、というのが幣原氏の説明だった。

首相はさらに、日本は貧しい国で軍備に金を注ぎ込むような余裕はもともとないのだから、日本に残されている資源は何にもよらずあげて経済再建に当てるべきだ、とつけ加えた。

私は腰が抜けるほどおどろいた。長い年月の経験で、私は人を驚かせたり、異常に興奮させたりする事柄にはほとんど不感症になっていたが、この時ばかりは息もとまらんばかりだった。戦争を国際間の紛争解決には時代遅れの手段として廃止することは、私が長年情熱を傾けてきた夢だった。

現在生きている人で、私ほど戦争と、それがひき起す破壊を経験した者はおそらく他にあるまい。二十の局地戦、六つの大規模な戦争に加わり、何百という戦場で生残った老兵として、私は世界中のほとんどあらゆる国の兵士と、時にはいっしょに、時には向い合って戦った経験をもち、原子爆弾の完成で私の戦争を嫌悪する気持は当然のことながら最高度に高まっていた。

私がそういった趣旨のことを語ると、こんどは幣原氏がびっくりした。氏はよほどおどろいたらしく、私の事務所を出る時には感きわまるといった風情で、顔を涙でくしゃくしゃにしながら、私の方を向いて「世界は私たちを非現実的な夢想家と笑いあざけるかも知れない。しかし、百年後には私たちは予言者と呼ばれますよ」といった。

新憲法の第二章第九条は次のように規定している。

「日本国民は、正義と秩序を基調とする国際平和を誠実に希求し、国権の発動たる戦争と、武力による威嚇または武力の行使は、国際紛争を解決する手段としては、永久にこれを放棄する。前項の目的を達するため、陸海空軍その他の戦力は、これを保持しない。国の交戦権は、これを認めない」

この条項はあちこちから攻撃され、ことにこの条項は人間のもつ基本的な性質に反するものだと冷笑する者がいたが、私はこれを弁護して憲法に織込むことをすすめた。私は、この条項はあらゆる思想の中で最も道義的なものだという確信をもっていたし、それに当時連合国が日本に求めていたものとぴったり一致することも知っていた。

連合国はそういう意思表示をポツダムで行い、その後にも行なっていた。現に私が受けた指令は「日本は陸、海、空軍、秘密警察組織、および民間航空を保有してはならない」と述べていた。それが戦勝国によってではなく、日本人自身によって達成されたのである。

右のマッカーサーの回想録の一月二四日に幣原がペニシリンのお礼を口実に「秘密会談」に訪れ、おずおずと「戦争放棄」と「武力不保持」を新憲法に入れる提案をし、それにマッカーサーが驚きながらも共感し、両者が感激しながら後に憲法九条となる条項の「合意」に達した経緯が、臨場感をもって語られている。この場面は「平野文書」に語られている「幸い僕の風邪は肺炎ということで元帥からペニシリンというアメリカの新薬を貰いそれによって全快した。そのお礼ということで僕が元帥を訪問したのである。それは昭和二十一年の一月二十四日である。その日、僕は元帥と二人切りで長い時間話し込んだ。すべてはそこで決まった訳だ」という幣原の証言とぴったり符合する。一月二四日の幣原とマッカーサーとの「秘密会談」と「秘密合意」の成立状況の場面が両者の証言で一致していることは、事実でなければ有り得ないことである。

加藤典洋『9条入門』は、憲法九条はマッカーサーに「押しつけられた」という説を主張し、本書で紹介してきたマッカーサーの幣原発案証言を「大いなる脚色」と否定している。同書は、幣原は一般的な「ただの戦争放棄」提案者にすぎず、憲法九条の条項に規定された「特別の戦争放棄」提案者ではなかったとしているが、上述のように、マッカーサーと幣原は、一月二四日の両者の会談で幣原の方から憲法九条を提案したことで証言が一致しているのである。加藤の主張は事実に反している。さらに加藤は、幣原がマッカーサーの憲法九条の「押しつけ」を受け入れたのは「幣原にとって、すべては天皇の安泰のため」であり、象徴天皇と戦争放棄をセットにして「天皇の東京裁判不起訴を確かなものとする作戦を成功させるために」「マッカーサーと共同戦線を張らなければならず」「マッカーサーのウソの『憲法9条・幣原発案説』に口裏を合わせ」たとまで極論する。[16] 本書で実証的に整理してきたように、象徴天皇制と東京裁判に向けての天皇の免責は、マッカーサー・GHQが占領政策を円滑に実行するための基本路線として進めていたことであり、幣原の関与は限定されていた。加藤が、マッカーサーと幣原が「ウソの『憲法9条・幣原発案説』に口裏を合わせ」たとするならば、上記の一月二四日の「秘密会談」による憲法九条幣原発案の状況は「ウソ」であるのに、両者はあたかもあったかのように「口裏合わせ」をしたという資料的根拠を提示すべきであるが、それはできるはずはない。このように、加藤の「憲法9条・幣原発案説」否定論は、史料の裏付けもせずに、推測だけで論理を展開しているところに特徴がある。

さらに加藤書では「マッカーサーがみずからへの批判をかわすために幣原発案者説をいいつのるのを聞くと、幣原は、いつでも非現実的な『特別の戦争放棄条項』の発案者とされ続けるのは『迷惑』と感じるようになるのです[17]」とまで述べているのは、幣原が憲法九条に託した平和思想を記録した「平野文書」を知らないか、知っていても自論に不都合なので無視しているからであろう。

他にも、一月二四日の幣原とマッカーサーの会談は認めるが、幣原は「戦争放棄、軍事力放棄について単なる理想論を述べただけ」であり、「憲法九条はマッカーサーが押しつけたもの」と論ずる研究者が多いが、マッカーサーは「新憲法を書き上げる際にいわゆる『戦争放棄』条項を含め、その条項では同時に日本は軍事機構は一切もたないことをきめた」と憲法九条について「秘密合意」が成立したと述べ、幣原も「すべてはそこで決まった訳だ」(本書二五一頁)と同じことを証言しているのである。

(6) コートニー・ホイットニー『日本におけるマッカーサー――彼はわれわれに何を残したか』より

マッカーサーの信任が最も厚かったGHQ民政局長ホイットニーはマッカーサー執務室と同じ第一生命ビル六階に局長室をもち、日常的にマッカーサーと接していてマッカーサーの秘密をも知り、また秘密を共にする立場にあった。彼が著したマッカーサーの伝記であり自分の回想録でもある『日本におけるマッカーサー――彼はわれわれに何を残したか』は、四六年一月二四日のマッカーサーと幣原の「秘密会談」と「秘密合意」の経緯と結果について、つぎのように書いている[18]。

総司令部の民政局が、憲法改正のための提案原則を考えつくかなり前のこと、当時の幣原首相は、最高司令官に会見を求め、首相の病気を奇跡的に回復させたペニシリンを提供されたお礼を述べたいと申し入れた。これは、ちょうど松本博士の憲法問題調査委員会が、その草案の討議を始めていた時であって、総司令部の将官連は、ただ、松本委員会の審議の進行状態について、時おりていねいな問い合わせをする以上には差し出なかった。

幣原首相の会見申入れは許された。そして一九四六年一月二四日正午、幣原首相が到着するや、私は首相をマッカーサー元帥のオフィスに案内した。私は、オフィスに居残らなかったので、マッカーサー元帥と幣原首相との会談中には、その場に居合わせなかった。しかし、私は幣原首相が二時半に辞去した後、すぐにマッカーサーに会いにはいった。そして会談の前と、あとの彼の顔の表情のコントラストは何か重要なことが起こったことを、すぐ私に感じさせた。

マッカーサーは、それがどんなことであったかを次のように説明した。幣原首相はペニシリンのお礼をいった後、今度、新憲法が起草される時には、戦争と軍事施設維持を永久に放棄する条項を含むよう提案した。幣原首相は、この手段によって、日本は軍国主義と警察テロの再出現を防ぎ、同時に自由世界の最も懐疑的な人々に対しては、日本は将来、平和主義の道を追求しようと意図しているという有力な証拠をさえ示すことができると述べた。さらに幣原首相は、日本はすべての海外資産を失ったのであるから、もし軍事費の重圧から解放されさえすれば、膨張する人口の最低限の必要を満たす、機会をどうにか持つことができることを指摘した。この問題をマッカーサー元帥と幣原首相のふたりは、二時間半にわたって話しあったのであった。幣原首相の秘書官岸倉松氏は、幣原首相は、マッカーサー元帥と連絡する前からそのような考えをもっていたのだとあとになって語った。

マッカーサーは、大いに賛成した。国家間の紛争を解決しようとする時代おくれの手段としての戦争を廃止させたいということは、マッカーサーが長年いだいていた燃ゆるような情熱であった。おそらく現存の人で、マッカーサーほど戦争とその破壊を多く見た人は他にないであろう。二十を数える戦役の古強者であり、六つの戦争に参加または観戦した人であり、また数千の戦線を生き抜いてきた人であるマッカーサーは、世界のほとんどあらゆる国の兵隊とともに戦い、あるいはこれと敵対して戦った。したがって戦争を嫌悪するマッカーサーの感情は原子爆弾の完成とともに、その頂点に達したのであった。

戦争の問題と、戦争をいかに非合法化するかについてのマッカーサー個人の考え方は、よく知られている。マッカーサー元帥が幣原首相の提案をひどく喜んだのは、戦争問題に関する彼の確信からであった。そこで憲法草案の準備を進めるようにと私に命じた時、マッカーサーは、その草案が〝国家の至高の権利としての戦争は廃棄される〟という原則を含まなければならないと注意した。この原則は総司令部の運営委員会が作った草案の中に含まれていた。そして、一カ月にわたって総司令部と松本委員会との憲法改正論議が行われている間、日本側はどんな形にせよ一度も異議を唱えなかったのは、この戦争放棄条項ただ一つであった。

それは、新憲法第二章の九条であって、次のように規定している。〔以下の第九条条項は省略〕

マッカーサーは、この憲法第九条に対しては常に全面的な支持を与え、皮肉屋のねらいうち攻撃に対しては、強くこれを弁護した。なぜなら、それは実際的立場から、連合国の強制というよりは、むしろ日本側のイニシアティブを通じて、連合国の政策に基本的なコースを追求したからである。その政策は、第一に、ポツダムで宣言され、その後日本占領の主目標として連合国に指令されたものである。

長い引用になったが、ホイットニーの回想録には、本書の結論にかかわる重要なことが述べられている。

幣原とマッカーサーが「秘密会談」をおこなった第一生命ビル六階のマッカーサー執務室の現場報

告のような生々しい記録である。「秘密会談」の前と終わって「秘密合意」を達成した後のマッカーサーの顔が大きく異なり、興奮さめやらずという表情だったと述べている。それは、これまで紹介してきた幣原とマッカーサーの証言にあった「秘密会談」が両者が涙を流すほど感激的なものであり、その結果「秘密合意」に達した気持ちの高揚があったことを、証明する記述である。

さらに重要なのは、二時間半にわたった「秘密会談」の直後に、ホイットニーがマッカーサーの執務室に入り、たった今終わったばかりの会談の内容をマッカーサーから説明されたことである。そこでは幣原が「今度、新憲法が起草される時には」として、戦争と軍備の永久放棄を「幣原首相の提案」としておこない、それをマッカーサーが「ひどく喜んだ」のである。

これによって、多くの憲法論者の「幣原は戦争放棄と戦力不保持の単なる理想を述べたにすぎない」という説は否定され、幣原は新憲法の条項に入れることを想定して戦争放棄と戦力不保持をマッカーサーに「提案」した事実が証明される。さらに、マッカーサーは「憲法九条に対しては常に全面的な支持を与え」「強く弁護した」とあり、多くの憲法論者がいうような「マッカーサー発案説」は成り立たない。

そのうえ重要なのは、幣原首相の提案をひどく喜んだマッカーサーが、「戦争問題に関する彼の確信」を持ち「憲法草案の準備を進めるようにと私に命じた時」、戦争廃棄の原則を含まなければならないと注意したとあるのは、四六年二月三日の「マッカーサー・ノート」と思われる。すでに指摘したように、一月二四日の「秘密合意」をふまえて、戦争放棄を必ず憲法改正草案に入れさせるようにと「マッカーサー・ノート」(本書三一三頁)の指示がなされたという筆者の推測が(本書三一四頁)、妥当であることが裏付けられたといえる。そして「この原則は総司令部の運営委員会が作った草案の中に含まれていた」のである。

以上紹介したホイットニーの回想は、本書で詳述している憲法九条幣原発案を証明する、決定的な証言の一つである。

5 「羽室メモ」による幣原発案の証明

国会図書館憲政資料室に所蔵されている憲法調査会事務局作成の資料に「戦争放棄条項と天皇制維持との関連について——大平駒槌氏の息女のメモ」がある。[19] 関係者には「羽室メモ」と知られている。大平駒槌の三女の羽室ミチ子が、一九四六年、一九四七年ごろ、幣原喜重郎や大平駒槌から聞いた談話をメモに記録していたが、そのメモは、一度、盗難により紛失しまった。それが、『幣原喜重郎』（幣原平和財団、一九五五年）が作成される折に、大平駒槌が幣原の思い出を話したのを羽室ミチ子が聞いて、あらためてメモを作成したのが「羽室メモ」である。

幣原喜重郎と大平駒槌は大阪中学校の寄宿舎で親交を結び、生涯を通じて真心をもって全幅信頼しあえる親友となった（本書二九頁）。幣原は大平駒槌にたいして、他人には言えない自分の言動、言説について秘密にすることなく、こまめに長文の書簡を書いている。幣原邸が空襲で全焼したとき、大切な幣原の日記が焼失してしまったが（本書九五頁）、さきの伝記『幣原喜重郎』を編集したときに、大平駒槌が幣原の二〇〇余通の手紙を大切に保管しておいたのが、焼失した幣原日記に代わる価値をもち、同書のなかに多くが引用されている。幣原喜重郎から大平駒槌宛の手紙約二〇〇通は国会図書館の憲政資料室にマイクロフィルムで保管されている。

本書で詳述してきた、幣原がマッカーサーと「秘密会談」をもって憲法九条について「秘密合意」にいたったことは、大平駒槌には話していたのである。幣原にとって、大平駒槌は胸の内や信条を包み隠すことなく話すことのできた唯一無二の盟友だったので、信頼して秘密事項も話し、伝えていた。父親が幣原に関して話したことを、羽室ミチ子がメモに記録したのである。幣原はマッカーサーの「秘密会談」と「秘密合意」について文書証拠の残る「書簡」には書かず、口頭だけで大平駒槌に語っていたことは、幣原が秘密事項であることを意識し、大平駒槌もそれを承知していたのである。

以下に「羽室メモ」から、幣原が一月二四日にマッカーサーと会談して、象徴天皇制と憲法九条をセットにして提案した経緯を語ったところを引用する。なお、〈　〉の項目タイトルは筆者がつけ、その段落の終わりに〔　〕を付けて筆者の解説を付した。

〈マッカーサーのペニシリンで重症の風邪が回復〉

【羽室ミチ子の覚書】

〔羽室ミチ子がメモの関係部分を要約して、幣原の談話の形に書き直したもの〕

昨年末官邸で人間天皇としての御詔勅の原文を英文で作成していた時あとで気がついたら窓が一つあいていた様だったが少し肩が寒いと思いながらも気づかず夢中で夜更けまでかかって書き

上げた。書き終わった時本当にヤレヤレとこれで天皇制も無事に保持されるだろうとホッとした気持ちになった。
ところがその後また総司令部から思いがけない命令をうける様になって非常にガッカリした。普通の風邪に加えて精神的にガッカリしてしまったので、一時はもう駄目かとまで思ったが、マッカーサーのペニシリンの御陰でよくなることができた。

〈天皇制維持についての合意〉

【大平駒槌の話】

幣原は病気中に随分色々の事を考えたらしい。まず一番の念願である天皇制を維持しなければ死ねない。ともかくはっきりする様になんとかしなければならないと言う事。それから原子爆弾の様なおそろしい兵器による将来の戦争のおそろしさ、又世界を平和に保つ事が出来る様にするには如何にすればよいか等ということを考えてみたと言う。
そこで病気の礼を言いに一月末マッカーサーを訪ねた時三時間程二人だけでいろいろの事を話し合った。
それで幣原がこの日たずねた時いつもはマッカーサーが先になにかを言いだすのだが、この日はこちらから先に頭からマッカーサーに、自分は年をとっているのでいつ死ぬか分からないからどうか生きている間にどうしても天皇制を維持させておいてほしいと思うが協力してくれるかとたずねた。これに対してマッカーサーは、本国に於ても天皇制は廃止すべきだとの強力な意見も出ているが、占領するにあたり一発の銃声もなく一滴の血も流さず進駐出来たのは、全く日本の天皇の力による事が大きいと深く感じているので、天皇を尊敬し又日本にとって天皇は必要な方だと思うから、天皇制を維持させる事に協力し又その様に努力したいと思っていると返事した。

そこで幣原は更に天皇の事についていろいろ説明し、今年の詔勅を御出しになったといういきさつや平和主義者でいられる事も強調して説明をした。これをだまって熱心に聞いていたマッカーサーは出来る限り協力したいと約束してくれたのでホッと一安心したらしい。

〔幣原が風邪をこじらせて重症になった原因に、「総司令部から思いがけない命令をうける様になって非常にガッカリした」とあるのは、新年早々、幣原内閣の閣僚の六人が公職追放の対象とされたことである。幣原は急性肺炎を患ったのであるが、それがマッカーサーが采配してくれたペニシリン投与で回復し、そのお礼という口実で、一月二四日に幣原がマッカーサーを密かに訪問、ふたりだけで三時間ほど「秘密会談」をもち「秘密合意」に達したことは、「平野文書」「マッカーサー回想録」「ホイットニー回想録」さらにこの「羽室メモ」によって否定しようがない事実として証明されることは確認しておきたい。

幣原は天皇制護持を第一とし、憲法九条はそれを連合国に認めさせるための手段であったという論者も多い。前述の加藤典洋『9条入門』はその極端な例であるが、塩田潮『最後の御奉公――宰相幣原喜重郎』（文藝春秋、一九九二年、のち改題して『日本国憲法をつくった男――宰相幣原喜重郎』朝日文庫、二〇一七年）も日本国憲法における天皇制護持を幣原の天皇への「最後の御奉公」と評価している。

しかし、幣原は本書第1章の「『幣原外交』の再評価」で見てきたように、戦前の大日本帝国憲法下の天皇制を積極的に肯定する立場にはなかった。幣原は前述のようにもともと象徴天皇制を考えており（本書二五〇頁）、幣原にとっては、象徴天皇制と憲法九条のセットでは、むしろ憲法九条にウェイトを置いていたのは「平野文書」のところで憲法九条に託した幣原の平和思想を情熱をこめて語ったとおりである。

幣原が象徴天皇制の形での天皇制護持に最善の努力をしたのは、天皇から直々に首相就任を懇願されたことにあったことが「羽室メモ」でつぎのように語られている。

幣原への大命降下にたいして「固く御断り申していたが、天皇の御言葉をいただき御様子を拝見しているともう涙がこぼれてしかたがない。どうしても天皇を御安泰にしてさしあげなければ申訳ないと思うと御引うけせざるを得ない気持ちになってあとさきも全く考えず御引受けしてしまったのだ。国体が護持される見通しがつけば総理をやめるつもりなのだ」

さらに「羽室メモ」では大平駒槌はつぎのように幣原が公の立場と私的な考えは違っていたことを語っている。

幣原さんは天皇制を維持する事に努力をされたが、それは当時日本全体の国民感情からそうしなければならなかったので、いわば公の立場でされた事であったが、私的に天皇御自身の御幸福と言う点においては御退位遊ばされる事が一番よいと考えていられた。幣原さんは、「個人の感情から申上げるならば、天皇は君の言う通り御退位遊ばされて、のんびりと御過しいただきたいと心から思う」と宮中の陛下の御慰労宴で〔大平駒槌が〕「明治天皇の御生まれになった京都に御帰りになり御好きな学問を遊ばされたり古典芸術を御楽しみになる事」を陛下に御すすめ申上げた事を心から喜んでいられた。

〔幣原は絶対的な天皇制擁護者ではなく、天皇制護持よりは憲法九条の方を第一に考えていたことは、本書の終章で述べるように、憲法改正草案をめぐる議会での審議における幣原の発言をみれば、瞭然とする。〕

〈戦争放棄の合意〉

あれこれ話を始め、かねて考えた世界中に戦力をもたないという理想論を始め、戦争を世界中がしなくなるには戦争を放棄するという事以外にないと考えると話だしたところがマッカーサーは急に立ちあがって両手で手を握り、涙をいっぱいためてその通りだと言い出したので幣原は一寸びっくりしたという。しかしマッカーサーも長い悲惨な戦争を見つづけているのだから身にしみて戦争はいやだと思っていたのだろう。

幣原は更に世界から信用をなくしてしまった日本にとって戦争をしないと言う様な事をハッキリと世界に声明する事、只それだけが敗戦国日本を信用してもらえる唯一の堂々と言える事ではないだろうかと言う様な事も話して二人は共鳴してその日はわかれたそうだ。

〈象徴天皇制と戦争放棄をセットに〉

マッカーサーは出来る限り日本の為になる様に考えていたらしいが、本国政府の一部、GHQの一部、極東委員会では非常に不利な議論が出ている。殊にソ連、オランダ、オーストラリア等は殊の外天皇というものをおそれていた。終戦の時天皇の命令を聞いた国民の事だから又ふたたび天皇の命令であれば何を始めないとも限らないと言う心配であったのだろう。だから天皇制を廃止する事は勿論、天皇を戦犯にすべきだと強固に主張し始めたのだ。この事についてマッカーサーは非常に困ったらしい。そこで出来る限り早く幣原の理想である戦争放棄を世界に声明し、日本国民はもう戦争をしないという決心を示して外国の信用を得、天皇をシンボルとする事を憲法に明記すれば、列国もとやかく言わずに天皇制へふみ切れるだろうと考えたらしい。

だからマッカーサーはかならずこれを入れた憲法の草案を早く作る様にと部下に命令したと、その後に幣原が会った時説明したので、これ以外に天皇制をつづけてゆける方法はないのではないかと言う事に二人の意見が一致したので、この草案を通す事に幣原も腹をきめたのだそうだ。

〈憲法草案作成を急がせたマッカーサー〉

【羽室ミチ子の覚書】

出来るだけ早く憲法によってこの誓〔戦争放棄、戦力不保持〕を世界に声明して天皇の立場をはっきりさせる事によって列国の心配をとりさり、天皇制を維持させ様と決心したマッカーサーはただちに憲法草案をつくらせる事とし、彼の非常な大きい権限によって天皇を国のシンボルとする事と戦争を放棄する事を条文に入れる様部下に命令しその他については、GHQのそれぞれの専門において作成する様指示した。従って草案は日本の国情に合わぬものがたくさんあり、此等は改めてほしいと政府としては交渉をしたがマッカーサーはともかく一日も早く世界に声明する必要のある情勢だからと言う事で十分には日本側の意見が入れられなかった。

〔右の「覚書」は、羽室ミチ子が大平駒槌から聞いた多くの話のなかから、関係部分を要約して幣原の談話のかたちにまとめたものであるが、書かれていることは、一月二四日の幣原とマッカーサーの「秘密会談」と「秘密合意」のあとの事態の経緯が、次章で詳述するように正確に語られている。すなわち、二月上旬のGHQ民政局にたいする「マッカーサー・ノート」の指令であり、二月一三日の幣原内閣への民政局作成の憲法改正草案の強制的な提示である。それをめぐって二月一三日の幣原内閣の閣議では紛糾することになる（後述）。憲法九条幣原発案に反対する論者は、この閣議で幣原がGHQ草案に反対する言動を見せたことなどを理由にあげているが、もしそうだとすれば、それは幣原の「演技」であり、この「羽室メモ」のように、幣原はマッカーサーの動きを事前に承知していたのである。憲法九条幣原発案を否定する論者には、幣原内閣の厚生大臣であった芦田均の日記[20]に記された閣議における幣原の言説を引用して否定論を展開しているが、それは、本書が述べてきたような幣原とマッカーサーの「秘密会談」と「秘密合意」に思いいたらないからである。

幣原は大平駒槌にたいして「今度の憲法は審議する様な、しない様な、字句の訂正位しか出来ないらしい」と語っているが、幣原にとって、GHQ民政局の憲法改正草案は、マッカーサーとの「秘密会談」と「秘密合意」を踏まえたものであるから、閣議では自分の見解を明確に主張することは控えていた。幣原にとっては、「今度の憲法は審議する様な、しない様な」というのは実感であろう。」

〈幣原首相、天皇からGHQ憲法草案受入れの全面的支持を得る〉

【羽室ミチ子の覚書】

この草案を閣議で同意を求め様とした時一部に強い反対の声が出て決定する事がなかなかできなかった。一刻も早くと迫られているので天皇の御力により決定させるべきだと考え宮中へ急ぎ参内した。

天皇は御風邪で御やすみ遊ばされていたが、特に御寝所で拝謁を賜り、これまでのすべてを御話申して御決定をいただいた。

天皇は幣原の労を非常に喜ばれ思う通りに急ぎ取りはからう様との御言葉をいただいた。本当に有難く百万の味方を得た思いだった。

〔マッカーサー・GHQ民政局から二月一三日に提示された憲法改正草案をめぐって、松本烝治国務大臣が真っ向から反対したのにたいし、幣原は二月一九日に第二回目のマッカーサーとの二人だけの「秘密会談」をもって詳細に打ち合わせをおこなったうえで、二月二二日、吉田外相を伴って天皇に面会、憲法改正草案への全面的支持を得、閣僚に改正草案受入れを認めさせる。これらについて、改めて後述するが、「羽室メモ」における幣原はこのことを語っているのである。「羽室メモ」が事実に裏付けされていることを証明する。」

以上で「羽室メモ」の紹介は終わるが、その史料的価値は、本章で詳述してきた、憲法九条幣原発案を証明する「平野文書」とマッカーサー証言が歴史事実であることを第三者の立場にあった大平駒槌が語った記録から証明したことである。これによって、前述の加藤典洋のように、「憲法9条・幣原発案説」をマッカーサーと幣原が「口裏合わせをした」などという荒唐無稽な推論は否定される。

【註】

(1) 現在は、幣原喜重郎『外交五十年』(中公文庫) で読むことができる。

(2) 幣原喜重郎『外交五十年』中公文庫、一九八七年、二二二頁。幣原喜重郎の長男の幣原道太郎が「解説」を書いた幣原喜重郎『外交五十年』(原書房、一九七四年) において、幣原自身が「軍備全廃」を決意するにいたった『外交五十年』の記述を全面否定し、「第九条は父の本心に反して押付けられたにも拘わらず、占領下にあって真相を一切口にすることができなかった父が涙を呑んで自らを提案者と言わされた」のだと述べている。そして「憲法第九条を強要された父・幣原喜重郎の悲劇――『羽室メモ』をめぐる謎」(『週刊文春』一九八一年三月二六日号) では、『外交五十年』は心にもない事」を占領下のGHQの言論弾圧のもとで父が書かされたのだとまで断言する。喜重郎が急逝の八日前に書いた同書の序文で「ここに掲ぐる史実は仮想や潤色を加えず、私の記憶に存する限り、正確を期したつもりである」と記している『外交五十年』を、父がマッカーサー・GHQに迫られて、「嘘を書いた」回想録と断言している。幣原道太郎は、喜重郎の長男であるということから、幣原憲法九条発案を否定する論者に引用されている。それにしても原書房の『外交五十年』は同書を「嘘を書いた本」とする解説をつけて出版した奇妙な本である。

(3) 憲法調査会事務局『幣原先生から聴取した戦争放棄条項等の生まれた事情について――平野三郎氏記』(昭和三十九年二月)(国会図書館憲政資料室所蔵、憲政調査会資料、資料番号165)。

(4) 平野三郎『平和憲法の水源――昭和天皇の決断』講談社出版サービスセンター、一九九三年。

(5) 佐々木高雄『戦争放棄条項の成立経緯』(成文堂、一九九七年)はその典型であるが、平野の秘書役という肩書に疑義を呈したり、平野が幣原邸を訪問して「日向ぼっこをしながらゆっくり話」をしたとあるが、一九五一年の二月二〇日から二八日の東京の気象データを提示して「そのような好天はなかった」と訪問そのものを否定したり、平野文書の内容ではなく、周囲の些末な問題をとりあげて信憑性を否定する論法をとっている。さらに幣原は金森徳次郎国務大臣が尋ねたのにたいし「時期尚早」と断わったのに、平野のような人物に「世紀の秘密」を打ち明けたという話には、やはり胡散臭さを禁じえないと結論しているが(同書、二一一頁)、「平野文書」には、「去年金森君からきかれた時も僕が断ったように、このいきさつは僕の胸の中だけに留めておかねばならないことだから、その積りでいてくれ給え」と幣原は、金森には言わなかったが、平野には話した、しかし「口外しないように」と語ったことが記されている。

ジョン・ダワー『敗北を抱きしめて(下)』(岩波書店、二〇〇一年)では、「平野文書」の内容と関わって「幣原は後年、自分こそがマッカーサー元帥に戦争放棄の理想を最初に語ったのだ、と自負心をもって主張するようになった。これは十中八九、たんに年老いた男の思い違いの回想であろう」と、史料的根拠もなく断定しているのは（同書、一九三頁）、歴史家の言説とは思えない。

(6) 憲法調査会事務局「松本烝治口述　日本国憲法の草案について」（憲資・総第二十八号、昭和三十三年十月）、一〇頁。

(7) 「ダグラス・マッカーサー元帥から米国陸軍参謀総長（アイゼンハワー）宛」一九四六年一月二五日付　機密緊急　CA第五七二三五号（『資料日本占領　1　天皇制』大月書店、一九九〇年、四六三頁）。

(8) 『資料日本占領　1　天皇制』大月書店、一九九〇年、四六一頁。

(9) 高柳賢三・大友一郎・田中英夫編著『日本国憲法制定の過程　I　原文と翻訳――連合国総司令部側の記録による』有斐閣、一九七二年、四一七頁。

(10) 国立国会図書館憲政資料室の「憲法調査会資料（MF：国立公文書館蔵）」資料番号37/R-9。

(11) 荒井信一『原爆投下への道』東京大学出版会、一九八五年、二七〇頁。

(12) 国立国会図書館憲政資料室の「憲法調査会資料（MF：国立公文書館蔵）」資料番号38/R-9。

(13) "M'Arthur Urges Abolition of War And Warns of a Nuclear Conflict" The New York Times, January 27, 1955.

(14) マッカーサーの演説原稿の訳文が「ロスアンジェルス正餐会におけるマッカーサーの演説――ニューヨーク・タイムズ（一九五五年一月二七日付）として国立国会図書館憲政資料室の「憲法調査会資料（MF：国立公文書館蔵）」資料番号39/R-9に収録されている。

(15) ダグラス・マッカーサー、津島一夫訳『マッカーサー大戦回顧録（下）』中公文庫、二〇〇三年、二三八〜二四二頁。
(16) 加藤典洋『9条入門』創元社、二〇一九年、一五三頁。
(17) 加藤典洋、同(16)、一五三頁。
(18) コートニー・ホイットニー、毎日新聞社外信部訳『日本におけるマッカーサー――彼はわれわれに何を残したか』毎日新聞社、一九五七年、九一〜九二頁。
(19) 憲法調査会事務局「戦争放棄条項と天皇制維持の関連について――大平駒槌氏の息女のメモ」(昭和三十四年二月)(憲法調査会資料〈MF:国立公文書館蔵〉)資料番号211/R-20
(20)『芦田均日記　第一巻』岩波書店、一九八六年。

第8章　GHQによる憲法改正草案（日本国憲法草案）作成

1　マッカーサーによる新憲法作成の指示

マッカーサーは回想録で「新憲法は日本国民にかつてなかった自由と特権をもたらしたものであり、おそらく占領軍が残した最も重要な成果だろう。もし占領軍が当時、極東委員会の審議に頼っていたら、この憲法は絶対に生れなかったと私は確信している。極東委員会にはソ連の拒否権というものが控えていたのだ」と述べているように[1]、マッカーサーは、極東委員会が一九四六年二月末に正式に発足して機能を開始する前に、日本政府の自主的な作業の形による憲法改正草案（実際は新憲法草案）作成の既成事実化を急いだことはすでに述べた。

マッカーサーは、極東委員会および対日理事会との兼ね合いで、連合国軍最高司令官の自分に憲法改正草案を作成する権限があるかどうかをホイットニー民政局長に調査させていた。その結果が「最高司令官のためのメモ――憲法の改正について」と題して一九四六年二月一日付でマッカーサーに提出された。ここで注目されるのは、マッカーサーがホイットニーにこの調査を依頼したのが、前述の極東諮問委員会のメンバーが東京に滞在しているときであった。既述のように、マッカーサーは委員会において「憲法改正の管轄権は私にはない」と発言したが（本書二一三頁）、その時すでに調査を命令し、下記のように、自分に権限があることを知っていたのである。

GHQ民政局の憲法改正草案作成のための運営委員会の責任者であったチャールズ・L・ケーディスが軍人を退役し、弁護士となって書いた論文に、四六年一月一七日の極東諮問委員会の会合からおよそ一週間後、ホイットニーからケーディスにたいして、日本の憲法構造を基本的に変革するにあたり、最高司令官としてのマッカーサーの権限の範囲に属するかどうか検討するように指示を与えたと書いている。(2) 一月一七日から一週間後というと、既述したマッカーサーが幣原と「秘密会談」をもち憲法九条となる日本の「戦争放棄」と「戦力不保持」の「秘密合意」が成立した一月二四日と時期が重なる。マッカーサーから調査の依頼をされたホイットニーがケーディスに調査を命じ、その結果「マッカーサーに権限がある」ことを明らかにし、それが上記のように二月一日にマッカーサーに報告されたのである。こうみると、マッカーサーは幣原と「秘密会談」をしたときには、憲法改正について自分に権限があるかどうかを考えていたのであり、「秘密合意」は、憲法改正を意識したといえる。幣原発案を否定する論者がいう「単なる理想を語り、意気投合したにすぎない」のではなく、マッカーサーと幣原の「秘密合意」は憲法九条となるものであったことはすでに述べたとおりである。

話をもどせば、二月一日の報告書は冒頭でつぎのようにマッカーサーに権限があることを述べてい

る。(3)

日本の統治機構について憲法上の改革を行うという問題は、急速にクライマックスに近づきつつある。日本の憲法の改正案が、政府の委員会や私的な委員会によっていくつか起草された。次の選挙の際に憲法改正問題が重要な争点となるということは、大いにありうることである。

このような状況のもとで、私は、閣下が最高司令官として、日本の憲法構造に対する根本的変革の問題を処理するに当たってどの範囲の権限をもつか、日本政府によってなされる提案の承認または拒否をなしうるか、あるいはまた日本政府に対し命令または指令を発しうるか、という問題について考察した。私の意見では、この問題についての極東委員会の政策決定がない限り――いうまでもなく同委員会の決定があればわれわれはそれに拘束されるが――閣下は、憲法改正について、日本の占領と管理に関する他の重要事項の場合と同様の権限を有されるものである。

ホイットニー

ケーディス

右は冒頭に記された結論である。報告はつづいて各論的に、ポツダム宣言の規定やアメリカの統合参謀本部からの指令を根拠にマッカーサーに憲法改正案を命令、指令ができる根拠を示し、極東委員会の政策決定がない段階ではマッカーサーに権限があることを保証している。さらに、マッカーサーに「日本政府によってなされる提案」を拒否し、GHQの憲法草案を「命令または指令を発しうる」というのが大切で、これは、幣原内閣が作成した憲法改正草案を拒否する権限と、民政局に憲法改正草案を作成させ、それを幣原内閣に「命令または指令」する権限がマッカーサーにあるとしたのである。これから述べるように、事実はこのように展開していくのである。

幣原内閣では、GHQからの憲法改正草案の提出を迫られて、一月二九日から二月四日にかけて、憲法問題調査委員会の松本烝治国務大臣が作成した「憲法改正私案」(松本私案)を中心に審議をおこない、二月五日には「松本私案」について、吉田茂外相が松本国務大臣をともなって非公式に会談することをホイットニーに申し入れていた。こうした時に、二月一日付「毎日新聞」に「憲法改正・調査委員会の試案――立憲君主主義を確立・国民に勤労の義務」という見出しで、幣原内閣の憲法問題調査委員会の憲法改正試案であるかのごとく全文が掲載され、国民の大きな関心を呼んだ。しかし、その内容が大日本帝国憲法と基本的には変わっていないことに批判的な反響が多かった。厳密には「松本私案」とは異なるものであり、同委員会メンバーの宮沢俊義(東大教授)の作成した試案であったが[4]、一般には幣原内閣の憲法問題調査委員会の憲法改正試案と受けとめられた。このスクープをしたのは、「毎日新聞」の枢密院詰めの政治部記者の西山柳造で、憲法問題調査委員会の事務局にあった宮沢俊義委員の作成した試案のプリントを持ち出して、社内でデスク以下全員が手分けして筆写したのち、また事務所に戻したのであった。「毎日新聞」に掲載された宮沢試案は「松本私案」と小さな違いがあったが、ほとんど同じだった[5]。

ホイットニー民政局長はさっそくこの「毎日新聞」に反応し、二月二日付でマッカーサー宛に「憲法改正（松本案）」と題して、同記事の仮訳を添えたメモ（覚書）を提出した。それには、「この憲法改正案は、極めて保守的なものであり、天皇の地位に対しては実質的変更を加えていません。天皇は、統治権をすべて保持しているのです。この理由からも（他にもいろいろの点がありますが）、改正案は、新聞論調でも世論でも、評判がよくありません」と書かれ、さらに吉田茂首相の「オフ・ザ・レコード」発言から、幣原内閣で「憲法改正につき主導権を握っている反動グループは、閣下が同意を与えることのできるような線から遥に離れたところにいるということが、看て取れた」と、松本委員会は「反動グループ」であり、幣原内閣を代表する立場にないことを指摘した。そのうえで「私は、憲法改正案が提出される前に彼等に指針を与える方が、われわれの受け容れ難い案を彼等が決定してしまってそれを提出するまで待った後、新規蒔直しに再出発するよう強制するよりも、戦術としてすぐれていると考えたのです」と提案した[6]。

ホイットニーは松本委員会作成の改正案について二月一二日に吉田外相や松本委員長と会談する予定であることを報告しているので、それまでに民政局が憲法改正草案を作成しておいて、提出される「松本私案」を拒否するいっぽうで、民政局草案を提示して受け入れさせる方針を提案した。ホイットニーは幣原内閣から提出される「松本私案」の提出を待って草案を検討し、ほぼ確実である新たな憲法改正草案の作成を命じていたら、極東委員会が活動を開始することになってしまうことを何よりも恐れたのである。

マッカーサーもそれに同意して、翌二月三日、ホイットニー民政局長に憲法改正草案作成を指示する「マッカーサー・ノート」を渡した。ホイットニーの書いた『日本におけるマッカーサー――彼はわれわれに何を残したか』には以下のように記している(7)。

二月三日になるとマッカーサーは日本側の優柔不断はあまりにもひどすぎるとの結論に達したからである。最初の総選挙は当時わずか二カ月先にせまっていた。そこでマッカーサーは、総選挙が憲法改正案に対する一つの非公式な国民投票になるように、恥ずかしくない立派な改正案ができあがらねばならぬと決意していた。もし、日本側がもうほとんど四カ月間も責任を回避して遅滞したように、さらにこれ以上逃げるならば、国民は明治憲法の写しとほとんど同じような憲法に対して賛否の投票をする以外に選ぶ道がないわけとなったであろう。

そこで松本委員会に対して、同委員会の草案は、とうてい受諾できないほど反動的なものであることを誤りなく、はっきりさせる唯一の方法は、われわれ自身の草案を用意して、これを将来の交渉の基礎とすることであった。

二月三日の朝、マッカーサーは第一生命ビルのオフィスに着くとすぐに、私に対し右の措置をとるよう指令した。私はその仕事に着手するに当たって、次の規定以外には全面的な自由裁量権を与えられた。

「松本私案」が憲法改正草案として認められないことは、前年一二月の段階で憲法改正の「松本四原則」が新聞に報道され（本書一八七頁）、年が明けて松本烝治国務大臣が公職追放に指定され（本書二四〇頁)、その時そのリストを作成したのは民政局であるから、松本が保守的な人物であることは分かっていたはずである。他にもすでに作成されていた「松本私案」(本書一九一頁)が「反動的」であることについては、「毎日新聞」のスクープの前から、ある程度の情報は得ていたからこそ、これまで述べてきたように、マッカーサーとホイットニー、さらにケーディスを中心に、憲法改正草案作成の準備を進めていたと思われる。

ホイットニーは翌二月四日に民政局の会合を開き、冒頭の挨拶で「これからの一週間は、民政局は憲法制定会議の役をすることになる。マッカーサー将軍は、日本国民のために新しい憲法を起草するという、歴史的意義のある仕事を民政局に委託された。民政局の草案の基本は、マッカーサー将軍の略述された三原則であるべきである」と述べ、「マッカーサー・ノート」を"TOP SECRET"(最高機密)として提示した(8)。「マッカーサー・ノート」の検討に入る前に、この日の会合でホイットニーが述べたことに注目しておきたい。

二月一二日までに、民政局の新憲法草案を完成し、マッカーサー将軍の承認をうけることを希望する。二月一二日に、自分は日本の外務大臣とその他の係官と、日本側の憲法草案についてオフ・ザ・レコードの会合をもつことになっている。この日本側の草案は、右翼的(保守的)傾向の強いものだろうと思われる。しかし自分としては、外務大臣とそのグループに、天皇を護持し、かつ彼等自身の権力として残っているものを維持するための唯一の可能な道は、はっきりと左翼よりの(進歩的な)道をとることを要請するような憲法を受け容れ、これを認めることだ、ということを納得させるつもりである。自分は、説得を通じてこういう結論に達したいと希望しているが、説得の道が不可能のときには、力を用いるといっておどすことだけではなく、力を用いること自体の授権を、マッカーサー将軍からえている。

外務大臣とそのグループが、彼等の憲法案の針路を変え、リベラルな憲法を制定すべしとするわれわれの要望をみたすようなものにするのが、われわれのねらいである。このことがなされたときは、出来上がった文書が日本側からマッカーサー将軍にその承認を求めて提出されることになる。マッカーサー将軍は、この憲法を日本人の作ったものとして認め、日本人の作ったものとして全世界に公表するであろう。

ホイットニーが指示したのは、民政局が二月一二日までの九日間に「新憲法草案」を作成してマッカーサーに提出して一旦承認を受け、それを日本政府に受け入れさせ、日本側からマッカーサーに提出するという手続きを踏んで、それを承認したマッカーサーが「日本人の作ったもの」として全世界に公表するというシナリオであり、事実、そのように実行されたのである。

右のホイットニーの言説で興味深いのは、「松本私案」を推進しているグループを「外務大臣とそのグループ」と呼んでいることである。前掲の彼の回想録『日本におけるマッカーサー』において、ホイットニーは松本国務大臣を「極端の保守主義者」とみなし、吉田外務大臣もそれに与しているとみなしていることを書いている。ホイットニーは幣原内閣では、保守的憲法の唱道者が吉田外務大臣と松本国務大臣で、進歩的憲法の唱道者が幣原首相という色分けをしている。そして、憲法問題調査委員会は「極端に保守主義者である松本博士の意見に支配されていた」と見ていた。

後述する二月一三日に提示されたGHQ民政局の憲法改正草案にたいして、「内閣では早くも意見が対立した。吉田外相と松本博士は、総司令部の提出した憲法草案に強く反対した。幣原首相はこれを受諾すべきであると主張した」と書いている。

なお、新憲法草案の締め切りを二月一二日に定めたのは、この日はホイットニーらの民政局員のスタッフにとって意義のあるリンカーンの誕生日だったからである。

ホイットニーの発言のなかで、憲法改正ではなく「新憲法草案」とまったく新しい憲法草案を作成することが明示され、それも「a Constitution that will force a decisive swing to the left」(はっきりと左翼よりの道をとることを要請するような憲法)といい、「to fit our demand for a liberal Constitution」(リベラルな憲法を制定すべしとのわれわれの要望をみたすようなもの)と新憲法が進歩的で自由主義的なものとなるよう指示したことも、日本国憲法の特質を考えるうえで重要である。

そのことは、以上に引用してきた「一九四六年二月四日の民政局の会合の要録」に「自由討議でとりあげられた諸点」として「新しい憲法を起草するに当たっては、主権を完全に国民の手に与えるということを強調すべきである。天皇の役割は、社交的君主の役割のみとされるべきである。国連憲章を明示的に言及する必要はないが、国連憲章の諸原則は、われわれが憲法を起草するに当たって念頭におかるべきである」と書かれていることで、さらに具体的である。「国連憲章の諸原則を念頭におく」というのも、日本国憲法がそなえている国際性、普遍性を知るうえで重要である。国連憲章と日本国憲法の関連については、本書でもすでに指摘した(本書一三〇頁)。

さらに当日の会合の要録には、「作業上の心得」として、「作業は、小さな実行小委員会に分けてなさるべきである。いろいろな小委員会の作業は、全体委員会あるいは運営委員会によって調整さるべきである」と記されている。

民政局の一員として憲法草案作成に参加したベアテ・シロタ・ゴードンの自伝には、二月四日の初会合で、上記の小委員会の責任者と委員さらに小委員会を統轄する運営委員会のメンバーが発表されたことが記されている。運営委員会の責任者のチャールズ・L・ケーディス大佐が用意していた憲法草案作成の組織を発表し、担当者を任命、仕事の進め方を説明したのである。(9) 小委員会は、立法権、行政権、人権、司法権、地方行政、財政、天皇・条約・授権規定のそれぞれに関する七つの委員会と、前文担当、とに分けられ民政局の二五人メンバーがそれぞれの委員会に配属された。(10)

二月四日の民政局の初会合でこのように運営委員会のもとに七つの小委員会が委員名と担当任務まで発表されたのは、二月一日の「毎日新聞」のスクープをきっかけにしたのではなく、本書で述べてきたように、マッカーサーの指示を受けて、民政局が以前から新憲法草案作成の準備をしてきたからである。本書の第6章で、SWNCC―二二八が日本国憲法の指針となったことを明らかにしたが、上記の小委員会の構成は、それを証明するものになっている。それは、上記の委員会の担当をつぎのように日本国憲法の章の順に並べ替えれば一目瞭然であろう。

第一章天皇―天皇・条約・授権規定に関する委員会、第三章国民の権利及び義務―人権に関する委員会、第四章国会―立法権に関する委員会、第五章内閣―行政権に関する委員会、第六章司法―司法権に関する委員会、第七章財政―財政に関する委員会、第八章地方自治―地方行政に関する委員会。

さらに、二月六日に開催された民政局会合の議事要録に「SWNCC―二二八に従うこと」があり、すでに言及したことであるが、重要なので再録すると「SWNCC―二二八は、拘束力のある文書として取り扱われるべきである。各小委員会の長は、その小委員会の提案がこの文書に矛盾しないかどうかをチェックする責任を負うものとする」となっている。(11)SWNCC―二二八がGHQ民政局のスタッフによる日本国憲法草案作成の指針になったという筆者の推論が正しかったことを証明するものである。

「日本国憲法草案は民政局のスタッフによってわずか九日間（一週間あるいは一〇日間という言われ方もある）で作られた」という言い方が一般的になされているが、この期間の各小委員会の作業は、ゼロから開始されたのではなく、大まかに決められた分野について、条項、条文に具体的に何を盛り込み、どういう文章にするかという詰めの作業が中心だったのである。

上記の小委員会で日本国憲法「第二章　戦争の放棄」に関する委員会がないのは、つぎにのべる「マッカーサー・ノート」ですでに決められていたからである。

民政局の初会合では、つぎのような「作業上の心得」が厳命された。

1. この作業は一切の面が、完全に秘密にさるべきである。
2. この作業については、略号の名称が用いらるべきである。
3. この作業で作成される草案、ノートなどは、すべて"Top Secret"（最高機密）として処理されるべきである。

民政局による新憲法草案の作成を「トップ・シークレット」にすることは、「一九四六年二月六日の民政局会合の議事要録」にも「機密保持」の項目で「この作業の進行中は、日本人は一人でも民政局に入れてはならないということについて、もう一度スタッフに注意するよう申し渡しがあった。この作業関係の書類は、夜間一切金庫の中に入れておくように注意があった」と記録されている。(12) 軍の「トップ・シークレット」を洩らした場合は、軍法会議にかけられることになるほど厳しいものだった。

このように、「最高機密」主義を厳命したのは、ホイットニーの発言にあったように、マッカーサー・GHQは、新憲法草案がポツダム宣言の基本方針である日本国民を代表する日本政府によって作成されたということを連合国に「演出」するためであった。本書で述べてきたマッカーサーと幣原喜重郎の「秘密会談」と「秘密合意」も同じ性格をもち、マッカーサーにとっては、日本国憲法が制定されるまで、連合国側に知られてはならず、幣原にとっては幣原内閣や日本国内に知られてはならず、両者の間に英語で言えば“Top Secret”、“Off the Record”という暗黙の合意が成立し、幣原は「平野文書」を記録した平野三郎にそれを申し渡し、マッカーサーは、日本国内における幣原の立場を配慮して、幣原が逝去するまで「幣原喜重郎」の名前を出すことは控えたのである。

日本国憲法に女性の権利を保障する条項を入れることに奮闘した、ベアテ・シロタ・ゴードンは、「極秘であることは、私のその後に大きな制約として残り続けた。私が憲法について五〇年近く黙秘を続けたのも、この命令に違反しないためだった。実際に、『もう話してもよろしい』という命令を、私はかつての上官から受け取っていない」と書いている。[13]

一九四九年にGHQ民政局の報告書として *Political Reorientation of Japan, September 1945 to September 1948*, Vol.1, Vol.2 が発行された[14]（日本では『日本の政治的再編成』という訳で紹介されているが、本書では『日本の政治的改革』と訳す）。同報告書は、GHQ民政局の占領期日本の諸分野における民主改革の成果を報告したものであるが、その中に、占領当時は憲法草案作成の作業に従事した事実が報告されている。同報告書には、四六年二月三日にマッカーサーがホイットニー民政局長に憲法改正草案作成を指示した当時は"TOP SECRET"（最高機密）とされた「マッカーサー・ノート」が掲載されている。「マッカーサー・ノート」を受けたホイットニー民政局長が憲法改正草案作成のスタッフと二月四日に初会合を開いたときに、「作業上の心得」として「この作業は一切の面が、完全に秘密にさるべきである」と厳命したように、民政局の憲法草案作成者にたいして厳密に極秘を守ることが要求されたことは、さきに述べたとおりである。

同報告書には民政局が憲法草案を作成したことが記録されている。そのストーリーは、一九四六年二月一日付「毎日新聞」に憲法改正「松本草案」が掲載されてその内容が大日本帝国憲法の部分的修正に過ぎないことを知り、二月八日に幣原内閣の討議を経た「松本草案」がGHQに提出されたのに対し、二月一三日に民政局長ホイットニーから「松本草案」を拒否する旨を通達し、マッカーサーは予定されている総選挙の前にGHQの側で憲法草案を作成するという決定をした、というのである。これは、日本国憲法草案をGHQ民政局が作成して、日本政府に提示した（「押しつけた」）ことがほぼ公然化した現実をふまえて、そうなったのは、日本政府が作成した憲法改正草案はあまりにも旧態依然としたものであり、日本政府にはポツダム宣言に即した新たな憲法草案を作成する能力がないことが判明したので、GHQ民政局側でやむを得ず新憲法草案を作成して日本政府に提示したというストーリーである。それは、本書で述べてきたように、連合国極東委員会および対日理事会が機能を開始する前に憲法改正草案（新憲法草案）を日本政府草案の形をとって発表させることをめざして、SWNCC―二二八を指針にして「毎日新聞」スクープ前から憲法改正草案作成の作業を進めていたことをカモフラージュする意図で公表されたようにも思える。

同書が日本国憲法草案を作成したGHQ民政局の公式報告であることから、「毎日新聞」のスクープがきっかけになって、草案作成を命ずる「マッカーサー・ノート」が民政局に出され、民政局スタッフが「九日間」の突貫作業で草案を作り上げたというこのストーリーが、一般的に受け入れられている。

『日本の政治的改革』には、ホイットニーがマッカーサーに日本に新憲法作成を指令する権限があることを保障した一九四六年二月一日付のホイットニーの文書（本書三〇〇頁）も原文が収録されており、[15]マッカーサー・GHQによる日本国憲法草案の作成の法的根拠があったことを連合国側や世界にアピールしようとした意図もうかがわれる。

2 「マッカーサー・ノート」の意味

前述のように、マッカーサーは、幣原内閣から提出される「松本私案」を拒否し、代わってGHQ民政局が作成した憲法改正草案を提示することに決め、二月三日にホイットニー民政局長に指示し、翌日二月四日の民政局の憲法改正草案作成のスタッフの初会合で示されたのが"Top Secret"（トップ・シークレット〔最高機密〕）と記された「最高司令官から憲法改正の『必須要件』として示された三つの基本的な点」（いわゆる「マッカーサー・ノート」）である。「マッカーサー・ノート」で指示されたのは「象徴天皇制」「戦争放棄、軍備廃止、交戦権放棄」、「日本の封建制度の廃止」のいわゆる「マッカーサーの三原則」である。[16] 全文は以下のとおり。

1．天皇は、国の元首の地位にある。
皇位は世襲される。

天皇の職務および機能は、憲法に基づき行使され、憲法に示された国民の基本的意思に応えるものとする。

2．国権の発動たる戦争は、廃止する。日本は、紛争解決のための手段としての戦争、さらに自己の安全を保持するための手段としての戦争をも、放棄する。日本は、その防衛と保護を、今や世界を動かしつつある崇高な理想に委ねる。
日本が陸海空軍をもつ機能は、将来も与えられることはなく、交戦権が日本軍に与えられることもない。

3．日本の封建制度は廃止される。

貴族の権利は、皇族を除き、現在生存する者一代以上には及ばない。
華族の地位は、今後はどのような国民的または市民的な政治権力も伴うものではない。
予算の型は、イギリスの制度にならうこと。

「マッカーサー・ノート」は、タイトルが憲法改正の「三つの基本的な点」が「必須要件」となっていて、三点を必ず新憲法に定めよという指示である。日本国憲法はマッカーサーの指示どおり、1が日本国憲法の「第一章　天皇」となり、2が「第二章　戦争の放棄」と日本国憲法の冒頭に置かれる条項になった。しかし、3は封建制度は廃止されるとだけ漠然と指示しただけで、具体的には特権階級である貴族と華族の廃止と制限をいい、脈絡なくイギリスの予算制度にならうことを述べているだけである。

SWNCC―二二八ではすでに述べたように（本書二二四頁）、天皇制をどうするかということについては、「天皇制維持の問題は、日本人自身の決定に委ねる」として流動的であり、象徴天皇制への明確な指示はなかったし、戦争放棄については全く指示がなかった。それが、新憲法の柱として盛りこむようにと「マッカーサー・ノート」で指示されたのは、間違いなく一月二四日のマッカーサーと幣原との「秘密会談」と「秘密合意」の結果であった。このことは、高柳賢三憲法調査会長が一九五八年にマッカーサーとホイットニーへ確認の書簡を送り、それへの両者の回答で確認できる。

高柳会長がマッカーサーへ「幣原首相は、新憲法を起草するときに戦争および武力の保持を禁止する条項を入れるように提案しましたか。それとも、首相は、このような考え方を単に日本の将来の政策の問題として提示し、貴下がこの考えを新憲法に入れるよう日本政府に勧告したのですか」と質問したのにたいして、マッカーサーは「戦争を禁止するという条項を憲法に入れるようにという提案は、幣原首相が行ったのです。首相は、わたくしの職業軍人としての経歴を考えると、このような条項を憲法に入れることに対してわたくしがどんな態度をとるか不安であったので、憲法に関しておそるおそる私に会見の申込みをしたと言っておられました。わたくしは、首相の提案におどろきましたが、首相にわたくしも心から賛成であると言うと、首相は、明らかに安どの表情を示され、わたくしを感動させました」と、憲法九条は一月二四日の幣原との会談において幣原から提案されたことを明確に回答している。(17)

そしてホイットニーは、「同条（憲法九条）の民政局案は、この問題に関するマッカーサー元帥と幣原男爵との間の話合を反映するような字句を用いてあります。それは、日本政府に提示されるより以前に、マッカーサー元帥が承認を与えた字句であります」と民政局の憲法九条がマッカーサーと幣原の会談で「秘密合意」されたものをマッカーサーが「マッカーサー・ノート」で指示したことを明らかにしている。(18)

従来、「マッカーサー・ノート」にもとづいて民政局のスタッフが改正憲法草案を作成したといわれてきたが、民政局スタッフが草案作成の基準にしたのは、SWNCC—二二八であり、「マッカーサー・ノート」は、マッカーサーが幣原との「秘密合意」にもとづいて、新憲法の最も重要な条項として「象徴天皇制」と「戦争放棄・軍備廃止・交戦権放棄」を入れることを追加的に指示したのである。そのマッカーサーの指示を受けて、日本国憲法の第一章に天皇を置き、第二章に戦争放棄を置いたのである。封建制度廃止の条項は、SWNCC—二二八を指針にして民政局がすでに新憲法の構造と構成を考え、それが二月四日の民政局の初会合の小委員会の組織に反映されていることは述べたとおり。

ここで、マッカーサーが「マッカーサー・ノート」を指示するにいたる経緯を整理しておきたい。

一月二四日にマッカーサーと幣原が「秘密会談」をもって、幣原は「戦争放棄・戦力不保持」を主張、マッカーサーは「象徴としての天皇制護持」を主張して、両者の間にこれをセットにして憲法改正の大黒柱とする「秘密合意」が成立したことはすでに見た（本書二五六頁）。マッカーサーにとって、象徴天皇制と日本の戦争放棄・戦力不保持をセットにすることによって他の連合国に天皇制存置を認めさせる妙案ができたと、会談の翌日に、アイゼンハワー米国陸軍参謀長宛に天皇の戦争責任がない旨の電報を送った（本書二五八頁）。その後、マッカーサーはホイットニーに調査させて、連合国軍最高司令官として極東委員会の政策決定がない間は、自分に新憲法草案を作成し、日本政府に承認させる権限があることを確認したうえで（本書三〇一頁）、二月一日の「毎日新聞」のスクープを利用するかたちで、幣原内閣から憲法改正の「松本私案」が提出される前に新憲法草案を民政局総動員で作成させ、「松本私案」提出と同時にそれを拒否し、民政局草案を幣原内閣に受け入れさせる、というシナリオを考えついた。ホイットニーはこのシナリオは前述の二月四日の民政局の新憲法草案作成のための初会合で語ったのである。

さらに、前掲のホイットニーの回想録の引用の末尾にあった、二月三日朝、マッカーサーが「マッカーサー・ノート」を提示しながら、その「規定以外には全面的な自由裁量権を与えられた」ということも重要である。マッカーサーは幣原との「秘密合意」による「象徴天皇制」と「戦争放棄・戦力不保持」を必ず憲法改正条項の柱とする以外は、ホイットニーに「自由裁量権」を与えたのである。したがって、GHQ民政局が作成した新憲法草案は一般に「マッカーサー憲法」と呼ばれるが、「第一章　天皇」と「第二章　戦争放棄」を除いて、他の条項はこれから述べる民政局のスタッフによって作成されたのである。

ホイットニー回想録には、マッカーサーが四月一〇日に行われる衆議院の第二二回総選挙が、「憲法改正案にたいする一つの非公式な国民投票」となると考えていたとある。マッカーサーは極東委員会、対日理事会が本格的な活動をする前に、日本政府が自主的に作成した形にした憲法改正草案を公表させ、その直後の総選挙で初めての選挙権を獲得した女性をはじめとした国民の多数がこぞって投票して民主主義政治の定着が証明されれば、マッカーサー・GHQが遂行した戦後民主化政策を日本国民が歓迎して受容したことが証明されると考えていた。そしてそれは、民主改革と軌を一にした象徴天皇制を規定した憲法改正草案を民主化された国民が支持した証明になるとして、極東委員会や対日理事会、さらには連合国に追認させせようとしたのである。さらに、天皇の詔勅を得て、日本政府が憲法改正草案を公表し、それを国会審議を経て、新憲法として公布するという既成事実化を進めれば、極東委員会や対日理事会も阻止できないという計算も働いていたように思える。

3　新憲法草案を作成した民政局メンバー

二月四日の民政局の初会合に始まった民政局の二五人のスタッフによる新憲法草案作成の突貫作業は、前文と全九二条のGHQ草案が出そろったのは二月一一日の夕刻で、二月一二日にはホイットニーが参加した運営委員会で最終検討と修正がおこなわれた。この間、一〇日の夕方には地方行政の部分を除いた全草案がマッカーサーに届けられ、マッカーサーのチェックを受けた。ベアテ・シロタ・ゴードンの自伝によれば「とにかく秘密を守れという厳命にたいして、ひと言も漏らしてはいけない立場だったので、原宿の父母にも連絡を取らなかった。民政局の現場は、そんな私的なことの入り込む余地がない〝戦場〟だった」と記している[19]。

GHQの新憲法草案は二月一三日、外務大臣官邸において、吉田茂外相と松本烝治国務大臣にたいして、ホイットニー民政局長と運営委員会責任者のケーディスから、二月八日に日本側が提出した「松本私案」を拒否するとともに申し渡された。このことは改めて述べるが、以上のようなハードスケジュールで民政局の新憲法草案が作成されたのである。この間の民政局の小委員会を基礎にした新憲法草案作成の経緯については、高柳賢三ほか編著『日本国憲法制定の過程　I　原文と翻訳』に、各小委員会、運営委員会、運営委員会と小委員会との合同会議などの議事録が収録されており、先にあげた各小委員会が担当分野の条項、条文をどのように検討し、作成していったかの経緯を知ることができる。
民政局のスタッフの全体的な動向と、ベアテ・シロタ・ゴードンが属した人権小委員会の日毎の作業は彼女の自伝『1945年のクリスマス――日本国憲法に「男女平等」を書いた女性の自伝』に臨場感をもって書かれている。全部で九二条のマッカーサー草案のうち、人権条項は三分の一を占めることになったから、人権小委員会の役割はそれだけ重要だったことになる。鈴木昭典『日本国憲法を生んだ密室の九日間』(註(5)に前出)は、テレビドキュメンタリー・プロデューサーの著者が、憲法草案作成にたずさわった民政局メンバーの生存者を訪ねて長時間にわたりインタビューした記録を中心に、文字どおり、憲法草案作成の「密室の九日間」を再構成したドキュメンタリーで、民政局のスタッフによって日本国憲法草案が作成された経緯がよく分かる。

日本国憲法草案を完成させた民政局二五人の「密室の九日間」の経緯は右の二冊に譲るとして、本書では、どのような人物が草案を作成したのか、主だった人物を簡単に紹介してみたい。

ベアテ・シロタ・ゴードンは当時二二歳だったが「きちんとスタッフとして扱われた。そのことが私の自尊心をくすぐり、職場に来ると、両親が栄養失調であることも、一家で住む家を探すことも忘れて仕事に没頭できた」と書いている。彼女は「人権に関する委員会」に所属して、人権という概念が通じない当時の日本社会にあって、女性と児童の人権を尊重し、保障する条項を憲法草案に入れるよう奮闘した。その彼女は憲法草案作成に係わった民政局のメンバーについて、こう記している。[20]

(　)の所属委員会は引用者が挿入した。

民政局は、軍服こそ着ていたが、弁護士や学者、政治家、ジャーナリストといった知識人の集団だった。マッカーサー元帥の信任があつく、書体まで似ていたという元帥の信奉者だったホイットニー民政局長は、コロンビア・ナショナル・ロー・スクール出身の弁護士で、法学博士だった。のちに民政局次長になるチャールズ・L・ケーディス大佐（運営委員会）も、ハーバードのロー・スクール出身の弁護士。ラウエル中佐（運営委員会）、ハッシー海軍中佐（運営委員会）も弁護士で法学博士の学位を持っている。フランク・ヘイズ中佐（立法権に関する委員会）も弁護士、スウォープ中佐（立法権に関する委員会）はプエルトリコ総督で元下院議員。サイラス・ピーク博士（行政権に関する委員会）はコロンビア大学助教授、ティルトン少佐（地方行政に関する委員会）は、ハワイ、コネチカット大学教授とそうそうたる顔ぶれだ。（中略）

民政局のメンバーの多くが、かつてルーズベルト大統領が大恐慌克服のために諸改革を行った、かのニューディール政策の信奉者で、ニューディーラーを自任していた。彼らは、アメリカで果たせなかった改革の夢を、焼け野原の日本で実現させたいという情熱を持っていた。

軍服を着た法律家や教授たちは、物腰もソフトで、どこまでも紳士だった。のちに憲法草案に携わるのは、その内の二五人だが、その中に女性は私も含めて六人いた。

憲法草案の作成にたずさわった民政局のメンバーがルーズベルトのニューディール政策の信奉者で、ニューディーラーを自認していたという。本書第3章のアメリカの日本政策で述べたように、日本国憲法の原点といえる「大西洋憲章」に始まるアメリカの日本占領政策と民主化政策はルーズベルトの構想にもとづくものであった。したがって、日本の占領下の民主化政策を実行する民政局のスタッフとして、多くの若手のニューディーラーたちが、志願者もふくめて、アメリカ政府から送りこまれたのは、それなりに必然的な理由があったともいえる。

民政局のメンバーの生存者とインタビューした鈴木昭典は、「インタビューした方々に共通していたのは、例外なく人間味豊かで、民主国家の理想的な憲法を生み出すために情熱を燃やしたという自負を持っていたことだ。人生のある時期を、理想に燃える仕事に費やしたという人々が、実に羨ましく見えた。その実在感は、何よりも勝る収穫であった」と書いている。[21]

各小委員会を統轄した運営委員会の三人について、ベアテ・シロタ・ゴードンの自伝から、そのプロフィールを紹介してみたい。

チャールズ・L・ケーディス陸軍大佐（Charles L. Kades）

ルーツはスペインのフランス国境近くの町でベアテと同じユダヤ民族の血をもっていた。四〇歳の男ざかりで、シャープな頭脳と冷たい印象を与えるほど整った容貌の持ち主だった。後に民政局次長になるが、運営委員会で位が一番高く、運営委員会の責任者となった。軍人でありながら、法律家としても経験をつんでいた。コーネル大学とハーバード・ロースクールを卒業して、ニューヨークのホーキンス・デラフィールド・ロングフェロー法律事務所の所属弁護士として活躍していた。その意味では並みの軍人ではなかった。

一九三三年から三七年まで連邦公共事業局の副法律顧問、同じ年に陸軍中尉として軍務につき、陸軍歩兵学校と指揮・参謀学校を卒業して、陸軍省民事部に配属される。第二次大戦は主としてヨーロッパ戦線における南フランスの進攻から参加し、アルプス、ラインランドの激戦を経験している。その戦闘中第七軍と第一輸送機動部隊のG5の副官を務めているから、軍歴としても輝かしい。

日本については全く縁がなく、突然の命令でマッカーサーより二日早い一九四五年八月二八日に、占領軍の先遣隊の一人として厚木入りしている。自分でも、日本のことは全く無知でと口癖のように言っていたが、どうしてなかなか、少なくとも英語で書かれた日本政府の機構についての資料や法律書は、片端から目を通していた。

凄い秀才で、物事の把握が早く、決断も早いという、参謀型にはうってつけの人だった。その割には、いつも気軽に誰とも言葉を交わし、すごいハンサムだということもあったが、女性仲間にも人気があった。「チャック」という愛称で、同僚から声がかかっていた。

いずれにしても、憲法草案に限らずケーディス大佐は、民政局のキー・パーソン的存在だった。

アルフレッド・R・ハッシー海軍中佐（Alfred R. Hussey）
当時、四四歳。異色だという意味で、運営委員会を支えた。人柄はケーディス大佐と対照的でユーモアに乏しく、内向的な性格で、ピューリタン的な情熱家。文学青年的雰囲気を持ち合わせ、自信過剰でというふうに書けば、大体輪郭がわかるはずだ。
彼も本職は弁護士で、マサチューセッツ州の出身、ハーバード大学を卒業、バージニア大学で法学博士の学位を獲得している。一九三〇年から軍務につくまで弁護士を開業する傍ら、マサチューセッツ州の公職についたり、州最高裁判所の会計検査官などの特別顧問を務めた。海軍に入って太平洋陸海軍共同訓練司令部に勤務したあと、プリンストン大学軍政学校、ハーバード大学民事要員訓練所を経て日本に来ている。憲法の「前文」を一人で担当して草稿を書いたのはハッシー中佐である。

マイロ・E・ラウエル陸軍中佐（Milo E. Rowell）

当時、四二歳。カリフォルニアのフレズノ生まれで、地元のスタンフォード大学で学士号をとったあと、ハーバード・ロースクールに学び、さらにスタンフォードに戻って法学博士の学歴をとるといった輝かしい学歴を持っている。卒業後は、一九二六年から軍務につく一九四三年まで、多くの会社の顧問弁護士を務め、政府機関の法律顧問や、ロサンゼルスの連邦検事補などを歴任した。

軍に入って憲兵参謀学校、シャーロッテスビルの軍政学校、そして日本占領のための特殊教育機関だったシカゴ大学民事要員訓練所とエリートコースを巡っている。彼の戦場は、レイテ沖海戦のあとのフィリピンの民族班の指揮官から始まった。ホイットニー准将が、マッカーサー元帥の腹心としてフィリピンから頭角を現わしていたように、ホイットニー准将から目をかけられていた一人だった。

ホイットニー准将が民政局長に赴任する前から法規課長として、日本の政党や民間の憲法学者と積極的に接触していた。民政局員のほとんどの人たちと同様、彼は軍人を自分の本職と考えていなかった。フレズノに帰って弁護士をやろうというのを無理やり引き留めて憲法作成の作業につかせたのも、ホイットニー准将だった。

ラウエル中佐は、一月の中旬に、当時の進歩的グループだった高野岩三郎、森戸辰男、鈴木安蔵らの憲法研究会の草案を好意的な説明をつけて報告している（本書一八九頁）。その意味では、憲法に関しては民政局の中では抜きんでていた存在だった。

本書がマッカーサーとGHQ民政局の憲法改正草案（新憲法草案）作成の経緯を整理するために基本資料にしている高柳賢三ほか編著『日本国憲法制定の過程 I 原文と翻訳』は、ラウエルが保管していた民政局の関連資料の全ファイルの写しを、一九六〇年代になって、高柳賢三元憲法調査会会長宛に寄贈してくれた資料を基本に編集したものであった。当時、〝Top Secret〟とされたラウエル所蔵文書の刊行によって、本書のように、日本国憲法草案がGHQ民政局によって作成されていった経緯を知ることができるのである。

4 マッカーサー連合国軍最高司令官の〝二つの顔〟

連合国軍最高司令官として日本の占領政策を遂行したマッカーサーは、「軍人としての顔」と「政治家としての顔」の二つを持ち合わせていた。それを典型的に具現したのが、軍人としてのウィロビー参謀第二部（G2）部長と政治家としてのホイットニー民政局（GS）局長をマッカーサーが最高司令官を解任されるまで、「マッカーサーの両腕」として重用したことであった。二人は思想信条とも全く異なる人物で、GHQ内では「内戦」に等しい抗争を展開した人物であった。両者の決定的な違いは、ウィロビーが強固で徹底した反共主義者であったのにたいして、ホイットニーはラディカルで「容共的である」とさえ評価されていたことである。

初期占領政策でいえば、GSは共産党、社会党左派、労働組合に肩入れし、軍閥や財閥や旧体制の指導者を取り除いて、日本を社会民主主義的な民主国家に作り変えようとしていた。これにたいし、G2は共産主義者や労働組合や左翼学生を抑圧し、追放されている軍閥や財閥や旧体制の指導者を復権させて、日本の経済を復興させ、共産主義にたいする強固な防波堤にしようとしていた。幣原内閣以後の政府でいえば、G2のウィロビーは保守系の吉田茂内閣を支援し、GSのホイットニーは革新系の片山哲と芦田均内閣を後押しするという対立軸があった。

本書では、「日本国憲法の原点の解明」という視点から、マッカーサー・GHQの初期占領政策をホイットニーが指導した民政局の動向を中心にみてきた。ウィロビーとG2といわれた参謀第二部の活動については、終章の吉田首相暗殺クーデター計画に触れて紹介したい（本書四一四頁）。

ウィロビー

マッカーサー・GHQの占領政策の全体像を理解するためには、G2といわれたウィロビー指導下の参謀第二部が果たした役割もあわせて解明する必要があることはいうまでもない。しかし、本書がGHQの日本占領政策の全体像を解明するのではなく、日本国憲法草案の作成経緯を明らかにすることを目的にしていることから、参謀第二部の活動については叙述していないことについてはお断りしておきたい。

それでも、その一端を明らかにしておく意味で、参謀第二部長のウィロビーの目から見た民政局長ホイットニーを紹介してみたい。それによってウィロビーの人物と立場も分かることになる。以下は、C・A・ウィロビー著、延禎監修『ウィロビー回顧録　知られざる日本占領』[22]からの引用である。延禎は、韓国から東京のG2に派遣されてきた韓国の海軍少佐で、ウィロビーが米国陸軍少佐という仮階級を与え、ウィロビーの下で情報官として活動し、特に朝鮮戦争において、ウィロビーの指揮下で軍事作戦に従事した人物である。延禎は同書の「あとがき」にウィロビーと吉田茂首相は「お互いをほめちぎっていた」仲であったと書いている。

先ずは同書の「序文」に書かれたウィロビーの経歴である。彼は一八九二年三月八日にドイツのハイデルベルクで生まれた。「私は、ドイツのワイデンバッハ男爵家の嫡子である。私はそれを誇りにしている」と書いている。一八歳でアメリカにわたり、ペンシルベニア州のゲチスバーグ大学を卒業、一九一六年に米国陸軍将校となり、アメリカの対独戦に参戦、フランスにあった米国遠征軍部隊に勤務した。第一次世界大戦後、数カ国のヨーロッパ語に流暢だったので、ベネズエラ、コロンビア、エクアドルの駐在アメリカ公館の武官を勤めた。一九四〇年フィリピン駐在米軍総司令部のG4（補給兵站担当）参謀副長に任命された。一九四二年にフィリピン政府からフィリピン軍の組織と訓練を要請されていたマッカーサー将軍の参謀に任命され、まもなくしてマッカーサーの情報参謀となり、マッカーサーのオーストラリアへの脱出に同行、マッカーサーが南太平洋地域とフィリピン奪回のために新しく組織した連合軍の参謀となった。マッカーサーが連合国軍最高司令官として日本に進駐したのに同行、GHQの情報参謀副長、民間情報局長を歴任、マッカーサーの腹心の一人として活躍した。経歴からして根っからの軍人で、「私は胸を張っていおう。『私は反共主義者である！』と。自由世界の守護のためなら、進んで手を汚しもする義務感に燃えた男である、とも」と自ら書いているように、徹底的な反共主義者で、ナチスの礼賛者で、彼自身「小ヒトラー」と呼ばれるのを好み、参謀第二部の管轄下に置いた民間情報局を「日本におけるFBI（the Federal Bureau of Investigation, 連邦検査局）」と考えていた。[23]

そのウィロビーが、ホイットニー民政局長についてこう書いている（以下、ウィロビーの回顧録の「GSとG2の対立」の章から。引用は適宜省略しているが、文章はそのままである）。

GS（民政局）は、戦後日本の政治動向を把握して、これをアメリカが夢みる民主化の方向に導いていく必要から、一九四五年一〇月、マッカーサー上陸直後に設けられた新しいセクションである。

ホイットニーは、一九四二年にわがG2の任務として着手されたフィリピンのゲリラ組織を発展させ、これを拡大すべく一九四三年、陸軍中佐として、ブリスベインに登場してからというもの、目ざましい昇進をとげた出世頭だった。戦前のマニラで卓越した弁護士だったホイットニーは、フィリピンにおける経済的政治的条件のことごとくを知り抜いていたため、この抜擢にふさわしいだけの例外的人物だという評判であった。フィリピン解放後、彼は、フィリピン復興に多大の貢献をなした民政組織の指揮を取っていた。マッカーサーが日本に移駐したとき、彼がGSの局長として、ハイレベルの政治的改革の任に命ぜられたのは、このような過去の手腕を買われたからであった。

彼自身はニューディーラー(ルーズベルト大統領のニューディール政策支援者で〝赤〟とはいえないまでも〝ピンク〟がかった連中)でなくとも、ニューディールの流れを汲む、かなり急進的なリベラリストたちとけっこうウマが合っていて、GSのスタッフには軍人よりも民間人を多く起用していた。

要するに、ホイットニーは〝文化人〟で〝かしこい男〟だったのだ。だが私の目にはどうも容共主義者に見えて仕方がなかった。私は、アメリカの正義と真実に対しては絶対の信頼を置いていて、これを批判がましくあげつらう〝進歩主義者〟やリベラリストたち、いわんや容共主義者なら一層のこと、私の敵、アメリカの敵とみなしている。この点、私は、決してだれにもゆずる気はない。スペインのフランコ総統にはいろいろ批判もあるだろうが、私は総統の反共主義にはおおいに共感しているものである。

G2の部下としては、私は、当然のことだが軍人ばかりを集めた。ホイットニーと私はことあるごとに対立したのは、このような個人的性格や経歴の違いのせいだったかもしれない。

世に喧伝されているGSとG2との〝いさかい〟は、まず内部で起こった。占領初期には、戦争指導者のリストにのっている戦争犯罪人の逮捕に関する問題と、刑務所で服役中の政治犯の釈放、元憲兵隊司令部の引きつぎと同時に特務機関の解体、警察の特高解体、海外に逃亡中の政治家たちの帰国問題などに関しては、G2管理下のCIC(対敵防諜部隊)が担当していた。当時のCICのキャップには、終戦までオーストラリア軍情報部に勤務していたエリオット・ソープ准将が、マーシャル国務長官と参謀長サザーランドの推薦によって、おさまっていた。残念ながら、この人選は失敗だったといわなければならない。

ソープ准将が手がけた仕事のなかには、婦人参政権のようなものがあり、これは明らかにGSの仕事であった。ソープ准将が婦人参政権に興味をもったのは、彼の思想傾向に、ある暗示を与えるものであるし、さらに推測をおし進めるなら、彼は、直接の上官である私よりも、GSのホイットニーの方に近いといえるのではないか?

ソープ准将がスタンド・プレーを開始して約七カ月後、私はマッカーサーに強く進言し、彼をCIC隊長職から解き、本国へ帰してしまったが、彼の言動は、すでにGHQの占領政策に影響を及ぼしてしまっていたのは残念である。ソープは私に忠実たらんとするよりも、ホイットニーのご機嫌ばかり取り、あげくの果てに、ホイットニーにG2内部の事情をいちいちつげ口していたふしさえあるのである。

わがG2は、日本占領にあたって、治安・情報担当とともに、占領政策の施行にも関与するはずだった。一方GSは、ホイットニーが〝民主主義国家〟としての日本への改革を目標に、新憲法起草はむろんのこと、公職追放、財閥解体、農地改革、国会対策、さらには婦人参政権、隣組問題にいたるまで、手を拡げていった。民主主義は絶対に守らなければならない。これには私も同感である。しかし、一口に民主主義といっても、何が民主主義かということになると、ことはややこしくなり、個人の主観が混じってくることになる。私はGSの〝民主主義〟なるものは信用できない。彼等の〝民主主義〟とは、容共的要素の濃厚なものであり、私にはとうてい是認しがたいものであった。

内大臣・牧野伯爵の娘婿だった吉田茂は、かなりの親米家で知られていた。吉田の評価については、GHQはふたつの意見にわかれていた。むろん、GSは吉田反対である。マッカーサーは、はじめのうちはGSの言葉に耳を傾けていたが、私の主張の正しさを認め、だんだん吉田支持に傾いていった。私は、GSと吉田の対立の渦中、何度もマッカーサーにGSの非を語ろうとし、事実、語りもした。それには慎重が要された。ホイットニーに対するマッカーサーの信頼は厚く、フィリピンでのホイットニーの業績を高く買っていて、なまじっかなことでは、かえってGSの反撃を受けることになるからである。

GSは、日本自由党の総裁・鳩山一郎の追放も狙っていた。鳩山がつぎの選挙で首相になるだろうことは目に見えていた。CIC〔対敵防諜部隊〕からの報告によれば、この件に関して、日本の共産党がGSになにかと鳩山の〝情報〟を伝えていた形跡がある。GSは、つぎの諸点を上げて、鳩山の追放を日本政府に迫った。

一、田中内閣の時、書記官長として、大陸侵攻の基礎となった東方会議を主宰。

一、日本の民主化に一番悪い影響を与えた治安維持法を起案した時の〔内閣〕書記官長。

一、自由主義学者を弾圧した人間であり、瀧川事件の文部大臣。

わがG2では、GSが鳩山を追放しようとは思っていなかった。しかし、鳩山は追放された（一九四六年五月四日）。ここで興味があるのは、当時の共産党機関紙『アカハタ』の鳩山攻撃記事とGSの発表した説明とが酷似していたことである。

以上、ウィロビーの回顧録から長く引用したが、マッカーサーの〝二つの顔〟がおおむねお分かりいただけたと思う。これまで本書で述べてきた、GHQの民主化政策と日本国憲法草案にいたるマッカーサーの政策は、主としてホイットニーの指導するGS（民政局）が主導したものであった。そのなかで、ウィロビーが容共主義者と批判したいわゆるニューディーラー（ルーズベルトのニューディール政策の同調者）が占領政策遂行で重要な役割をになった。日本国憲法草案にかかわった民政局のメンバーにも後に民政局次長となったケーディス以下、多くのニューディーラーで占められていた。

しかし、一九四七年以降、アメリカの外交が冷戦のきざしをみせはじめ、対日占領政策が民主化から反共的民主化へ大きく急転回するようになると、反共主義者のウィロビーが指導するG2が主導的役割を果たすようになり、GHQ内で〝赤狩り〟がおこなわれ、ニューディーラーが追放されていった。そのためにニューディーラーと称されたスタッフの調査をおこない、マッカーサーと参謀長宛に「総司令部への左翼主義者の浸透状況」（一九四七年四月二三日）[24]を提出した。さらに、報告書「GHQ内の左翼職員について」（一九四七年六月七日）を最高司令官、参謀長、ホイットニー将軍宛に提出している。[25] G2は個人についての調査報告書を作成しており、そのなかに、本書で何度か紹介してきたベアテ・シロタ・ゴードンについての「調査対象者　ミス・ビート・シロタ　GHQ民政局勤務」がある。[26] 報告書は、ベアテ・シロタの両親はロシア系ユダヤ人音楽家で、戦時中の日本で「抑留されたり、妨害されたりした事実がない」のは不思議であるとか、「破格に若い少女が、日本問題の〝専門家〟としてGHQ内に非常に責任ある地位を占めて」「日本の警察と地方官僚のパージの〝専門家〟として彼女の個人的な憎悪をぶちまけるという子供じみた喜びに浸っている」がそれが「民政局が左翼的な共産主義の息のかかった政策プログラムを推し進めているかのような印象を世間に及ぼしている」と誹謗中傷のたぐいの悪意に満ちたものである。

民政局の憲法草案作成運営委員会の責任者として小委員会を統轄して辣腕をふるったケーディスが民政局を追放される経緯も、以下に引用するように、ウィロビー回顧録から知ることができる。ケーディスは、すでに経歴を紹介したように、ハーバード・ロースクールを卒業後、ニューディール改革進行中の内務省や財務省で、公共事業関係の法律事務に従事した文字どおりのニューディーラーであった。

ケーディスはハーバード大学法科卒のエリートである、四十二歳の彼としては、占領国とはいえ、一億の人口を持つ、一国の政治を意のままに牛耳り、絶対的存在である民政局の次長にすでに三年間もいる。それは日本を民主主義国家にするための旗手として、新憲法の起草、公職追放、農地改革、財閥解体、選挙法改正、婦人参政権、警察法改正、そして汚職追及と、まさに目を見はるばかりの大活躍をしてきた。

ところが一九四八年に入るや、GSの対日政策に対するワシントン側の突きあげと政策転換を求めるような干渉が次第に強硬さを増してきた。ケーディスとしては、この〝ワシントンの干渉〟をやわらげ、かつGSの方針をつらぬくための説得の必要に迫られた。ワシントン出張は急を用していたのである。

〔ケーディスは一九四八年一二月、上司ホイットニー将軍の許可を得てワシントンへ出張〕

東京のG2は、ケーディスのワシントン訪問の以前に、FBIとペンタゴンの情報部に、彼とそのスタッフの前歴、家族、知友関係、および東京のGHQに赴任する前の軍歴などの詳細なデーターを調査のうえ、送ってくれるように依頼してあった。同時に、東京でも調査は進められていた。G2は彼の素行、思想を調査して、一カ月半にわたる調査結果をまとめ報告書を作成したのである。そして、総合的な報告書が、ワシントン側に送られたのはいうまでもない。

当時のワシントンは、マッカーサーの対日政策に批判的になっていた折りであり、加えてケーディスを中心としたGSの若手リベラル派の〝独走〟に顔をしかめているだけに、彼ケーディスにプラスするはずはなかった。おかげで、ペンタゴンにつづいて国務省、上下院などを訪問する予定のケーディスの計画は完全に狂い、逆に自分を弁解しなければならないハメに陥ってしまった。

G2の報告は、ケーディスが東京滞在の三年間に鳥尾元子爵夫人と愛人関係にあったことをスキャンダラスに暴露し、それが原因でケーディスの夫人から離婚するまでにいたった。ケーディスは一九四九年五月三日、ワシントンでGHQ民政局次長を辞任させられた。ケーディス大佐の退役によって、一九四六年二月からはじめられたGHQ内におけるニューディーラーの追放劇は一段落をつげた。本書で詳述してきた、GHQ民政局の新憲法草案作成のスタッフとして、民主主義国日本の誕生を願いながら、アメリカ憲法よりももっと民主的な憲法を作成するために情熱を注いだ、ニューディーラーたちは、GHQから追放され、消えていったのである。

ケーディスは、本書で紹介した作成されたばかりのSWNCC文書やJCS文書を持参して、ワシントンからGHQに派遣され、日本の戦後改革や憲法草案作成に活躍したのであるが、世界の冷戦体制の強化にともなったアメリカの対日占領政策の転換により、民政局次長の職を追放された。

GHQ内では、ワシントンのアメリカ政府よりは早く、冷戦体制即応の体制をととのえはじめ、ニューディーラーが後退し、保守的・反共的スタッフの進出という体質変化をとげたのである。同時にGHQの対日政策も大きく変質し、一九四八年ごろから〝逆コースの時代〟の到来となった。本書では指摘するだけにとどめざるを得ないが、それまでの公職追放が解除され、真逆の〝レッドパージ〟が行われるようになり、共産党員とその支持者、労働組合の活動家、小・中・高の教職員が解雇され、職場から追放された。

GHQの〝レッドパージ〟にいたる〝逆コースの時代〟を主導したのがG2部長のウィロビーである。「私は反共主義者であると胸を張っていおう」「自由世界の守護のためなら、進んで手を汚しもする義務感に燃えた男である」と豪語するほどの徹底した反共主義者であった彼が「進んで手を汚しもする」とまで言ったが、一九四九年に発生した未だ真犯人が解明されていない下山事件（七月五日）、三鷹事件（七月一五日）、松川事件（八月一七日）の背後には、ウィロビーとG2の謀略の影があると推理した松本清張『日本の黒い霧』（文藝春秋）がある。いずれの事件も、当時、共産党の影響力の強かった国鉄労働組合（国労）の運動を弾圧するために仕組まれた謀略だった。

油井大三郎『未完の占領改革――アメリカ知識人と捨てられた日本民主化構想』が明らかにしているように、アメリカ政府とマッカーサー・GHQによる日本の民主化改革構想は未完のままに放棄されてしまったのである。

それでも、筆者が「民主主義の器」と称する、日本国憲法が作成され、公布され、施行されたことは、日本国民にとって歴史の幸運であった。

『日本国憲法を生んだ密室の九日間』の著者の鈴木昭典は、一九九〇年代にケーディスとベアテ・シロタ・ゴードンに何回かインタビューし、一九九三年五月には憲法記念日を中心に二人を日本に招いて講演会をもったが、生涯忘れえない仕事を振り返った二人のコメントを紹介している[27]。

ケーディス「当時、日本国民は、国会による代議制民主主義を非常にすんなりと受け入れました。私たちは、日本政府に民主主義の指針を示すだけの仕事をしたと思っていました。時代が変わると、憲法は幾分修正されることになると考えていました。しかし、日本には、日本国憲法の改正案を起草するよりも、はるかに優れた憲法運用の専門家たちがいたのだと思います」

ベアテ・シロタ・ゴードン「モデルみたいな憲法だと思いますね、私は。日本の女性の幸せな顔を見ると、とても嬉しく思います。世界には、まだまだ不幸な立場の女性が大勢います。そんな国は多いのです。こんどは、日本の女性が、世界に出かけて助けてあげて下さい」

本書に名前は登場していないが、民政局の憲法改正草案作成の行政権に関する小委員会のメンバーであったミルトン・J・エスマン（当時陸軍中尉）のコメントは、筆者が「時代の幸運」であったという思いに通じるので、同じく鈴木書から紹介しておきたい。

エスマン「政治で重要なのは、実績です。意図された通りなのか、運がよかったのか、どちらにせよ、この憲法は歴史に残る成功物語です」

【註】

(1) ダグラス・マッカーサー、津島一夫訳『マッカーサー大戦回顧録（下）』中公文庫、二〇〇三年、二三八頁。

(2) Charles L. Kades, The American Role in Revising Japan's Imperial Constitution, *Political Science Quarterly*, Summer 1989, p.221. 西修『日本国憲法成立過程の研究』成文堂、二〇〇四年、三七頁、に掲載。

(3) 高柳賢三・大友一郎・田中英夫編著『日本国憲法制定の過程　I　原文と翻訳――連合国総司令部側の記録による』有斐閣、一九七二年、九一頁。*Political Reorientation of Japan, September 1945 to September 1948, Report of CVERMENT SECTION Supreme Commander for the Allied Powers*, Republished, 1968. SCHOLALY PRESS. VolⅡ, p.622.

(4) 佐藤達夫『日本国憲法成立史　第二巻』有斐閣、一九六四年、六四八頁・六五五頁。

(5) 鈴木昭典『日本国憲法を生んだ密室の九日間』角川ソフィア文庫、二〇一四年、一九七～二〇三頁。

(6) 高柳賢三・大友一郎・田中英夫編著、前掲(3)、四一～四三頁。

(7) コートニー・ホイットニー、毎日新聞社外信部訳『日本におけるマッカーサー――彼はわれわれに何を残したか』毎日新聞社、一九五七年、七四頁。

(8) 「一九四六年二月四日の民政局の会合の要録」（高柳賢三・大友一郎・田中英夫編著、前掲(3)、一〇一～一〇六頁)。

(9) ベアテ・シロタ・ゴードン、平岡磨紀子〔構成・文〕『1945年のクリスマス――日本国憲法に「男女平等」を書いた女性の自伝』朝日文庫、二〇一六年、一六二頁。

(10) 各委員会のメンバーの名前は、「憲法草案の準備のために民政局行政内部の数個の委員会を編成した際の組織を示すメモ」として、高柳賢三・大友一郎・田中英夫編著、前掲(3)、一一一頁、に掲載されている。

(11) 高柳賢三・大友一郎・田中英夫編著、前掲(3)、一三〇～一三一頁。

(12) 高柳賢三・大友一郎・田中英夫編著、同(3)、一二七頁。

(13) ベアテ・シロタ・ゴードン、平岡磨紀子〔構成・文〕、前掲(9)、一七六頁。

(14) *Political Reorientation of Japan, September 1945 to September 1948, Report of CVERMENT SECTION Supreme Commander for the Allied Powers*, Vol I, Vol II, Republished, 1968. SCHOLALY PRESS.

(15) *Political Reorientation of Japan, September 1945 to September 1948, Report of CVERMENT SECTION Supreme Commander for the Allied Powers*, Republished, 1968. SCHOLALY PRESS. Vol II, p.622.

(16) 「最高司令官から憲法改正の『必須要件』として示された3つの基本的な点」（高柳賢三・大友一郎・田中英夫編著、前掲(3)、九九頁）。

(17) 「一九五八年一二月一五日付ダグラス・マッカーサーより高柳博士宛書簡」（憲法調査会「高柳会長とマッカーサー元帥及びホイットニー准将との間に交わされた書簡」）国会図書館憲政資料室所蔵、憲法調査会資料、資料番号207,R-20

(18) 「一九五八年一二月一八日付コートニー・ホイットニーより高柳賢三会長宛書簡」（憲法調査会

「高柳会長とマッカーサー元帥及びホイットニー準将との間に交わされた書簡」）国会図書館憲政資料室所蔵、憲法調査会資料、資料番号207,R-20
(19) ベアテ・シロタ・ゴードン、平岡磨紀子〔構成・文〕、前掲(9)、二三〇頁。
(20) ベアテ・シロタ・ゴードン、平岡磨紀子〔構成・文〕、同(9)、五三頁。
(21) 鈴木昭典、前掲(5)、三六八頁。
(22) C・A・ウィロビー、延禎監修『ウィロビー回顧録　知られざる日本占領』番町書房、一九七三年。
(23) 竹前栄治『GHQ』岩波新書、一九八三年、一〇一頁。
(24) 報告文書は、C・A・ウィロビー、延禎監修、前掲(22)、一六二頁、に収録。
(25) C・A・ウィロビー、延禎監修、同(22)、一八四頁、に収録。
(26) C・A・ウィロビー、延禎監修、同(22)、一七九頁、に収録。
(27) 鈴木昭典、前掲(5)、三六二～三六四頁。

第9章　幣原内閣による「憲法改正草案要綱」の発表

1　幣原内閣における「松本私案」の審議

話をGHQ民政局による新憲法草案作成の時に戻して、幣原内閣において、GHQへの「松本私案」の提出とそれを拒否したGHQが民政局作成の憲法改正草案を受け入れるように提示したことにどう対応したかを見てみたい。以下、入江俊郎『日本国憲法成立の経緯』[1]（以下『入江書』とのみ略す）と佐藤達夫『日本国憲法成立史　第二巻』にもとづいて、その経緯をざっと整理する。

入江俊郎は当時、法制局次長として、幣原内閣の憲法問題調査委員会の委員であり、幣原内閣の閣議に参加して丹念にメモをして記録していたので、幣原内閣における議論を知るうえでの第一次史料である。入江はその後法制局局長となり、日本国憲法のもとで、初代衆議院法制局長の要職に就き、さらに五一歳の若さで最高裁判所判事に就任、一八年余の長きにわたって務めあげた人物である。

憲法九条幣原発案説を否定する論者がよく引用する厚生大臣であった『芦田均日記』はあくまでも個人の日記であったのに比べて、入江俊郎は法制局次長という公的立場から閣議記録をとっていたのであるから、史料的価値がちがうのはいうまでもない。佐藤達夫は当時法制局第一部長として憲法問題調査委員会の委員であった。

一九四六年一月二九日の幣原内閣の閣議において、松本国務大臣から、二月一〇日ごろに総司令部に改正案を提出し、二週間で承認を得ることができるであろうから、四月中旬の特別議会に憲法改正案を提出したい旨の発言がなされ、二月四日まで五回にわたって「松本私案」についての審議がおこなわれた。

一月三〇日は臨時閣議であるが、「松本私案」の謄写印刷が配布され、幣原内閣において初めて、本格的な討論がおこなわれた。松本烝治国務大臣が憲法問題調査委員会の審議の経過を説明したのちに「松本私案」について説明し、つづいて各閣僚の意見をもとめた。

「松本私案」では第一一条と第一二条に軍の規定があり、松本と幣原総理大臣との間でつぎのような意見が交わされた。

松本国務大臣　憲法問題調査委員会では軍の規定を全部削除せよとの論があった。しかし、自分は、独立国なら軍隊はある。わが国は軍は現在はないが、ある時期に国防軍的なものができたときに憲法を改正することは適当ではない。将来の軍は、独立して何でもできるというような統帥権独立の上に立つべきものではなく。軍の行動も法律の制限を受けるべきであり、統帥も一般国務の中に含まして内閣の責任にする立前をとるべきであると思うが、そのような立前を今日から、すなわち軍のない今日から、憲法で明定しておくことが望ましいのだ。

幣原総理大臣　軍の規定を憲法の中に置くことは、連合国はこの規定について必ずめんどうなことを言うにきまっておる。将来軍ができるということを前提として憲法の規定を置いておくということは今日としては問題になるのではないかと心配する。この条文を置くがために司令部との交渉に一、二箇月もひっかかってしまいはしないか。

（二人の発言のあとに）

幣原総理大臣　世界の大勢から考えるとわが国にも軍はいつかはできるかもしれない、しかし今日この規定を置くことは刺激が強過ぎるように思う。

（幣原さんが、その真意はどうであったか知る由もありませんが、この日の閣議で、憲法の中から軍の規定を削ってしまうことを、再三主張されたことは、改正憲法九条の真の発案者が、マッカーサーか幣原さんかという、後に議論されたことと思い合わせて興味があります[2]）。

最後の（　）のコメントは、憲法九条の発案者をめぐって幣原かマッカーサーかという論争が起こってから入江が「そういえば」と思いいたったことを記したものである。入江は、幣原が「松本私案」の軍条項を削ることを再三主張したのは、一月二四日の幣原とマッカーサーとの「秘密会談」で、憲法改正案に「戦争放棄」「戦力不保持」を入れることの「秘密合意」をしていたので、「松本私案」に軍条項を入れることに反対したのではないかと思いいたったのである。

入江は、後述する一九五四年夏の東京大学占領体制研究会において「日本国憲法制定の経緯」について報告し、その後の座談会で「幣原さんが、閣議において、憲法問題調査委員会の案について軍の規定はとりたい、とりたいと言っていたところは、戦争放棄までは考えないにしても、それと相通ずるところがあるんですよ」と発言している[3]。

幣原内閣の臨時閣議における、「松本私案」の審議は二月四日に終わったが、これを閣議決定とはせずに、閣議での検討をふまえて松本が責任者として、憲法改正草案をとりまとめて「松本私案」として総司令部に提出して、総司令部の意向を聞いてからさらに閣議で検討して最終案を政府案としてかためるという方針がとられた。

松本は、総司令部に提出する前の二月七日に皇居に参内し、天皇にたいしてアメリカ側に出す憲法改正草案を説明した。その時天皇は大日本帝国憲法第一条の「大日本帝国ハ万世一系ノ天皇之ヲ統治ス」というのが大変強い言葉であるから何とかできないかといい、さらに第五七条の「司法権ハ天皇ノ名ニ於テ法律ニ依リ裁判所之ヲ行フ」について「天皇ノ名ニ於テ」というのは、天皇が直接に何か裁判をするというように聞こえるおそれがありはしないか、という質問があった[4]。天皇の方が連合国に認められるために、象徴天皇制に相応した憲法改正を望んでいたことは、既述のとおりである。

さらにここで、松本烝治国務大臣が直接天皇に会ってＧＨＱに提出する憲法改正草案を説明している行為に注意しておきたい。すでに述べたように、幣原首相や内閣を差し置いて国務大臣が輔弼する権限をもっていて、相対的に首相の権限が弱いのである。

二月八日、松本国務大臣は、総司令部に「政府の起案せる憲法改正案の大要に付き大体的の説明を試むること左の如し」という書き出しのものと「憲法中陸海軍の規定の変更に付いて」という表題の英訳の説明をつけて『憲法改正要綱』の英訳文を総司令部に提出した。説明の後者は、「陸海軍のことは大分向こうがやかましいようだから特につけた方がよかろう。内地の平和秩序の保持のため必要な範囲の軍備を許され、それ以上のことは許されもしないだろうから、陸海軍という言葉はやめるべきだという幣原総理大臣の注文により、改正案に陸海軍とあるのをみな軍と改める」としたことの説明であった。(5) 松本の解説に「政府の起案せる」というのは、松本の思い込みで、事実は「松本私案」であることは、前述のように閣議で確認されていた。

2 〝日本国憲法受胎の日〟

「松本私案」の提出にたいして、二月一三日にGHQから会見の連絡があった。この間、GHQ民政局のスタッフが突貫作業で新憲法草案作成をしていたことは、前章で詳述したとおり。

二月一三日の午前一〇時ごろ、吉田外相および松本大臣は麻布の外相官邸にGHQ民政局長ホイットニー准将とケーディス大佐ほか二名（ローウェル中佐およびハッシー海軍中佐）の来訪を受けた。以下は、松本烝治が一九五〇年一一月二三日に、佐藤功、宮沢俊義からのヒヤリングにたいして語ったことである。(6)

ホイットニー少将は先方の提案の憲法草案六、七部を持って来て、それを机の上へ出して、そうしてきわめて厳格なる態度でもって宣言していわく――立って、えらい威張った顔をしてやり出したのです――。

一　日本政府より提示せられたる憲法改正案は、司令部にとりては承認すべからざるものである、アンナクセプタブルだ。

二　当方の提案は司令部にも、米国にも、また連合国極東委員会にも、いずれにも承認せらるべきものである、アクセプトされるべきものである。

三　マッカーサー元帥はかねてより天皇の保持につき深甚の考慮をめぐらしつつありたるが、日本政府がこの提案のごとき憲法改正を提示することは、右の目的達成のために必要なり。これなくして天皇の身体（このときの言葉をよく覚えておりますが、）パーソン・オブ・ザ・エムペラーの保障をなすことあたわず、しかもこの提案と基本原則――ファンダメンタル・プリンシプル、ベーシック・フォームズ、根本形態というのですが、――を一にする改正案をすみやかに作成提示せられんことを切望す、ということを言いました。

右の松本の証言の、これを受け入れなくては「天皇の身体」が保障できない、つまり東京裁判における天皇の死刑の可能性をほのめかしての脅迫的言辞について、憲法調査会の「憲法制定の経過に関する小委員会」の調査の結果、この会見に同席していた通訳の白洲次郎、吉田外相、長谷川嘱託の三人とも記憶にないことが判明したので(7)、松本の聞き違いの可能性が高い。しかし、ホイットニーが強圧的にこう言ったという説は、日本国憲法をGHQが「押しつけた」象徴として、けっこう広まっている。

松本大臣らは、交付された提案が日本側の案とあまりにも違いが大きいので、即座に意見を開陳できないから、後日意見を述べることを申し出た。これにたいし、ホイットニーから「この案は決して日本側に強制するものではないが、日本側が承認し得るかどうか、来る二〇日までに返事させられたい」と申し渡しがあって、会見を一時間あまりで終わった。

ホイットニー民政局長から憲法改正草案をわたされた二月一三日について、当時法制局第一部長であった佐藤達夫は「この日こそは〝日本国憲法受胎の日〟ともいうべき歴史的な日である」とその著書に書いている。(8)

その後、松本大臣は、幣原首相とも相談のうえ、「松本私案」にたいする追加説明書を起草して二月一八日にGHQへ提出した。ホイットニーはその説明書を無視して「先日の案の fundamental principle と basic form とが日本側としてアクセクタブル acceptable のものであるかどうかを二〇日中に返事してくれ、もし acceptable でないのならそれでもよいが、司令部としては、アメリカ側の改正案を世間に発表するであろう」と言った。

二月二〇日の回答期限を翌日にひかえた二月一九日の定例閣議の劈頭《へきとう》で、松本国務大臣が憲法改正について「きわめて重大な事件が起こった」と蒼ざめた顔で発言を求め、この間のGHQとのやりとりの経過を報告し、GHQの憲法草案の大要を口頭で紹介した。以下は『入江書』に記された当日の閣議の様子である。(9)

各閣僚にとって（幣原首相と吉田外相は松本からすでに聞いていたが）全く思いもかけないことを突然きいたので、報告に驚いた。

三土忠造内務大臣と岩田宙造司法大臣が「アメリカ交付案はとうてい受諾できない」と発言、安倍能成《よししげ》文部大臣は「日本側から提示したという松本案も、これは正式に閣議で日本側案として決定したものではない。アメリカ案を反駁するならば、各閣僚の意見も十分聞いた上で、内閣として案をまとめたらどうか。かような重大な問題に対しては、各閣僚の意見を充分発表する機会を与えてもらいたいものだ。各閣僚の意見が十分反映しないままで内閣の意見がきまってしまうようになるのは遺憾である」と発言した。この安倍文相の意見は、その時の多くの閣僚の心もちであり、かかる重大な問題を、閣議決定の正式の決定を経ずして、いつの間にか松本案がそのまま内閣の確定した意見の如く進行してしまっているところへの不満の感情であったように見受けられました。

各閣僚の気持ちとしては、一月末から二月初めに松本私案乃至甲案を一応閣議で検討したとは言え、それは内閣としての確定案をきめたわけでなく、先方よりの要求により、一応の日本側の改正案を示し、更に先方の意見によって適当に善処しようと考えていたものであり、このような驚くべき案が司令部から十三日に交付されたというなら、それこそ即刻閣僚に意見を聞き、その上で速やかに司令部へ説明なりに反駁なりをすべきであるのに、十八日に松本国務大臣だけで追加説明を提出したことに非常に割切れないような気分であったと思います。それは、この日閣議に列席して、その場の空気に接していた入江には、まざまざと感ぜられたのであります。

引用が長くなったが、入江俊郎が批判的に述べた松本国務大臣の専権的、独断的行為は、松本烝治の個性がたぶんに影響しているが、本書でも述べてきたとおり、戦前の国務大臣が天皇を輔弼するものとして特権をもち、閣議やさらに首相さえも軽視する特性をもっていたことの表れであった。松本私案を幣原首相も同意したあるいは反対しなかった日本政府案とみなして、憲法九条幣原発案説を否定する論者も少なくないが、政府案ではない。

一九日の閣僚会議は、幣原首相が「松本私案はもちろん内閣の確定案ではなく、一応日本側の仮案を示して、先方の意向を叩くつもりであったが、事ここに至ってはきわめて事態重大であるから、自分も至急マッカーサーに面会して話をしてみたい」と述べ、二〇日までという総司令部への回答を、二二日に延期することを求めて、二一日に幣原首相がマッカーサーを訪問することになった。

この日の松本報告をめぐる閣議について、『芦田均日記』は、「憲法改正にBombshell〔悪い突発事件〕というタイトルをつけて詳述している。しかし、この記述の中にも、憲法九条幣原発案を否定する論者が引用する誤りがある。「二月十九日　憲法論議第一日」という書き出しで始まる日記は、松本報告の概要を記述したあと、「以上松本氏の報告が終わると共に、三土内相、岩田法相は総理の意見と同じく『吾々は之を受諾できぬ』と言い、松本国務相は頗る興奮の体に見受けた」と書いている。

日記の記述からは、幣原総理もGHQ民政局草案を「受諾できぬ」という意見をもっていたことになる。しかし、引用した『入江書』には、三土内相と岩田法相が「総理の意見と同じく」と発言したとは書いていない。

ホイットニーの回想録には、GHQ民政局の憲法改正草案を提示された幣原内閣の対応について、「内閣では早くも意見が対立した。吉田外相と松本博士は、総司令部が提出した憲法改正案に強く反対し、幣原首相はこれを受諾すべきであると主張した」と書いている。(10) この情報は、つぎに述べる、二月二一日のマッカーサーと幣原の第二回「秘密会談」の際、幣原がマッカーサーに話したことをホイットニーが聞いた可能性がある。芦田日記にあるように、幣原が「受諾できぬ」という意見を表明していたとはとても思えない。

3 第二回「秘密会談」と幣原内閣のGHQ憲法改正草案受け入れ決定

二月二一日、幣原首相はマッカーサー元帥を訪問し、三時間余の会談をおこなった。ここで、重要なのは、幣原とマッカーサーとの会談は、通訳、随行員をつけず、一月二四日と同様に「秘密会談」としたことである。普通ならば、吉田外相、さらには松本国務大臣の同行さえ考えられたのであるが、幣原は意図的に「秘密会談」にした。この第二回目の「秘密会談」は、日本国憲法の第一章の天皇の条項、さらに第二章の憲法九条となる条項、そして憲法前文など、民政局の作成した憲法改正草案について、具体的に踏みこんだ会談がおこなわれたことは間違いない。しかし、「秘密会談」の内容については、幣原が翌日の閣議で報告した以外は記録がないので、三時間余にわたり、マッカーサーと幣原が何を話し合ったかの全貌はわからない。これまで、この第二回目の「秘密会談」については、ほとんど注目されてこなかったが、筆者はこの会談において、日本国憲法草案についてマッカーサーと幣原の「基本的合意」が成立したきわめて重要な「秘密会談」であったと考えている。

マッカーサーと幣原の「秘密会談」（会談そのものは公然であるが）について、幣原首相が翌日の閣議でおこなった報告と、つづいておこなわれた議論について、『入江書』はこう述べている。[11]

二月二十二日、金曜日の定例閣議で、幣原総理は前日のマッカーサーとの会見のてんまつを詳細に報告せられました。それによると、「マッカーサーは今日の国際情勢のもとではアメリカ側の交付案はぜひとも必要な改正案であって、これにより天皇の地位も確保できるし、またそれは日本側の案、すなわち松本私案と本質的に異なるものとも思われないといい、また主権在民と戦争放棄は交付案の眼目であり、特に戦争放棄は日本が将来世界における道徳的指導者となる規定であるといった」とのことであります。

この幣原さんの報告に対して松本国務大臣は「この閣議の席上においてもとうていこのようなアメリカ案を受諾できないであろう。若しこれを基礎として早急に憲法改正案を起草するならば議会を前にして時間的にも不可能であり自分の力として到底できないことで、仮にそのような案ができても、衆議院は通っても貴族院は決して通らないであろう」といいました。松本さんとしてはあくまで松本案に固執するような様子に見えたのであります。この時厚生大臣の芦田氏が発言して、「戦争放棄を非常に珍しい規定の如く言うも、すでに不戦条約その他の前例もあることだし、松本先生の学識をもってすれば改正案の立案も不可能なことではないだろうから、一つ努力していただきたい」と申しました。

かくして、閣議は結局、アメリカ交付案の眼目は「天皇の象徴」と「戦争放棄」であるようであるから、この点は変更は困難の如くであるが、他の諸点はなお交渉の上で打開の道はないことではあるまい、要するに、松本私案とアメリカ交付案とは妥協の余地がないことでもあるまいから、政府はひとつこのアメリカ案を基本として、できるだけ日本側の意向を取り入れたものを起案してみることにしようではないかということに意向が一致したのであります。妥協の余地があると発言したのは幣原総理、三土内相、副島《そえじま》農相の三人でありました。この日の閣議できわめて深刻かつ印象的であったのは、安倍文相が次のような発言をしたときのことでありまして、閣議に陪席していた入江の記憶に深くきざみこまれた印象を残しました。即ち安倍氏（安倍氏は幣原内閣ではパージでその地位を去った文相前田多門氏のあとをうけて、二十一年一月十三日に文相になった）は大体閣議ではいつも寡黙の方であったが、この日は諸氏の発言を深刻な面持ちで聞いておられたが、おもむろに曰く、「松本私案は内閣で閣議決定した案でもないのに、これにあまり固執するのはどうかと思う」と言い、松本氏の議論に対して一矢を放すごとき顔つきをした上で、さらに幣原総理、三土内相、副島農相が、アメリカ案も日本側の案と本質はさして異ならないからと何とか妥協の余地はあろうと述べたのに対して「アメリカ案が日本側の案とさして違わないという意見もあるようであるが一条の天皇に関する規定といい、第二章の戦争放棄といい、自分は、両者はかなり著しい違いだと思う。政府が、このアメリカ交付案をもととして改正案をつくるということは、これは実に非常な事柄であると思う。内閣として真に重大な決意を、天皇に対し、また日本国民に対し固めなくてはならない事柄である」ときわめて沈痛な面もちをして言われたのであります。この一瞬、閣僚一同しんとして深い感慨に打たれた如く、居ならぶ者皆身の引きしまるを覚えた情景でありました。

右のように、この日の閣議は、マッカーサーと会談した幣原の報告を了承して、松本国務大臣の反対意見をとりあげず、安倍能成文部大臣のGHQ民政局作成の新憲法草案を厳粛に受け入れなければならない、という意見に賛同した。こうして内閣の方針はGHQの交付案を受け入れることで一決し、幣原首相は閣議後、吉田外相を伴って皇居に参内、御文庫内で天皇と会見し、幣原が二月二一日にマッカーサーと会見した顛末と二月二二日の閣議で決めた方針を奏上したのである。

このときのことを「平野文書」にはこう記されている。

平野　天皇陛下は憲法についてどう考えておか〔ら〕れるのですか。

幣原　僕は天皇陛下は実に偉い人だと今もしみじみと思っている。マッカーサーの草案を持って天皇の御意見を伺いに行った時、実は陛下に反対されたらどうしようかと内心不安でならなかった。僕は元帥と会うときは何時も二人切りだったが、陛下のときには吉田君にも立会って貰った。しかし心配は無用だった。陛下は言下に、徹底した改革案を作れ、その結果天皇がどうなってもかまわぬ、と言われた。この英断で閣議も納まった。憲法も陛下の一言が決したと言ってもよいだろう。若しあのとき天皇が権力に固執されたらどうなっていたか。恐らく今日天皇はなかったであろう。日本人の常識として天皇が戦争犯罪人になるというようなことは考えられないであろうが、実際はそんな甘いものではなかった。当初の戦犯リストには冒頭に天皇の名があったのである。それを外してくれたのは元帥であった。だが元帥の草案に天皇が反対されたなら、情勢は一変していたに違いない。天皇は己れを捨てて国民を救おうとされたのであったが、それに依て天皇制をも救われたのである。天皇は誠に英明であった。

正直に言って憲法は天皇と元帥の聡明と勇断によって出来たと言ってよい。たとえ象徴とは言え、天皇と元帥が一致しなかったら天皇制は存続しなかったろう。危機一髪であったと言えるが、結果に於いて僕は満足し喜んでいる。

なお念のためだが、君も知っている通り、去年金森君からきかれた時も僕が断ったように、このいきさつは僕の胸の中だけに留めておかねばならないことだから、その積りでいてくれ給え。

幣原が天皇がマッカーサー草案ともいわれたGHQ民政局の憲法改正草案への全面支持を表明したので「この英断で閣議も納まった」と言っているように、これによって、松本国務大臣といえどもGHQ草案反対の立場をとることができなくなった。ちなみに大日本帝国憲法には「第七三条①将来此ノ憲法ノ条項ヲ改正スルノ必要アルトキハ勅命ヲ以テ議案ヲ帝国議会ノ議ニ付スヘシ」とあるように、国家主権者とされた天皇の勅命がまず必要であった。日本国憲法は大日本帝国憲法改正という形式をとったので、天皇の同意は不可欠であった。その意味でGHQ憲法草案を天皇に上奏して同意を得たことは、形式的手続きとして重要であった。『入江書』に「日本として憲法改正の画期的方向が決定したのは実にこの二月二二日であったと言ってよいと思います」とあるのは以上のことを指している。同日午後、松本国務大臣と吉田外相が総司令部の意向をただす必要があると、GHQを訪れ、ホイットニーと会談し、日本側から現行憲法（大日本帝国憲法）の改正と新規追加という方法はどうかと申し入れたところ、拒否された。松本国務大臣からGHQ草案の第二章戦争放棄は一個の宣言なので、これを前文の文中に入れたらどうかと提案したところ、ホイットニーから「むしろ第一条におきたいほどの規定である」と反対された。松本大臣らは、先方がほとんど譲歩の意を示さないので、失望して辞去せざるを得なかった。松本烝治の会見録の最後には、「努めて円滑に和気《わき》藹藹《あいあい》裡に会見を終わりたり。然るに而も衷心は憂慮に耐えず」と書いている。(12)

二月二二日の閣議における幣原首相の前日のマッカーサーとの会談内容の報告について、『芦田均日記』はそうとう詳しく記述している。そのなかに、マッカーサーがGHQ憲法草案の第二章の戦争放棄に言及して、「日本がMoral Leadershipを握るべきだと思ふ」と言ったのにたいし、「幣原は此の時語を挿んでleadershipと言われるが、恐らく誰もfollowerとならないだろうと言った」という記述がある。(13)憲法九条幣原発案否定論者でこの文章を取り上げて、幣原が憲法九条について否定的であったという証拠にあげている論者を散見する。この幣原の発言は、『マッカーサー大戦回顧録』に「世界は私たちを非現実的な夢想家と笑いあざけるかも知れない。しかし、百年後には私たちは予言者と呼ばれますよ」（本書二七九頁）とあるように、現在は「誰もfollowerとならないだろう」が

「しかし、百年後には私たちは予言者と呼ばれますよ」という文脈で理解すべき発言であった。幣原が憲法九条に悲観的であったと解釈するのは、『芦田均日記』だけを根拠にして判断しているからである。しかも、終章で述べるように、幣原は貴族院における答弁で「我々は今日、広い国際関係の原野に於きまして、単独にこの戦争抛棄の旗を掲げて行くのでありまするけれども、他日必ず我々の後に蹤いて来る者があると私は確信している者である」（本書三九七頁）と発言している。これが幣原の本意であり、『芦田均日記』は聞き違えたものであろう。

二月二二日の幣原内閣の閣議において、GHQ憲法草案の受け入れ方針を決定した以後も松本国務大臣はそれを肯ぜず、三月四日には対案および説明書を日本文のまま携帯し、白洲次郎と外務省の通訳二人と法制局の佐藤達夫を帯同して連合軍総司令部におもむき、ホイットニーに面会、持参の対案が閣議の決定を経ていない試案であることをことわって提出した。GHQ民政局も二人の通訳により松本試案を検討したが、「かくのごとき対案では審議を進むるも益なかるべく、翻訳はこれを打ち切るほかなし」といわれた。その後、ケーディス大佐が対応して議論したが松本が「白洲君の通訳を待っていられないので、ブロークンのイングリッシュ」で反論し、「先生（ケーディス）まっさおになってふるえている、神経衰弱でしたね、先生は」と松本が言うほどの激昂した討論になった。

最後は「ケーディス大佐は相当興奮せる状態にあるをもって、議論激化の結果、他日の交譲妥協の余地を減殺する虞あることを慮り、後事を佐藤氏に委ね、職務に籍口して帰って、総理大臣に概略報告なせり」と松本は、前掲の「松本烝治氏に聞く」で三月四日のことを述べている。(14)

この日、松本大臣に随行してきた法制局第一部長で憲法問題調査委員会委員の佐藤達夫は松本大臣が帰った後も総司令部に残り、ケーディス大佐とハッシー中佐を相手に、憲法草案の日本文案について条項ごとにチェックする作業をさせられることになった。松本大臣からは「健康上の都合で来られないから、然るべく」ということが伝えられた。

通訳はミス・シロタがやってくれた。「この人は、はたちを越したぐらいの痩せぎすの、大して美人ではなかったけれども、日本語もよくわかる非常に頭のいい娘さんであった。あとで聞いたら、それはピアノの先生として永く日本にいたレオ・シロタ氏の娘さんだということであり、日本語のうまいのももっともだと思った。ときには、わたしも下手な英語で直接にやり合ったが、法律用語にさえ気をつけておればこのシロタ嬢で十分であった」と佐藤達夫『日本国憲法誕生記』に書いている。

逐条ごとの日本文条項チェックは徹夜でおこなわれ、全部が終わったのは、三月五日の午後四時ごろであった。GHQ民政局では、成案の憲法草案のプリント一三部を作成、一部を幣原内閣の楢橋渡書記官長に渡し、他のプリントは、憲法草案作成運営委員のハッシー海軍中佐みずからがそれを持って、特別仕立ての飛行機で本国政府に届けたという[15]。この間、マッカーサーの督促下にGHQ民政局が日本政府が作成した体裁をとった新憲法草案の作成を急いだのは、ワシントンの極東委員会が活動を開始する前に、既成事実を作ってしまうためであった。

幣原内閣では、三月五日に閣議が開かれ、松本大臣が前述の交渉を報告し、再対案を作成して交渉を再開することを主張した。これにたいして、「アメリカ側がわが方に対して、この案を日本政府案として発表せよ、アメリカも同時にこの案をアプルーブ（同意）したことを発表する」ということが報告されると、松本大臣は「もしアメリカ側がこれを発表するという案なら、先方に勝手に発表させておいてよいではないか」とすこぶる激昂した放言の如き発言をしたが、これにたいし石黒武重法制局長官、入江俊郎次長、楢橋渡書記官長よりこもごも、「事態かくの如くなっては一刻も猶予すべきではない。何としても日本は日本としての自主的態度を持すべきであるから、不満足でもあることは重々わかるが、これを日本側の自主的案として先方と同時に発表するという態度に出るほかあるまい」と発言したことにほとんどの閣僚が同意し、閣議は日本側の自主的な案として、アメリカと同時に発表することに決定した。(16)

最後に幣原首相から、「(憲法草案)の前文の文章にも明らかなように国民が憲法をきめることになるが、それは帝国憲法の上では認められないことではないのか」と発言し、この点に不安の面持ちであったが、閣議に陪席していた入江法制局長次長から「この案を総理より内奏して御嘉納を乞い、勅語を仰いで、かかる案を改正案とすることについて天皇の御意思を決定していただき、その御意思に基づいて内閣がこの改正案を要綱として発表することにすればよいのではありませぬか。そうすれば、将来これを議会に提出する際にも、国民が作成する憲法の原案を天皇が発案されることになるので、憲法上さしつかえないのではないか。憲法の改正は大権であるが、いわば天皇の大権の具体的行使をこの場合国民にまかせるということになるように思います」と発言、石黒法制局長官もこれに賛成し、閣議決定された。松本国務大臣はこの考え方を、「それは三百の議論だ」(三百代言の略、詭弁を弄すること)と不快げな様子であったが、結局それも一方法であろうと渋々賛成した。(17) 以後、GHQの憲法草案は入江の提案したとおりの手順を踏んで、日本国憲法として公布されることになる。

閣議決定を経て幣原首相と松本大臣が参内し、幣原からこの間の経緯を説明した結果、「陛下は実により事態を認識せられており、この改正案について御異議ない旨仰せられました」となった。

4　「憲法改正草案要綱」の発表と反響

三月六日は朝九時から夕方四時まで臨時閣議が開かれ、法制局が徹夜で整理した「憲法改正草案要綱」のガリ版刷が閣僚に配布され、逐次審査したうえで、午後五時に、楢橋渡書記官長より、勅語、総理談話とともに新聞発表された。それぞれが英訳とともに謄写印刷して新聞社とその他の報道機関に配られた。「憲法改正草案要綱」は、憲法改正草案が全九五条にわたって書かれ、正式な条文ではないという意味で、条文末が「コト」という語で終わっているが、ほぼ新憲法の条項が分かるものであった。日本国憲法の第一条・第二条と第九条は「要綱」ではこうなっている。

第一　天皇

第一　天皇ハ日本国民至高ノ総意ニ基キ日本国及其ノ国民統合ノ象徴タルベキコト

第二　皇位ハ国会ノ議決ヲ経タル皇室典範ノ定ムル所ニ依リ世襲シテ之ヲ継承スルコト

第二　戦争ノ抛棄

第九　国権ノ発動トシテ行フ戦争及武力ニ依ル威嚇又ハ武力ノ行使ヲ他国トノ間ノ紛争ノ解決ノ具トスルコトハ永久ニ之ヲ抛棄スルコト

陸海空軍其ノ他ノ戦力ノ保持ハ之ヲ許サズ国ノ交戦権ハ之ヲ認メザルコト

翌三月七日の朝の各新聞は第一面に「主権在民、戦争放棄」の大見出しで、「憲法改正草案要綱」を紙面いっぱいに掲載、この要綱とともに勅語、総理大臣の談話、さらにマッカーサー元帥の全面的支持の声明を掲載した。以下に天皇の勅語の全文と幣原総理談話とマッカーサー元帥声明の一部を紹介する。

昭和天皇の勅語(18)

朕曩にポツダム宣言を受諾せるに伴ひ日本国政治の最終の形態は日本国民の自由に表明したる意思に依り決定せらるべきものなるに顧み、日本国民が正義の自覚に依りて平和の生活を享有し、文化の向上を希求し、進んで戦争を抛棄して誼を万邦に修むるの決意なるを念ひ、乃ち国民の総意を基調とし人格の基本的権利を尊重するの主義に則り、憲法に根本的改正を加へ、以て国家再建の礎を定めむことを庶幾ふ、政府当局其れ克く朕の意を体し、必ず此の目的を達成せむことを期せよ。

昭和天皇が勅語により、主権在民と国民の基本的人権を認め、世界平和のために戦争を放棄を決意した憲法改正草案（新憲法草案）を作成し、これにより国家再建に努めるという天皇の意思を表明したことは、当時の旧軍勢力や右翼もそれを受け入れざるを得なくなったことにおいて、大きな影響力をもった。マッカーサー・GHQならびにアメリカ政府が天皇制を利用しながら日本の民主主義改革をはかるという占領政策が功を奏したといえる。

いっぽう、昭和天皇が時代状況を察知して、敗戦後は天皇制護持を図るために、アメリカ政府、マッカーサー・GHQの占領政策を分析しながらそれに柔軟に対応していった執念にはなみなみならぬものがあった。右の勅語には、「日本国政治の最終の形態は日本国民の自由に表明したる意思に依り決定せらるべきものなる」というポツダム宣言のとおりに、日本国民の自由意思が天皇制護持を決定したことを連合国にアピールする意図が込められている。

幣原総理の談話(19)

畏くも天皇陛下におかせられましては、昨日内閣に対し勅語を賜りました。わが国民をして世界人類の理想に向ひ同一歩調に進ましむるため、非常なる御決断を以て現行憲法に根本的改正を加へ以て民主的平和国家建設の基礎を定めんと明示せられたのであります。(中略)ここに政府は連合国総司令部との緊密なる連絡の下に憲法改正草案の要綱を発表する次第であります。

幣原首相が一番懸念していたのは、国内の旧軍勢力、戦前的な天皇制の継続を望む勢力、さらに保守・右翼勢力が戦争放棄、戦力不保持ならびに国民主権下の天皇象徴制への変革をうたった憲法改正草案に反対、拒否する動きを見せることであった。そのために、幣原首相の談話は、天皇が勅語により、民主的平和国家建設のための憲法改正草案を下賜したことを強調したのである。

マッカーサー元帥[20]

余は今日、余が全面的に承認した新しき且つ啓蒙的な憲法を日本国民に提示せんとする天皇ならびに日本政府の決定について声明しうることに深き満足を表するものである。この憲法は、五カ月前に余が内閣に対して発した最初の指令以来、日本政府と連合軍最高司令部の関係者の間における労苦に満ちた調査と数回にわたる会合の後に起草されたものである。(中略)

条項の最初に述べられているものは、国家の主権の発動としての戦争を除去し、他国との紛争解決の手段としての暴力による脅威またはその使用を永久に廃棄し、さらに将来陸・海、空軍またはその他の戦争能力を承認すること、あるいは国家がいかなる交戦権を持つことをも禁止している。かかる計画と公約によって、日本はその主権に特有な諸権利を放棄し、その将来の安全と生存を世界の平和愛好民族の誠意と正義にゆだねることになった。

実にこれによって日本国民は、戦争が国際的紛争の調停者としては無効であることを認識し、正義と寛容と人類相互の理解とに対する信仰への方向を示す新しい道を描きうるのである。日本国民は、かくして過去の神秘主義と非現実性に背を向け、代うるに新しい親交と希望を持つ現実主義的の将来にその面を向けている。

マッカーサー声明には、アメリカ社会そして連合国、さらに特定して極東委員会や対日理事会にたいして、象徴天皇制を認めさせるために憲法九条をセットにした幣原との「秘密合意」の結果が、憲法改正草案にストレートに具現化したことのアピールの意味がこめられている。それが効果を奏したことは、外務省総務局がまとめた「憲法改正草案要綱に関する内外の反響」（昭和二一年三月一八日）[21]に、アメリカの主要新聞の報道記事を紹介したうえで「米側に於て最も論評が多いが、概観すれば之を以て軍国主義封建主義を払拭した進歩的な草案として歓迎しており、天皇の存置についても何等反対なく、その外内容的には一応批判がないか、一般には之は単に紙上の草案に過ぎず、日本をして真に平和的民主国家たらしめるには、上より課せられた憲法ではなく、これを活用しうる国民の政治意識の向上こそ問題である」と肯定的な論評が多かったことに示される。

また、マッカーサーが日本政府が「憲法改正草案要綱」を発表した即日、これを全面支持する声明を発表したのは、日本国民にたいしては、マッカーサー・GHQが背後にあって憲法改正草案（新憲法草案）を作成したことを明示して、これを受け入れるようにある意味の威圧効果をねらったことが考えられる。「平野文書」で幣原が語った、憲法九条がGHQによって「押しつけられた」形にして定めるという幣原の意図どおりである（本書二六一頁）。

ちなみに、日本国内の反響については、「従来政府案として巷間に伝えられておったものとの懸隔あまりにも甚だしきため、奇異なる感情をいだき、且つ草案成立の経緯に関しても一種の好奇心ともいうべきものを抱いている」と、二月一日に毎日新聞にスクープされて広まった幣原内閣の「調査委員会試案」との相違の大きさにとまどったとまとめられている。いっぽう内容については「草案要綱が天皇制度存置と主権在民思想の調和につき、格別の努力を払ひおるによりとにかく一種の安堵感を与えられたること」としている。

毎日新聞にスクープされた「松本私案」と大差ない調査委員会試案が大日本帝国憲法とさほど違わないことに失望した国民が、その後のGHQ民政局による改正憲法草案作成のことは全く知らないままに、今度は一八〇度ことなる民主的な憲法改正草案が天皇の勅語とともに日本政府案として発表されたことに戸惑いながらも、「一種の安堵感」を抱いたというのが事実であろう。

幣原内閣が決定した「憲法改正案」を天皇が認可した詔勅を得て、三月六日に「憲法改正草案要綱」を発表したことによって、マッカーサー・GHQにとっては、日本政府による日本国憲法制定という既成事実ができたことで一段落を告げた。後は時間をかけても枢密院での審議と裁可を経たうえで、衆議院、ついで貴族院での審議と採択を経れば、大日本帝国憲法改正の形式をふんでの日本国憲法発布にいたる道筋を進めばよかったのである。これは幣原内閣にとっても同様であった。

5 入江俊郎法制局長官の証明する憲法九条の幣原発案

本章で、多くを引用してきた幣原内閣の法制局次長であった入江俊郎は、一九四六年三月一九日から法制局長官となり、幣原内閣につづいた第一次吉田茂内閣においても法制局長官を務めた。法制局は、内閣に置かれ、閣議に付される法律の立案・審査や法制調査をおこなう機関であった。それゆえ、法制局次長であった入江俊郎が幣原内閣の憲法問題調査委員会のメンバーとなって松本国務大臣のもとで憲法改正草案づくりの作業に参加し、さらに幣原内閣の閣議に陪席して、とくに憲法問題に関する審議を詳細に記録し、『入江書』から多くを引用してきたのである。本書で何度か言及してきたように、憲法九条幣原発案説を否定する論者が引用する『芦田均日記』よりも、幣原内閣における憲法改正問題の審議を知るうえでの史料的価値が高いことはいうまでもない。

以下は、入江俊郎が一九五四年の夏に東京大学占領体制研究会においておこなった報告を編集した『日本国憲法制定の経緯』（『入江書』に収録）からの引用である。[22]

戦争放棄の条項は誰が発案者かということが最近問題になっておりまして、特にあれはマッカーサーが〔昭和〕二六年五月五日に上院で証言（本書二七一頁）したとき以来、日本では問題になったと思うのです。それまでは大体日本では、あの条項もマッカーサーの初めからの発案であると思っておったのですけれども、あれによって、あるいはそうでなく、幣原さんの発案なのかというような疑問を持つに至ったわけなんです。そこで私はあの当時『時の法令』の五十一号、すなわち昭和二十七年の三月三日の号に、短文を書きました。それは、幣原さんの思い出を書いたのですが、その中に、あの条項は結局幣原さんがマッカーサーと懇談しているうちに、幣原さんからあの思想を強く言い出して、これに対してマッカーサーが、またこれも彼の多年抱懐する思想であるということで、大いに共鳴して、そこでマッカーサーは、日本の憲法の草案にこれを入れるということを決意し、司令部側の案に入っておったのではないか。すなわち実質的の発案者は幣原さんなので、マッカーサーはいずれかといえば形式的といっても、もちろんそれはマッカーサーの信念にも合致したのでしょうけれども、いずれかといえば形式的に発案者になったの

ではないかという見方を書いたわけです。〔中略〕

それから、なお、その当時マッカーサーと幣原さんがどのように会見しているかということを、これは別の方から調べてみた。これは、岸倉松氏という幣原総理大臣の秘書官ですが〔本書二三九頁に記したように、一月二四日に警護官と二人でGHQの建物まで随行した秘書官〕、その方の話を聞いてみたのですが、それによります……これは岸氏のノートにも記され……幣原さんは〔一九四五年〕十二月二十六日に肺炎になって病臥した。ところがマッカーサーがペニシリンをくれたものですから、それによって非常に早く直った。一月中旬に回復しまして……一月二十四日にマッカーサーを訪ねております。これは病気見舞のお礼に行ったのですけれども、このときもまた二時間以上の会談をしている。こういう事実があるわけです。私が『時の法令』に書いたように、幣原さんはいろいろな場合に軍の発言もしておりますし、それから自衛戦争といいながら侵略戦争に移ることがしばしばあるので、自衛戦争そのものが非常に危険なのだということを前前から言っておった。それらを総合しまして、私はやはり幣原さんが少なくとも、マッカーサーと座談の中かもしれませんけれども、戦争の絶対放棄について、マッカーサーに強い印象を与え、幣原氏にかような意思のあることをマッカーサーが知ったのではないかと思います。

入江俊郎は、さらにGHQ民政局の関係者から聞いた話や一九五〇年の春に国会議員団が戦後初めて渡米し、そのとき衆議院の渉外課長の島静一がマッカーサーを訪ねて直接聞いたことを島自身から聞いた話などを総合、さらに一月二四日のマッカーサーと幣原の「秘密会談」以後の二月一九日の閣議における幣原の「松本私案」にたいする軍に関する発言の微妙な変化に気づくなど（本書三四一頁）、幣原の閣議における発言を記録しているなかで、幣原からは直接マッカーサーとの「秘密会談」「秘密合意」の内容について聞いていないが、幣原の言説、言動を身近に見ているなかで、総合的に幣原が憲法九条を発案したことに確信を抱いたのである。

以上にみた入江俊郎の憲法九条幣原発案説は、法制局次長（後に法制局長官）の立場からの証言であり、本書ですでに提示してきた資料に加えて、幣原の発案であることをさらに裏づける証言である。

6　松本烝治の幣原発案否定の根拠

入江俊郎とは対象的に、憲法九条を幣原が発案したことに全く気づかずに、最後まで幣原発案を否定しつづけ、さらに「松本私案」が拒否された屈辱的な体験から、日本国憲法はマッカーサー・GHQによって「押しつけられた憲法」であると主張しつづけたのが松本烝治であった。彼は、前掲の「松本烝治氏に聞く」において、「憲法改正草案要綱」を発表した三月六日のショックを以下のように述懐している。(23)

三月六日午前九時より閣議再開、晩方に至りて憲法改正要綱を議了し、ただちにこれを発表することとして散会せり。昨年十月以来の苦心労作はかく倏《しゆく》忽《こつ》裡に結局せられたこと実に意外千万なり。翌七日は在宅、休養、八日閣議後新聞記者団と会見して帰宅、九日朝より血圧亢進と座骨神経症を併発、約一週間病臥を要し、うたた七十の頽齢《たいれい》大事に当たるに耐えざるを痛感せりといえども、にわかに骸骨を乞うは誤解を惹起するおそれあると思い、草案の成文化と付属法令の起案等に努力するためにしばらく奉公を続くることに決意せり。

最後の「しばらく奉公を続くることに決意せり」とあるのは、松本が憲法改正の業務を辞した場合は、公職追放執行免除、延期の理由が消失するからである。後日、幣原内閣の総辞職にともない、松本も国務大臣を辞職するや公職追放の身となった。

本書で見てきたように、松本烝治は憲法問題調査委員会の委員長となり、憲法改正問題担当の国務大臣という自負をもって、憲法改正案作成に着手、大日本帝国憲法にもとづいた憲法改正手続きを踏もうと、「松本私案」を作成して、それを天皇に直接上奏し、天皇の詔勅を得て、日本政府案とすべく奮闘したのであった。ただし、その進め方は国務大臣が直接天皇を輔弼するという意識から、幣原内閣において十分に審議して閣議決定するという方法はとらずに、強引で独断的に進めた。GHQに求められて提出したのも、「松本私案」であったが、本人には日本政府案であるかのような意識があった。それがGHQから拒否されて、代わりにGHQの民政局作成の憲法改正草案を提示され、それを幣原内閣は受け入れたのである。それが天皇の詔勅も得て、三月六日に政府から「憲法改正草案要綱」が正式に発表されるにいたり、松本が憲法担当の国務大臣として松本なりの信念とある意味ではGHQに対抗する意識をもって奮闘してきたことが、砂上の楼閣のごとき結末を迎えたのである。その落胆から一週間病床に臥したという松本の心理状況が吐露された述懐である。ただし、敢えていえば、松本国務大臣は、その保守性、頑迷固陋さゆえに、それに危機意識をもって対抗した、GHQ民政局の日本国憲法となる憲法改正草案の作成と提示を引き出す役割を担ったと逆に評価することも可能である。

一九五三年一二月一五日に岸信介を会長とする自由党憲法調査会が発足、憲法改正にむけた動きが活発化するが、五四年七月七日に開催された自由党憲法調査会総会に松本烝治が招かれ、日本国憲法草案作成までの経過について講演をおこなった。その講演記録が憲法調査会事務局「松本烝治口述日本国憲法の草案について」で見ることができる、憲法九条幣原発案を全面的に否定して以下のように述べている(24)。

私自身は二一年五月に辞職をいたしますとともに追放になりまして、引続いて病気になりまして、まったく世と離れておりましたために、実は新しい憲法がどういうふうにできたのか、国会の議事等についても、注意もしておりませんでしたので、従ってただいまの憲法自体の内容につきましては知りませんので、決して有益なお話はできません。ただ憲法のできますにつきましては、一番先にひどい目にあっておりますので、そのことをお話をして、御同情を仰ぐというだけのことしかできないのであります。

というのが講演の冒頭である。松本烝治は前述したように一九四六年一月四日にGHQから公職追放令を受けたが、憲法改正問題に携わっていたので、それが結着つくまで追放猶予を特例として認めてもらったのである（本書二四〇頁）。幣原内閣が一九四六年四月二二日に総辞職したのにともない、松本も国務大臣を辞職し、五月から公職追放該当者となり、五〇年一〇月に追放解除となったのである。「一番先にひどい目にあった」という体験から日本国憲法にも関心がなかったというのは、本書でのべてきたような、日本の敗戦とアメリカ軍の占領下に日本国憲法が生まれたという時代状況を理解しようとしなかったからであろう。講演は、松本が組織し委員長となった憲法問題調査委員会の活動を紹介し、憲法改正案作成のところで、憲法九条の発案者問題についてこう述べた。

向こうのこの間の議会ヒヤリングでは、マッカーサーが、幣原さん自身が軍隊を廃することに大変熱心であったということを言ったと伝えておりますが、これは非常な間違いだと思います。私の改正案には、もちろん軍というものはあった。それについて特に説明書を出したのですが、その説明書は幣原さんその他の閣僚みんなの御賛成で出したものなのです。少なくともこれを出したときにおいては、陸海軍を廃止するとか何とかという考えが幣原さんになかったことは疑いのないところと思っております。（中略）

もうこのときから軍というものを置き、且つそれは内閣が統帥して行くようにしたいということを言っているのであります。そしてこの説明書を出すについては、幣原さんはもちろん同意されて、特にこれをいいとか、賛成するとかいう意味を言われたかどうか記憶しませんが、何ら異議なく出されている。しかるにその幣原さんが、軍の廃止は自分の初めからの考えなんだということをマッカーサーに言われたというのですが、幣原さんが後日マッカーサーに会っておられたことは〔二月二一日の会談、本書三四八頁〕あとで申しますが、そのときにでも言われたのか、どうもそのときには言われておられないように思うのです。言われたとすれば、そのときにはそうきまった以上は、自分は最初から考えておったというようなことを言われたかもしれません。軍の廃止は最初向こうからこしらえて押しつけて来たので、それに対してこちらは相当反抗したのでありますが、それをこちらの意思で何か軍の廃止をしたいからと言ったからマッカーサーがそういうことを書いたのだと言われるのは、前後まったく転倒している。はなはだしい間違いだと思います。

〔つづいて二月一三日に外相官邸でホイットニーとケーディスからGHQの憲法改正案を提示され、「これがなければ天皇の身体の保障をすることができない」と押しつけられた経緯が語られたが、本書三四四頁に引用したので、ここでは省略する。講演の終わりでもこう語っている〕

その後どういう経緯で、どのくらいの変更が国会であったかということについては、私は実は本当に知りません。そういうことを研究する勇気もない、もう憲法とは絶縁というような考えで、すっかり忘れようとのみ考えておったのであります。今日述べました事の経過なども実はもっとよく憶えておったのですが、忘れよう忘れようと思っているところへ病気をして、なおさらよく忘れてしまいました。ケーディスと喧嘩したときのことやなんかはよく憶えておりますが、こまかいところとか、事柄の続くところなどがよくわかりませんので、非常に不完全なお話を申し上げました。

〔講演のあとの出席した議員との質疑応答〕

小林絹治君 憲法を改正するとすれば、どういう点を改正すればいいのでございますか。

松本烝治氏 実は私は今の憲法に何と書いてあるか見たことがないのです。それほど憲法が嫌いになったのですが、どういう点といって、はなはだ言いにくいのですが、もう少し日本的にしてもらいたい。象徴という言葉にしても、元首とか、君主とか、ヘッドとかというような言葉にして何が悪いのか。結局同じことなのです。

青木副会長 今度の憲法九条について、幣原さんがマッカーサーに賛成したということをマッカーサーが証言しているのですが……

松本烝治氏 私が書いた小さい説明書を出すときには、幣原さんはもちろん賛成して、出せというので出しておる。そのときにそういう考えを持たれる道理はないのですね。後日あるいはお世辞に、軍隊のことは、自分も最初から考えていたということくらいは言ったかもわからない。しかし、それはお世辞であって、あれは向こうから出したものなのです。

伊藤芳雄君 向こうが改正案を出すことを急いだのは、どういうところにあったのですか。

松本烝治氏 おそらく天皇を国際裁判に出すかどうかというところに問題があったのではないかと想像しております。向こうの言うことを呑めば出さない。呑まなければ出す、そういうわけで、そういうことになったら大変だと思って、よんどころなく急いでやったのです。嫌と言えないことだったのです。

伊藤芳雄君 必ずしも嫌がらせや、おどかしではなかったのですね。

松本烝治氏　最初ポツダム宣言の受諾をする前に往復文書があるのです。あの往復文書によると、日本の国体のことは日本人の総意によって決定していいということを向こうが返答しているのです。だから私の考えでは、天皇制の存廃ということは、日本人の総意で決めてよろしいという頭ですから、法律上ぐずぐず言わないと思っておったのです。ところが憲法をやっている間に、向こうからそんなことはない。あの往復文書には日本は拘束される、しかし、われわれの方は何も拘束されないのだというひどいことを言うのです。私は私法学者として、そんな変なことが一体あるかと思ったのですが、どうにもならないのです。

以上の講演で明確なように、松本烝治は憲法九条幣原発案を確信をもって否定している。松本は幣原内閣の憲法問題調査委員会の委員長として、憲法改正案作成作業をリードしてきた経緯から、彼の証言は幣原発案を否定する格好な証言として、否定論者が多く引用してきた。しかし、右の講演から推測できるように、彼の認識は、先の入江俊郎の記録から検討するとかなり不正確で誤認が散見する。

松本がＧＨＱに提出する「松本私案」を一月三〇日の臨時閣議で論議したときに、既述のように幣原は軍の規定についてクレームをつけている。さらに、幣原が「松本私案」の提出を最後には認めたのは、政府案としてではなく、あくまでもＧＨＱの意向を知るために提出するという条件をつけてであった。松本が幣原が「松本私案」に同意したというのは誤りである。さらに入江が勘づいたように、幣原が一月二四日のマッカーサーとの「秘密合意」をふまえて、「松本私案」の軍規定を削るように何度も発言したことは忘れている（本書三四一頁）。

幣原が「平野文書」でマッカーサーとの「秘密会談」と「秘密合意」について「松本君にさえ打ち明けることのできないことである」と言っているように、松本にはずっと秘密にしていた。右の松本の講演からも松本が保守的で頑迷固陋で独断的な言動の持ち主であることが想像できよう。もしも幣原が戦争放棄と戦力不保持を閣議において提案したとしたら、ケーディスとさえ喧嘩をした松本のことであるから、国務大臣辞職までふりかざして猛反発し、閣議は収拾不可能なまで紛糾したであろうことは想像に難くない。

幣原首相が「戦争放棄」と「戦力不保持」を公然と閣議にはかることができなかった国内状況は詳述したとおりであるが（本書二六一頁）、保守的で頑迷固陋の松本国務大臣が天皇輔弼の自負をもって憲法改正案作成を独断的に進めている幣原内閣の、それも本書で述べてきたように首相としての権限も現在とは違って弱いなかで、マッカーサーへの「秘密会談」における提案という手段の選択しかなかったというのも、「秘密会談」「秘密合意」とした要因の一つであると考えることもできる。

後半の、伊藤議員の質問にたいする回答で、松本がポツダム宣言の前の往復文書と言っているのは、本書で述べたポツダム宣言の受諾をめぐって日本側が国体の変更は求められていないことを条件に受諾するという意向を伝えたのにたいし、アメリカ政府から、戦後の日本政府が平和的な民主国家となった後、国体の選択は日本人民を代表する政府の選択に委ねるという旨が伝えられたことを（本書一三六頁）指しているが、松本の理解は日本側の国体選択につけられた前提条件を理解していない。それに往復文書の形式はとっていない。松本の回答から、松本が連合国軍の占領下にあっても、ポツダム宣言には「天皇制の存廃は日本人の総意できめてよろしい」となっていると短絡的に思いこんでいたので、憲法問題調査委員会の憲法改正案作成の過程で、マッカーサー・GHQに報告して意見を聞くこともせず、「松本私案」を作成したことが理解できる。近衛文麿が手掛けた憲法改正草案がマッカーサー・GHQに報告、意見を聞きながら作成された（本書一七五頁）のと対照的である。松本はポツダム宣言が要求した日本の民主的改革の課題は理解せず、無関心であったことも、以上に紹介した自由党憲法調査会総会における彼の講演から容易に理解できよう。憲法九条・日本国憲法はマッカーサー・GHQによって「押しつけられ」たという松本の主張には、個人的な体験からくる主観的な反発や怨念が含まれているので、彼の言説を引用する場合には、本書のように資料批判をきちんとおこなうことが必要である。

松本烝治国務大臣は、入江俊郎法制局次長が察知していた幣原首相がマッカーサーとの「秘密会談」による憲法九条の「秘密合意」に最後まで気づくにいたらなかったのである。松本は幣原に「芝居を打たれた」ことになるので、松本個人にとっては、気づかないままでよかったのかもしれない。

【註】

(1) 元は、入江俊郎『日本国憲法成立の経緯』と題して憲法調査会事務局が「憲資・総第四十六号」（昭和三十五年七月）として印刷発行したものを、入江俊郎『憲法成立の経緯と憲法上の諸問題——入江俊郎論集』（第一法規出版、一九七六年）の第一編に収録。

(2) 入江俊郎、同(1)、七二〜七三頁。

(3) 入江俊郎、同(1)、一〇七頁。
(4) 憲法調査会事務局「松本烝治氏に聞く」（昭和三十五年六月）、二〇頁。
(5) 憲法調査会事務局「松本烝治氏に聞く」、同(4)、二一～二五頁。
(6) 憲法調査会事務局「松本烝治氏に聞く」、同(4)、二七頁。
(7) 佐藤達夫著・佐藤功補訂『日本国憲法成立史　第三巻』有斐閣、一九九四年、五一頁。
(8) 佐藤達夫著・佐藤功補訂、同(7)、二〇〇頁。
(9) 入江俊郎、前掲(1)、一九九～二〇一頁。
(10) コートニー・ホイットニー、毎日新聞社外信部訳『日本におけるマッカーサー――彼はわれわれに何を残したか』毎日新聞社、一九五七年、八三頁。
(11) 入江俊郎、前掲(1)、二〇一～二〇二頁。
(12) 入江俊郎、同(1)、二五〇～二五三頁。佐藤達夫著・佐藤功補訂、前掲(7)、六一～六四頁。
(13) 『芦田均日記　第一巻』岩波書店、一九八六年、七九頁。
(14) 憲法調査会事務局「松本烝治氏に聞く」、前掲(4)、三七～四〇頁。
(15) 佐藤達夫『日本国憲法誕生記』中公文庫、一九九九年、六一頁、七〇頁、七四頁。
(16) 入江俊郎、前掲(1)、二一五頁。
(17) 入江俊郎、同(1)、二一五～二一六頁。
(18) 佐藤達夫著・佐藤功補訂、前掲(7)、二〇〇頁。
(19) 佐藤達夫著・佐藤功補訂、同(7)、二〇二頁。
(20) 佐藤達夫著・佐藤功補訂、同(7)、二〇一頁。
(21) 外務省『日本外交文書　占領期第二巻（外交権の停止・日本国憲法の制定・中間賠償・他）』

六一書房、二〇一七年、一〇六三～一〇六五頁。

(22) 入江俊郎、前掲(1)、九七～九九頁。

(23) 憲法調査会事務局「松本烝治氏に聞く」、前掲(4)、四二頁。

(24) 憲法調査会事務局「松本烝治口述　日本国憲法の草案について」(憲資・総第二十八号　昭和三十三年十月)。

第10章　日本国憲法草案の帝国議会における審議と採択

1　枢密院における審議と裁可

(1) 憲法草案の口語化

「憲法改正草案要綱」発表により、同要綱が新しい日本国憲法となることが示された後、要綱を成文化する作業をすすめる段階で、それまで大日本帝国憲法と同じように、片仮名と旧仮名遣いで書かれていた草案の条文を平仮名・口語体にするように建議がなされた。当時、国語の平易化運動を熱心に進めていた安藤正次《まさつぐ》・山本有三・横田喜三郎・三宅正太郎などの人たちから内閣総理大臣にあてて建議があり、これが主たる契機となって、新たに法制局長官となった入江俊郎が閣議の了解を取り付けて、現行憲法のように、平仮名・口語体によって草案を準備することになった。

（2）枢密院会議における幣原首相の説明

大日本帝国憲法においては、元大臣・政府高官などで構成される枢密院が天皇の最高諮問機関として、衆議院と貴族院の議会に提出する前に憲法草案の審査審議をおこなうことになっていた。しかし、三月六日の憲法改正要綱の公表は、GHQとの関係上どうしても急いで発表しなければならなかったとはいえ、枢密院にとっては、重大な権限侵犯行為であったので、幣原首相は、三月二〇日の枢密院本会議において、枢密院諮詢前に憲法改正要綱を発表しなければならなかった経緯を報告して釈明し了解を求めた。その時の幣原首相の説明は、幣原が憲法九条を発案したことを証明する内容になっているので、要旨であるが、紹介する。(1)

草案の中、特に重要なる点は国体の本義にかんする第一と戦争の抛棄を宣言した第九であると思う。第一は天皇は世襲の御威光のみに依らず、別に国民至高の総意に基き、其の御位に在らせらるることとなるのであって、皇位の淵源はこれにより一層深くその基礎は一層確いこととなった。国民が天皇を奉戴するという点、この点に深い意味が在るものと考えるのであって、二千余年培われた国民精神は過日の天皇の横浜御巡幸の際の御様子を拝してもよく判ると思う。余はこれにより、皇室の安泰は永久に保持さるるものと確信するのである。

次に第九は何処の憲法にも類例はないと思う。日本が戦争を抛棄して他国もこれについて来るか否かについては、余は今日直にそうなるとは思わぬが、戦争抛棄は正義に基づく正しい道であって、日本は今日この大旗を掲げて国際社会の原野を単独に進んでゆくのである。その足跡を踏んで後方より従ってくる国が有っても無くても、顧慮するに及ばない。事実においては原子爆弾の発明は、世の主戦論者に反省を促したのであるが、今後は更に幾十倍幾百倍する破壊的武器も発明されるかも知れない。今日は残念ながら世界はなお旧態依然たる武力政策を踏襲しているけれども、他日新たなる兵器の威力により、短時間に交戦国の大小都市ことごとく灰燼に帰し、数百万の住民が一朝塵殺せらるる惨状を見るに至らば、列国は漸く目醒めて戦争の抛棄を真剣に考えることとなるであろう。その時は余はすでに墓場の中に在るであろうが、その墓場の陰から後をふり返って列国がこの大道に従って来る姿を眺めて喜びとしたい。

以上は戦争放棄の条項に関し外国新聞記者に語った余の所感であるが、余は、此の考えが甘い考えだと云う人があるかも知れぬが、硬く信じて疑わぬのである。

右の枢密院会議における幣原首相の説明から、日本国憲法第一章の象徴天皇制の規定よりも第九条に幣原の信念がこめられていることが理解できよう。憲法九条については「余」という主語をつかって幣原が発案したことの思想と信念を語っているのが理解できる。この幣原の人類の未来において理解され、評価されるであろう憲法九条の意義づけは幣原でなくては語れないことであり、マッカーサーには語れないことである。

前述した二月二二日の閣議における幣原首相の前日のマッカーサーとの会談内容の報告について、

『芦田均日記』に、マッカーサーが憲法九条に関連して、「日本が Moral Leadership を握るべきだと思ふ」と言ったのにたいし、「幣原は此の時語を挿んで leadership と言われるが、恐らく誰も follower とならないだろうと言った」とあるのを、憲法九条幣原発案否定論者でこの箇所を取り上げて、幣原が憲法九条について否定的であったという証拠にあげている論者がいると述べたが（本書三五三頁）、右の幣原の「戦争放棄は正義に基づく正しい道であって、日本は今日この大旗を掲げて国際社会の原野を単独に進んでゆくのである。その足跡を踏んで後方より従ってくる国が有っても無くても、顧慮するに及ばない」という説明の文脈から、『芦田均日記』の記述が誤っていることが確認されよう。

幣原首相が憲法九条に託した平和思想は、本書に詳述した「平野文書」と全く齟齬がないことから、幣原が平野三郎に思いの丈を率直に語ったことの証明となっている。

ところが、幣原喜重郎の長男で、国文学者で独協大学教授でもあった幣原道太郎は、「昭和二十一年三月二十日以降父が幣原提案説を肯定するに至った矛盾の解明」と題して、(2)「父は三月二十日以前とそれ以後とでは矛盾した事を言い、後者の方が本心に反した言であることは火を見るよりも明らかである」と述べ、「第九条は父の本心に反して押付けられたにも拘わらず、占領下にあって真相を一切口にすることの出来なかった父が涙を呑んで〔マッカーサーから〕自らを提案者と言わせられた」と幣原喜重郎を憲法九条発案者とする説を猛然と否定し、「第九条幣原提案説は百％マッカーサーの嘘である」と断言する。その根拠に、「父がマッカーサー草案につき、初めてマッカーサーと面会したとき、饒舌のマッカーサーを押さえて、第九条で世界のリーダーシップを握ると言われるが『誰もついて来る者はあるまい』(There will be no followers.) と反駁した一言は九鼎大呂《きゅうていたいろ》よりも重く、この第九条が自分のものでないということを明らかに立証しているこの一語は絶対に紛更《ふんこう》抹殺をゆるされない」と、本書でその誤りを指摘している『芦田均日記』にあるこの言説をあげている。

彼はさらに、「当時日本民族は表面上、間接統治の形を採っていたとは言え、内実は隷従虜囚民族で、理不尽な無条件降伏の建前上、国はあたかも強制収容所の如く、首相は牢名主となり、日本側には外交権の権限なく、ただ命令服従の関係しかなかった事実を決して忘却してはならぬ」とまで述べ、父の幣原喜重郎がアメリカ軍占領下の「牢名主」となってマッカーサーの命令に服従したとまで決めつけている。「牢名主」とは、江戸時代に、囚人から選ばれてその取り締まりにあたった長で、牢内の制度や慣習に通じていて、囚人中で絶大な権力をもった囚人のことである。

本書の終章で紹介するように、貴族院における帝国憲法改正案の審議がおこなわれた際に、幣原喜重郎が憲法九条の思想と理念について、熱をこめて答弁しているが、幣原道太郎は、父はアメリカ軍占領下の「牢名主」であったとまで決めつけ、父の真意を理解できなかったのである。ただし、幣原道太郎の否定説は、三月二〇日の貴族院において幣原喜重郎が憲法九条は自分の発案のように発言して以後、幣原喜重郎が憲法九条は自分の発案であると話した事実は認めている。道太郎はそれをマッカーサーに強制された父の本音でなかったと強く思いこんでいるだけである。逆手に取れば、幣原喜重郎の憲法九条発案の言説を証明するものになっている。

（3）枢密院による裁可

一九四六年四月二二日、枢密院の第一回審査委員会が開催された。審査委員会の冒頭に、枢密院議長鈴木貫太郎が、議長としては異例のつぎのような発言をおこなった[3]。

ポツダム宣言が国体を変革するものかどうか、終戦の時から疑問をもつものが多かった。付和雷同する人達は、これをとらえて策動さえもした。然し私は、宣言のうちに日本国の政治形態は日本国民の意思によって決められるとあるので、予ねてから絶対に大丈夫だという確信をもっていた。しかも今度の憲法改正案の第一条によって明らかに国体が護持されたことを知り、大いに安心し且つ敬意を表するものである。また第九条の戦争抛棄の条項について心配する向きも多いが、古来「柔よく剛を制す、柔弱は正路なり、強剛は死の道なり」という言葉がある。第九条は正にその点をあらわすもので、これまた大いに敬意を表する。

次いで幣原首相が憲法改正草案提出の説明をおこなったが、その冒頭に「鈴木議長のただいまのご挨拶に心より感銘した、また終戦当時の御苦労につき深く敬意を払う、只今の二つの点は私も全く同感である」と述べた。

鈴木貫太郎が戦前最後の首相となって、戦争終結をおこなったことは本書で述べたとおりである。

前議長の平沼騏一郎が戦犯容疑で逮捕されたので、その後任として鈴木を考えたのは幣原首相であった。吉田外相が幣原首相の意を受けて、千葉県関宿の自宅をおとずれ、憲法改正の問題があるから是非枢密院議長の就任を受諾してもらいたいと懇請したのである。昭和天皇も大いに賛同して鈴木を参内させ、枢密院議長就任を懇請した結果、一九四五年一二月一五日に親任式がおこなわれた（本書二〇九頁）。鈴木が枢密院議長であったことは、日本国憲法草案の枢密院における審査の裁可を容易にした。枢密院では鈴木議長が指定した「帝国憲法改正案を帝国議会の議に付する」ための審査委員会によって審査がおこなわれ、改正案を帝国議会の審議に委ねることを諒とする報告書が作成され、六月八日の天皇が臨席する枢密院本会議において、美濃部達吉一人が反対したので全会一致とならなかったが、可決され、議会へ提出されることになった。枢密院における憲法改正草案の裁可を果たした鈴木貫太郎は、六月一三日付で枢密院議長を依願免官して、再び千葉県の関宿に帰って全くの野人となった。七八歳であった。

2　幣原内閣の総辞職と吉田内閣の成立

一九四六年四月二二日の枢密院の第一回審査委員会に幣原首相も出席したが、この日は幣原内閣が総辞職した日であった。これより先の四月一〇日、新選挙法による戦後初めての衆議院総選挙がおこなわれた。幣原はこれまで外交官は政党に所属しないという信念を貫いてきたので、政党には所属しなかった。また幣原内閣は政党を基盤とした内閣ではなかった。そのため、総選挙の結果、第一党となった政党総裁に首相の座を譲ることが議会政治の確立のために必要と認識されていた。

総選挙の結果、自由党（総裁鳩山一郎）一四〇名、進歩党（代表者齋藤隆夫）九四名、社会党（中央執行委員長片山哲）九三名、協同党（委員長山本實彦）一四名、共産党（書記長徳田球一）五名、無所属八一名、諸会派三八名という結果を見た。ところが、過半数はもとより、三分の一を占める政党も存在しない状況だった。そこで、後継内閣の奏請の重責を負った幣原首相は、自由、進歩、社会の三党鼎立などにより政治的に安定した勢力ができ、最も大切な憲法改正の見通しができるまで、無責任に政権を投げ出すことはできないと談話を発表したところ、各政党からはもちろん、言論機関からも内閣居座りのためだと一斉に非難攻撃された。そのため、四月二二日に総辞職を断行するにいたった。しかし、後継内閣の決定は難渋した。幣原も長年の立場を一擲《いってき》して進歩党に入ってその総裁となり、進歩、自由、社会の三党連立内閣の組閣を企てたが、社会党の反対にあった。三転して自由党の単独組閣を組織しようとしたところ、総裁の鳩山一郎がGHQにより公職追放されてしまった（本書三三〇頁）。最後に、吉田茂を総務会長とする自由党と幣原首相を総裁とする進歩党の連立内閣をくわだて、ようやくこれに成功して、五月二二日に第一次吉田茂内閣の成立にこぎつけた。幣原は即日首相の任を去ったが、改めて吉田内閣の国務大臣として入閣し、幣原内閣が作成した憲法改正草案の議会での審議は、そのまま吉田内閣に引き継がれることになった。

3　衆議院における憲法改正草案審議と可決

一九四六年六月二〇日、第九〇回帝国議会が衆議院において開会された。憲法議会として憲法改正案を審議することになった衆議院の開院式において、冒頭に議長より以下の天皇の詔勅が朗読された。(4)

朕は、国民の至高の総意に基いて、基本的人権を尊重し、国民の自由の福祉を永久に確保し、民主主義的傾向の強化に対する一切の障害を除去し、進んで戦争を抛棄して、世界永遠の平和を希求し、これにより国家再建の礎を固めるために、国民の自由に表明した意思による憲法の全面的改正を意図し、ここに帝国憲法第七十三条によって、帝国憲法の改正案を帝国議会に付する。

御名　御璽

天皇の勅語は、天皇が国民主権と基本的人権の尊重を謳い、戦争抛棄をかかげた大日本帝国憲法の全面的改正すなわち日本国憲法草案をすでに基本的に認めたことを内外に宣言したことを意味するものであった。したがって、マッカーサー・GHQが、天皇制を利用しながら日本の民主化をはかろうとした意図がこの段階では功を奏したといえよう。

帝国憲法改正案の審議は議長の指名した七二人で構成された特別委員会によっておこなわれ、委員長に自由党の芦田均が互選された。幣原内閣の厚生大臣であった芦田は、吉田内閣では閣僚からはずれた。特別委員会は七月一日から七月二三日まで改正案の逐条審議をおこなった。この特別委員会では、幣原内閣の総辞職にともない辞任した松本烝治国務大臣に替わって、吉田内閣では金森徳次郎国務大臣が憲法制定問題を担当した。金森は東大法学部を卒業、一九三四年七月岡田啓介内閣のもとで法制局長官となったが、翌三五年美濃部達吉の天皇機関説事件のあおりで、著書『帝国憲法要綱』に天皇機関説的な説明があると右翼議員からつるしあげを受け、岡田内閣が二・二六事件に遭遇する一月まえに法制局長官を退官した。戦争中は晴耕雨読に生きた。吉田内閣になって憲法改正案を議会で可決させるための議会対策用の国務大臣として起用された。

この特別委員会では、金森大臣が主として答弁にあたり、独り舞台の感があった。その答弁回数は八〇〇回、憲法議会といわれた第九〇回帝国議会における答弁回数を全部通算すれば、千何百回におよび、一回の答弁最高一時間半という記録を残した。帝国議会において新憲法誕生の〝産婆役〟をつとめたといえる。憲法公布と同時に大臣を辞め、一九四八年に初代国会図書館長に就任した。

「平野文書」にあったように、幣原は「去年金森君からきかれた時も僕が断ったように、このいきさつは僕の胸の中だけに留めておかねばならないことだから、その積りでいてくれ給え」とマッカーサーとの「秘密会談」と「秘密合意」のことは金森にも語らなかったのである（本書三五二頁）。

ただ、その金森も、憲法九条が幣原の発案であったと、一九五四年三月一九日に首相官邸でおこなわれた自由党憲法調査会の第二回総会において、次のように述べている(5)。

〔マッカーサーがアメリカに帰国して、憲法九条は幣原の発案であると証言したことを紹介して〕この言葉が正しいとすれば、戦力不保持のあの規定というのは、歴史の上から言えば幣原さんの発案であり、つまり日本側の申し入れであったというふうに考えられます。それ以外に幣原さんが書かれたものも出ておりまして、マッカーサー氏の言に信用が置きうるような気がいたします。のみならず、幣原さんの身辺におった人々の意見を聞いてみまするると、非常に的確なところはわかりませんけれども、平素の幣原さんの言葉や、また幣原さんとマッカーサーとの定例会見はいつもならば一時間くらいで終わるのに、あるとき特に三時間も会見をした〔秘密会談のこと――引用者〕というようなこともありまして、何か根拠ありげに感ずるのであります。今まで申し上げましたのは、あの協定は日本側からの発案規定であるということを言ったわけです。

ところでこれが向こうに受け入れられまして、今度はマッカーサーのノートという段階に入って来るのであります。多分、マッカーサーがこういう話を聞いて、自分の帳面に日本の憲法はかくあるべしということを書いておったというのでございましょう。

幣原とマッカーサーの「秘密会談」(一九四六年一月二四日)において幣原が憲法九条を提案して「秘密合意」が成立し、それをマッカーサーが「マッカーサー・ノート」にして憲法改正案作成をホイットニーに命じたという筆者の推察どおりのことが語られている。

特別委員会での審議が終了したあと、さらに芦田均を委員長とする一〇名からなる小委員会が設けられ、憲法改正案の条項文について七月二五日から八月二〇日にかけ一四回にわたり検討がおこなわれた。

九条に「平和」を

政府案が議会に上程された時、憲法九条の政府案は、以下のようであった。

第九条　国の主権の発動たる戦争と、武力による威嚇又は武力の行使は、他国との間の紛争の解決の手段としては、永久にこれを放棄する。

陸海空軍その他の戦力の保持は、許されない、国の交戦権は、認めない。

「九条」といえば「平和」を連想するが、上程された政府案になかった「平和」を加筆したのは、衆議院議員の鈴木義男（日本社会党）が「平和はいまや安全保障抜きには考えられない」と本会議ならびに憲法改正条項文を検討した小委員会で積極的に発言した結果であった。鈴木義男は、戦前期に東北大学や法政大学で憲法・行政法の教授を勤め、その間、ワイマール期のドイツに留学、敗戦と同時に社会党に入党、戦後最初の総選挙で議員になったばかりの理論家であった。憲法研究会（本書一八九頁）にも参加していた。鈴木の提案は「日本国は平和を愛好し、国際信義を重んずることを国是とする」という条文を挿入するという社会党の修正意見として小委員会に提出されたが、討議の結果、現行憲法の「日本国民は、正義と秩序を基調とする国際平和を誠実に希求し」という格調高い文章を挿入することに決定し、つぎに述べる「芦田修正」とともにその後の衆議院本会議、貴族院を通過した(6)。

「芦田修正」の問題

芦田小委員会において、芦田委員長の起案で憲法九条の第二項の前に「前項の目的を達するため」という文言を挿入することになり、これが「芦田修正」といわれ、現在の自衛隊の問題にもかかわる大きな問題に発展する修正がなされ、これは衆議院本会議でも可決され、GHQにも認められた。ここでは、この「芦田修正」についての芦田均当人の説明が、この当時と朝鮮戦争を契機に日本が再軍備するようになって後の芦田均の説明が異なっていることだけを紹介しておきたい。

①第九条を修正、二句を挿入した理由（一九四六年八月二一日の衆議院帝国憲法改正委員会における報告）[7]

法第九条に於て第一項の冒頭に「日本国民は、正義と秩序を基調とする国際平和を誠実に希求し、」と付加し、その第二項に「前項の目的を達するため」なる文字を挿入したのは戦争抛棄、軍備撤廃を決意するに至った動機が専ら人類の和協、世界平和の念願に出発する趣旨を明らかにせんとしたのであります。第二章の規定する精神は人類進歩の過程に於て明らかに一新時期を画するものでありまして、我等が之を中外に宣言するに当たり、日本国民が他の列強に先駆けて正義と秩序を基調とする平和の世界を創造する熱意のあることを的確に表明せんとする趣旨であります。

②「芦田修正」の意図について（一九五七年一二月五日憲法調査委員会第七回総会）[8]

憲法小委員会においても、日本国が自衛権を持つとの点については、何人も疑いを持たなかった。自衛権はたしかにあるという確信を持っておったのであります。自衛権とは侵略に抵抗するという権利である。そこで、第九条の規定をみると、第二項があって自衛権が一体あるのかないのかさえも疑問の種となったのでありますが……私は第九条の二項が原案のままではわが国の防衛力を奪う結果となることを憂慮いたしたのであります。それかといって、GHQはどんな形をもってしても戦力の保持を認めるという意向がないと判断しておりました。(中略)

修正の辞句はまことに明瞭を欠くものでありますが、しかし私は一つの含蓄をもってこの修正を提案いたしたのであります。「前項の目的を達するため」という辞句を挿入することによって、原案では無条件に戦力を保有しないとあったものが、一定の条件の下に武力を持たないということになります。日本は無条件に武力を捨てるものではないということは明白であります。……そうするとこの修正によって原案は本質的に影響されるのであって、従ってこの修正があっても第九条の内容に変化がないという議論は明らかに誤りであります。

①では、九条に二つの文章を追加し、前者の「日本国民は、正義と秩序を基調とする国際平和を誠実に希求し」と後者の「前項の目的を達するために」が呼応する文章になっており、それは、芦田が説明したように「日本国民が他の列強に先駆けて正義と秩序を基調とする平和の秩序を創造する」ためであるという、「地球憲法九条」というに相応しい高邁な世界平和実現の先駆けとなる理念を掲げているのである。後年「自衛権は認めたもの」と解釈して自衛隊の創設の根拠とするようなものではなかったことは確認しておきたい。②は本書の終章で述べるように、朝鮮戦争を契機に再軍備したあ

とに意図的な解釈をしている。日本の再軍備を認めるために憲法九条の精神と理念を否定するものである。「芦田修正」をめぐる議論は自衛隊は憲法違反とみるかどうかにつながる重要な問題であるが、ここでは指摘するにとどめる。

小委員会の修正案の報告を八月二一日の衆議院帝国憲法改正委員会が承認し、それを八月二四日の衆議院本会議で芦田委員長が報告して、修正事項を加えた改正憲法草案を三分の二以上の多数の賛成で可決して、衆議院における審議を終了した。

4　貴族院における審議と可決

「帝国憲法改正案」は八月二四日、衆議院の議決ののち、八月二六日の貴族院本会議に上程され、吉田首相が提案理由を説明したあと審議に入り、三〇日までの五日間にわたり質疑応答がおこなわれ、八月三〇日、改正案は四五人の帝国憲法改正案特別委員会に付託された。同委員会は、委員長に安倍能成、副委員長に橋本実斐《さねあや》が互選され、九月二日から改正案の審議に入り、一〇月三日に帝国憲法改正案の修正可決をおこない、ついで一〇月五、六日の貴族院本会議で審議されたうえで六日に議決され、貴族院の審議は終結した。貴族院においても各議員の質問や意見にたいして臨機応変な答弁で活躍をしたのが金森大臣であった。貴族院においては幣原が国務大臣として何回か答弁をしており、重要なので終章で改めて取り上げる。

帝国憲法改正案は一〇月六日に貴族院から衆議院に回付され七日の衆議院本会議で三分の二以上の多数で貴族院の修正に同意する旨が可決され、ここに帝国憲法改正案は確定した。衆議院、貴族院で修正議決された「帝国議会において修正を加えた帝国憲法改正案」は再び、枢密院に諮詢され、枢密院で二回の審査委員会が開かれた。政府側から吉田総理、金森大臣、入江法制局長官、佐藤達夫法制局次長が出席、主として金森大臣が説明した。法制局の佐藤功事務官が補助員として出席した。そして一〇月二九日、天皇臨席のもとに枢密院本会議が開かれ、審査委員会の帝国議会における修正を承認する旨の報告を全会一致で可決した。

5　日本国憲法公布

一一月三日、貴族院の議場に貴族院・衆議院議員、閣僚その他が参集、天皇臨席のもとに日本国憲法の公布式典がおこなわれ、天皇がつぎの勅語を読んだ(9)。

本日、日本国憲法を公布せしめた。

この憲法は、帝国憲法を全面的に改正したものであって、国家再建の基礎を人類普遍の原理に求め、自由に表明された国民の総意によって確定されたのである。即ち、日本国民は、みづから進んで戦争を放棄し、全世界に正義と秩序とを基調とする永遠の平和が実現することを念願し、常に基本的人権を尊重し、民主主義に基いて国政を運営することを、ここに、明らかに定めたのである。

朕は、国民と共に、全力をあげ、相携へて、この憲法を正しく運用し、節度と責任を重んじ、自由と平和とを愛する文化国家を建設するやうに努めたいと思ふ。

一一月三日の午後、皇居前広場で、天皇皇后が出席して「日本国憲法公布記念祝賀都民大会」（本書扉写真）が開催された。この日の新聞は、渉外局発表として、マッカーサーのつぎのような声明を掲載した。[10]

新憲法の採択は、議会を通過した各種の進歩的な措置とともに、新日本建設の確固たる礎石となるものである。あらゆる人間の努力の成果と同じく、新憲法もまた多少の欠点を免れないが、大局から見れば、終戦以来われわれのたどりついたあとが、いかに遠くかつ遥かなものであったかを如述に示している。新憲法は、世界平和と善意と平静への偉大な一歩前進である。

【註】

(1) 入江俊郎『憲法成立の経緯と憲法上の諸問題――入江俊郎論集』第一法規出版、一九七六年、三一七頁。

(2)『幣原喜重郎　外交五十年』（原書房、一九七四年）の解説。
(3) 鈴木貫太郎傳記編纂委員会『鈴木貫太郎傳』、非売品、一九六〇年、五二九頁。
(4) 寺島俊穂抜粋・解説『復刻版　戦争放棄編　参議院事務局編「帝国憲法改正審議録戦争放棄編」抜粋（1952年）』三和書籍、二〇一七年、二七頁。
(5) 金森徳次郎『制定の立場で省みる日本国憲法入門　第二集』書肆心水、二〇一三年、三三頁。
(6) 古関彰一『日本国憲法の誕生　増補改訂版』岩波現代文庫、二〇一七年、三三一～三三六頁。塩田純『日本国憲法誕生――知られる舞台裏』NHK出版、二〇〇八年、二一八～二二一頁。
(7) 寺島俊穂抜粋・解説、前掲(4)、一六六頁。
(8) 芦田均『制定の立場で省みる日本国憲法入門　第一集』書肆心水、二〇一三年、五〇～五一頁。
(9) 佐藤達夫著・佐藤功補訂『日本国憲法成立史　第四巻』有斐閣、一九九四年、一〇一七頁。
(10) 佐藤達夫著・佐藤功補訂、同(9)、一〇一六頁。

終章

1　幣原喜重郎が憲法九条にこめた我々へのメッセージ

貴族院において、帝国憲法改正草案すなわち日本国憲法草案が審議されたときに、幣原喜重郎は国務大臣の任にあった。憲法九条に関連した質問にたいして何回か答弁している。これらの答弁において発案者である幣原が憲法九条にこめた平和思想と理念が語られている。幣原が憲法九条に託した平和思想を現在の我々日本国民がいかに継承、発展させ、幣原が願った核戦争による人類滅亡の危険かららいかに世界を救うか、そのために日本が憲法九条で宣言した「戦争放棄」「軍備全廃」をいかに全世界に拡大していき、核兵器全面禁止の世界を実現していくのか、それは日本国憲法の第九条を「地球憲法九条」にしていく道程でもある。「百年後には予言者と呼ばれる」ことを信じて憲法九条を発案した幣原の声を聞くようなつもりで、この終章に、貴族院における幣原の発言をそのまま掲載したい。それは、幣原が憲法九条にこめた現在の我々へのメッセージである。

参議院事務局編『帝国憲法改正審議録　戦争放棄編』から引用するが、文中のタイトルは議事録に書かれたままである。[1]なお、議員の質問と幣原の応答の「××についての○○議員の質問にお答えします」という冒頭部分は省略、段落を移した箇所もある。〈　〉は筆者がつけたタイトル、〔　〕は筆者のコメントである。

貴族院本会議（昭和二一年八月三〇日）

〈戦争抛棄と闘争本能、殺人的、破壊的闘争は何処までも否認、その本能は矯《た》めなければならぬ〉

人間には闘争本能というものがある、これは争うべからざることである、これを利用してこそ始めて進歩と云うものが現れて来るのであると言ったような御趣旨の意見がありました。闘争本能と申しましても、ごく平和的な建設的な闘争でありますれば、その本能の発達されることは望ましいことでありまして、その方向に向かって、どうしても進まなければならぬと思うのでありますす。こういったような本能を棄てるということでありますれば、世の中に進歩もありませぬ、発達もありませぬ。これは望ましいことでありますが、またこの闘争的な、殺人的な、破壊的な闘争でありまするならば、これは我々はどこまでも否認しなければならぬのである。さような本能がありまするならば、その本能は矯めなければならぬと思うのであります。

〔人間には闘争本能があるから戦争はなくならない、という俗論をいう人がいる。だから憲法に戦争放棄をかかげても、きれいごとであって、実現することはないと悲観的に考える。さらに人間の闘争本能にもとづく戦争が人類史を発展させてきたということが、兵器にまつわる科学技術の発展を事例によく言われる。これにたいして幣原は「平和的な建設的な闘争本能」があるはずだと述べ、人類はその発展をめざすべきだという信念を述べている。戦争は人間を殺すこと、それもある集団が他の集団を大規模に殺戮する行為である。理性的に考えれば、人間に人殺しの本能が備わっているはずがない。人間も動物の一種であるが、動物の雄には、雌を争って闘争するが、優劣の決着がつけば、相手を殺すことはまずない。生物界に弱肉強食の食物連鎖はあるが、人間以外の動物界には縄張り争いがあっても、人間のように不必要な殺害、とりわけ集団殺害をするような闘争本能は、自然界の摂理としてもない。人間は闘争本能があるから戦争はなくならないという謬論を否定し、「殺人的、破壊的闘争本能」があるとすれば、それを否認し矯正しなければならないと幣原は述べる。〕

〈日本は今や、徹底的な平和運動の先頭に立って〉

昔と比べて見ますというと、だんだんと武器の進歩、破壊的武器の進歩、発明というものに伴いまして、どうもこの戦争の惨憺たる残虐なる有様が心の内に映じて参りますするというと、始めて戦争抛棄という議論がおこなわれて来ているのであります。我々は今日、広い国際関係の原野に於きまして、単独にこの戦争抛棄の旗を掲げて行くのでありまするけれども、他日必ず我々の後に蹤いて来る者があると私は確信している者である。このことを、私は憲法の案が発表されました時に、外国の新聞記者が参りましたので、私はこの確信をその当時、その新聞記者に説明いたしたのであります。何年後のことか知らぬけれども、こういったような状況は、長く続けるものではない。原子爆弾というものが発見されただけでも、ある戦争論者に対して、余程再考を促すことになっている、こういったような状況を長く打っちゃっておくべきことでない、こういったようなことを私はいいまして、日本は今や、徹底的な平和運動の先頭に立って、この一つの大きな旗を担いで進んで行くものである。必ずこの後に蹤いて来るものがあるということを私はいったことがあります。私は左様に信じております。

〔日本が戦争放棄という憲法九条の旗を掲げて、「広い国際関係の原野」を歩いていけば、必ずこの後について来る者があるという確信が語られ、日本は憲法九条という大きな旗を担いで、世界の平和運動の先頭に立って進めば、必ずそれについてくる者があると憲法九条の世界平和における先駆性が確信をもって語られている。幣原の発言は、核戦争による人類滅亡の危機におちいらせないために、〝地球憲法第九条〟を掲げて「国際関係の原野」を進んでいかなければならないという、現在の日本国民へのメッセージになっている。

「必ず蹤いて来るものがある」という確信にみちた言葉は、本書で何度も言及してきたように、マッカーサーが幣原に「日本がMoral Leadershipを握るべきだ」と言ったのにたいし、幣原が「leadership と言われるが、恐らく誰もfollowerとならないだろうと言った」という憲法九条幣原発案を否定する論者が引用する『芦田均日記』の記述（本書三五三頁）が誤りであることは明確である。〕

〈戦争抛棄は理念だけのことではない、もう少し私は現実の点も考えている〉

単にこれは、先刻仰せられた理念だけのことではありませぬ。もう少し私は現実の点も考えているのであります。すなわち戦争を抛棄するということになりますと、一切の軍備は不要になります。軍備が不要になりますれば、我々が従来軍備のために費やしておった費用というものはこれもまた当然不要になるのであります。

〈従来の軍事費を平和産業の発達、科学文化の振興に転用。国家の財源、国民の活動力を挙げてこの方面に邁進〉

そのように考えまするならば、軍事費のために、不生産的なる軍事費のために、歳出の重要なる部分を消費いたしている諸国と比べますというと、我が国は平和的活動の上において極めて有利な立場に立つのであります。

国際間におきまして我が国際的地位を高くするものは、これはすなわち、われわれのこれからして後の平和産業の発達、科学文化の振興、これにしくものはありませぬ。この平和的活動があってこそ、日本の将来はあるものと私は考えているのであります。これは数年の中にはまた戦争の負け戦の跡始末のために、その善後策のために、いろいろ我々の活動力を奪われるのでありましょうけれども、追ってこれが一度片付きますれば、我々の前途というものは大きな光でもって充ちていると思うのであります。どうか、我々は皆さまと共にこの理想を持って、かくのごとく我々が平和活動におきまして、すべての全力、国家の財源、国民の活動力を挙げて、この方面に

進む日の一日も速やかに来たらんことを私は心から祈るものであります。（拍手）

〔幣原が日本は憲法九条により、軍事力を保持せず、軍備を全廃し、それにより不生産的な軍事費に予算を消費するのではなく、平和産業、科学文化の振興、国民の生活向上に予算を充当するという「心からの祈り」は、日本の現政府によって、無残という表現をしたいほど、踏みにじられてしまっている。スウェーデンのストックホルム国際平和研究所の集計によると、二〇一七年度の日本の軍事支出は世界第八位となっている。日本経済新聞の報道では、二〇二〇年度の防衛予算の概算要求は五兆三〇〇〇億円超で過去最大になる見通しだという。防衛費は安倍政権になって、二〇一三年度から連続して増加し、二〇一九年度予算についていえば、防衛費五兆二五七四億円、これにたいして文教関係費は四兆四一五億円、科学技術振興費は八八〇四億円である。防衛費が文教及び科学技術振興費を超えているのである。安倍政権は二〇一八年一二月の閣議で、「日本の新たな軍事方針『防衛計画の大綱』と二〇一九年～二三年度の武器調達計画を示す「中期防衛力整備計画」を閣議決定し、過去最大の二七兆四七〇〇億円を計上、安倍政権下で大軍備拡張を加速させている。

以上の膨大な防衛費予算の額を見るだけで、現在の自民党政権によって、憲法九条を改正することなく、幣原が望んだ、軍事費をなくして平和産業、科学文化の振興という「心からの祈り」が無残に踏みにじられてしまっていることに胸が痛む。憲法九条に違反しての軍事費が増大するのと反比例して、社会保障関係の予算は年々削減されてきている。我々は、幣原が憲法九条に託した「国家の財源、国民の活動力」を戦争のためにではなく、平和活動のために傾注させるのだという「心からの祈り」

を、幣原からのメッセージとして真摯に受けとめたい。〕

貴族院帝国憲法改正案特別委員会（昭和二一年九月五日）

〈国際問題、平和問題については、時勢の進歩に遅れないように、国民全体相率いて、真剣に研究したい〉

日本国民が、本当に国際問題に関しては深い興味を持ってもらいたい。とくに平和を維持する問題について、とくに注意してもらいたい。どうすれば一緒に皆相率いてこの平和の方向に向かって進んで行くかということを真剣に研究してもらいたいということ、私もそう考えております。今日の時勢というものは、最早戦争のことばかり考えている時期じゃないと思います。必ずその中には世界列国とも、戦争というものがいかにも惨憺たるもので、そういうものは、一つの組織として人類社会に存続して行くべからざるものであるということを、必ず自分の実験的に悟る時機が来ると思いますから、我々もその時勢の進歩に遅れないように、国民全体相率いて、この問題を真剣に研究するという気持ちになっていただきたいということは、本当に私も切望する所であります。どうかそういうふうに行きたいと思っております。

〔憲法九条の「日本国民は、正義と秩序を基調とする国際平和を誠実に希求」するために、国際問題に関心をもち、世界平和を維持するために、国民一丸となって、その方法を研究してもらいたい、という幣原の現在の我々に向けたメッセージでもある。憲法前文にある「平和を愛する諸国民の公正と信義に信頼して」「全世界の国民が……平和のうちに生存する権利を有することを確認」し、悲惨で惨憺たる戦争を人類社会からなくしていくための世界史の進歩に遅れないように、平和研究にとりくんでほしいというメッセージである。国際的な視野にたって、世界の人々と世界平和の実現をめざして、国際交流を進めていくようになれという、国際交流が苦手な日本国民にたいする期待をこめてのメッセージである。」

〈平和問題の研究、宣伝機関は官製は不可、民製でなければならぬ〉

御承知のごとく、今や日本は、改正憲法第九条によりまして、徹底的な平和運動の大きな旗を担いで、広い国際社会の原野に歩み出したのであります。国民がこれに共鳴して同じく力を協せて、この目的を達成せしめることに尽してくれますということは、これはこれほど望ましいことはないと考えます。したがって民間におきまして、そのような平和問題の研究、あるいは宣伝の機関が設けられますということは、誠に私等の切望するところであります。これはなるべくならば、官製であってはいけない、民製でなければならぬと思います。政府もとより出来るだけのお世話いたしましょうけれども、その機関の本体というものは、民間の方から進んでそのような機関をつくるというような気持になってもらうことが、一番よろしいのでなかろうかと考えます。

〔日本が憲法九条を掲げる平和国家となり、世界に戦争放棄、軍事力不保持の平和を訴えるために、平和問題を研究し、国際社会に平和を宣伝する平和研究所のような機関が必要であるという提言である。しかし、それは、政府は予算面で後援するが、研究は国民が主体とならなければならない、という重要な提案である。これは国や行政が主体となった研究は「平和研究」と称しても、政府や権力の戦争政策を正当化することになるからである。現在の日本において、悲惨な戦争の歴史を忘れず、反省する目的で、平和記念館が設立され、平和問題の研究もおこなっているが、国や行政が主体となって設立、運営されている平和記念館の展示内容について、日本の侵略戦争や植民地支配における加害の歴史を展示させせまいとする権力側の意向が強くはたらき、たとえば、南京事件のように、一旦展示されたものが、右翼に迎合した行政の圧力で撤去された事例が発生している。これにたいして、民間が設立、運営している平和記念館は、悲惨な戦争を再び繰り返してはいけないという戦争観にしたがって、加害や植民地支配の歴史もしっかり展示されているが、一番の困難は資金がつづかないことである。

一番望ましいのは、「政府もとより出来るだけお世話いた」すと幣原が言っているように「政府、行政は金を出すが口は出さない」という、公立機関で研究は研究員の自由が完全に保障されるという平和研究所である。それにしても、憲法九条をもちながら日本には平和研究所が少ない。」

貴族院帝国憲法改正案特別委員会（昭和二一年九月一三日）

〈国際連合のいかんにかかわらず、**日本の将来を考えれば、平和に精進することの決心が必要**〉

ご承知のごとく国際連盟はすでに失敗の歴史であります。国際連合なるものは、はたして成功の歴史になるかどうかということは、これは私、今の立場において批判することを好みませぬ。

その立場でないと思います。しかしながら、列国がどう考えようが国際連合がいかなる手段をとろうが、我々、日本の将来を考えますれば、どうしても、この平和に精進するということの決心が必要だろうと思います。この決心、これがすなわち、日本の根本的の国策と認めて、我々はこれを憲法の上において宣明するということは、これは決して意味のないことじゃない、深い意味のあることだろうと私は考えております。

〔国際連合は一九四五年一〇月に発足したばかりであり、第一次世界大戦後に結成された国際連盟が日独伊ファシズム国家の台頭を阻止できず、第二次世界大戦をふせげなかった幣原の体験から、国際連合がどのように世界平和の構築に機能できるのか、やや懐疑的であった。幣原はここでは、憲法九条を掲げた日本は、将来予想される日本への侵略にたいしては平和を愛する「世界の世論」に依拠して対応するという希望と理念を語るに終わっているが、本書第7章で紹介した「平野文書」の中では、幣原が描いた侵略戦争を阻止するための世界平和の構想として、世界政府や世界同盟、さらには世界各国の安全を保障するために世界警察の創設、いっぽうでは武力によらず外交による日本の安全保障など情熱をこめて語っている。国際連合が設立されたばかりで、国際紛争の解決、世界戦争阻止にどのような機能をもつことができるかまだ未知数の段階にあって、憲法九条を「地球憲法九条」に広めるために何ができるかということを幣原は真剣に考えていたのである。

それは、現在の世界において、日本の安全を守るための国際的な安全保障体制をどう構築していくかについて、我々が考えるべき課題である。

伊藤真・神原元・布施祐仁『9条の挑戦――非軍事中立戦略のリアリズム』[2]は、軍事力にたよらない、非軍事中立戦略こそが、安全保障環境の変化に対応した最も現実的な道であることを提示している。同書は、非武装の日本が「世界史的視野に立った外交の力で我国の安全を守る」という戦略が現実的に可能であることを、論理的、説得的に展開している。

本書では論ずる余裕がないが、筆者は、憲法九条をもつ日本は非武装中立をかかげ、国際連合が、各国の軍事力を不要とする世界各国の安全を保障する機能をもつように、国際社会へ働きかけつづける責務があると思っている。国際連合は、一九四六年にオランダのハーグに国際司法裁判所を設立、国際法の発展、形成に寄与する活動を開始、国際法も「侵略の定義に関する決議」（一九七四年一二月一四日、国連第二九回総会で決議）、「細菌兵器（生物兵器）及び毒素兵器の開発、生産及び貯蔵の禁止並びに廃棄に関する条約」（一九七五年効力発生）など侵略戦争、化学兵器の使用を禁止する国際法を発展させ、二〇〇三年にオランダのハーグに「人道に対する罪」「戦争犯罪」「侵略犯罪」を犯した個人を裁くための国際刑事裁判所を設置した。さらに前述のように、二〇一七年には核兵器禁止条約を採択し、発効させるための批准国の増加を待っている。

このように国際連合は徐々にではあるが、世界から国際紛争、侵略戦争、核戦争の発生を防止、阻止するための機能をもつように改革されてきている。憲法九条改憲を党是とする自民党政府は、核兵器禁止条約に反対したように、そうした国際平和構築への国際動向に一貫して背を向けている。

国際連合は、拒否権をもつ安保理五大国がすべて核兵器保有国であり、核兵器禁止条約にたいして、五大国がすべて採択に不参加だったことに典型のように、また世界最大の軍事力をもち、全世界に軍事基地をもつアメリカの国連無視がきわだってきている昨今において、安保理五大国から拒否権を剥奪するなどの抜本的な国連改造が実現できるかどうかが、国際連合が各国の非武装中立を保障する、幣原のいう世界警察、世界政府、国際機関となるかどうかの人類の課題である。〕

〈国連加入に際しては、第九条の精神に基き、国連憲章による再軍備および制裁戦争への参加は保留しなければならない〉

我等の進んで行く途が正しければ「徳孤ならず必ず隣りあり」で、日本の進んで行く途は必ずそれから拓けて行くものだと私は考えているのであります。日本はいかにも武力を持っておりませぬ。それゆえに若し現実の問題として、日本が国際連合に加入するという問題が起こってまいりました時は、我々はどうしても憲法というものの適用、第九条の適用ということを申して、これを留保しなければならぬと思います。これでもよろしいかということでありますれば、国際連合の趣旨目的というものは実は我々の共鳴する所が少なくないのである。大体の目的はそれでよろしいのでありますから、我々は協力するけれど、しかし我々の憲法第九条がある以上は、この適用については留保しなければならない。すなわち、我々の中立を破って、そうした何処かの国に制裁を加えるというのに、協力しなければならぬというような命令というか、そういう注文を日本にしてくる場合がありますれば、それは到底できぬ、留保に依ってできないというような方針を執って行くのが一番よろしかろう、我々はその方針をもって進んで行きますれば、世界の輿論は翕然《きゅうぜん》として日本に集まって来るだろうと思います。

〔一九五六年一二月一八日の国連総会において日本は全会一致で国連加盟が認められたが、憲法九条をもつ日本が、国連においてどのような立ち位置をとるべきかというきわめて現在的な問題である。幣原は国際連盟が第二次世界大戦を防げなかった失敗の歴史を外交官として体験しているために、将来日本が加盟するであろう国際連合の評価については慎重であった。ただし、本書で述べてきたように、日本国憲法の源流は大西洋憲章にあり（本書一〇四頁）、国際連合の源流も大西洋憲章にあるので、その共通の理念は認めている。

幣原が問題にしているのは、将来日本が国連の加盟国になったときに、国連がある国に制裁を加えることになった場合、「国際紛争を解決する手段」としての「武力による威嚇又は武力の行使」を「永久に放棄する」とうたった憲法九条をもつ日本はどう対応すべきか、という問題である。

この問題は、一九九〇年の海部俊樹《かいふとしき》内閣の時、国際連合国際平和維持活動（ＰＫＯ）に武装自衛隊を派遣することを巡って大きな問題となったが、自民党・公明党がＰＫＯ協力法案を強行採決し、一九九二年九月に、武装した自衛隊がＰＫＯ部隊として呉港を出発、内戦が展開されているカンボジアに派遣された。以後、国連軍への協力の名のもとに自衛隊の紛争戦場への海外派兵が繰り返されるようになった。

幣原が生きていれば、「それは到底できぬ、留保に依ってできないというような方針を執って行くのが一番よろしかろう」と自衛隊の海外派兵に反対するであろう。〕

〈戦争抛棄の結果、中立国としての義務履行が出来なくなり、日本が戦場化する危険が濃厚ではないか、という疑問にたいして〉

これから世界の将来を考えて見まするとどうしても世界の輿論というものを、日本に有利な方に導入するより外仕方がない。これがすなわち日本の安全を守る唯一の良い方法であろうと思います。日本が袋叩きになって、世界の輿論が侵略国である、悪い国であるというような感じを持っております以上は、日本がいかに武力を持っていたって、実に役に立たないと思います。

〈軍備を持たないこと、交戦権のないことは、日本の権利、自由を守る裁量の方法〉

兵隊のない、武力のない、交戦権のないということは、別に意とするに足りない。それが一番日本の権利、自由を守るのに良い方法である。私等はそういう信念から出発いたしているのでございますから、ちょっと一言加えておきます。

〔日本はすでに日米軍事同盟下に世界有数の軍事国家になってしまっているが、幣原が発案した憲法九条は、軍備全廃した非武装中立の日本であった。日本国憲法前文にあるように「平和を愛する諸国民の公正と信義に信頼して、われらの安全と生存を保持しようと決意した」のである。右の幣原の「世界の輿論」に依拠して日本の安全を守るという言説はそのことを指している。幣原が「平野文書」で語ったように、幣原が最も恐れたのは、とめどもない核軍拡競争のはての核戦争による人類の破滅であった。それを防ぐために日本が非武装宣言をして、それを先駆けとして、核保有国の核兵器廃絶へとつなげることであった（本書二四二頁）。

二〇一七年七月七日、国連総会において核兵器禁止条約（核兵器の開発、実験、製造、備蓄、移譲、使用および威嚇としての使用の禁止ならびにその廃絶に関する条約）が、一二二カ国・地域の賛成多数で採択された。核保有国で国連安保理の拒否権をもつアメリカ、イギリス、フランス、ロシア、中国は不参加、日本の安倍政権は幣原が憲法九条にこめた願いを裏切り、「アメリカの核の傘」が有効だと主張して不参加、条約に背を向けた。

いっぽう、核兵器禁止条約の国連総会での採択と条約の推進に貢献した核兵器廃絶国際キャンペーン（ICAN）の貢献が評価され、二〇一七年一〇月六日にノーベル平和賞を受賞。二〇一九年一一月二五日、世界で一三億人の信者を有するカトリックのトップであるフランシスコ・ローマ教皇が長崎と広島を訪れ、教皇は「不退転の決意」で日本政府が賛同していない「国際的な法的原則にのっとり迅速に行動し、訴えていく」と言及。「核兵器は国際的な安全保障への脅威から私たちを守ってくれるものではない」と核抑止論を否定、核兵器の製造や維持、改良を進める軍拡競争を「途方もないテロ行為」と強い表現で批判し、核兵器を含む大量破壊兵器の保有そのものを激しく非難した。そして、核兵器のない世界の実現に個人や市民社会、核保有国が団結するように呼びかけた。

マッカーサーと憲法九条の「秘密合意」にたっしたときに幣原は、「世界は私たちを非現実的な夢想家と笑いあざけるかも知れない。しかし、百年後には私たちは予言者と呼ばれますよ」と言ったという（本書二七九頁）。現在は、日本国憲法が制定されてから七〇年余であるが、百年後には、憲法九条が〝地球憲法九条〟となり、世界の核兵器が廃棄され、全世界の国々が戦争放棄と軍備全廃を実行するようになり、幣原やマッカーサーが「予言者」として再評価される時代になってほしいものであ

る。そうならなければ、幣原が恐れたように、人類は核戦争によって滅亡してしまう危険性が高い。〕

〈警察力を充実することは差し支えない。外国と戦争することが出来るような兵力を持つことは出来ない〉

衆議院の方で修正をいたしましたこれを御覧下さればよく分かります。すなわち「日本国民は、正義と秩序を基調とする国際平和を誠実に希求し」とその目的が書いてあり、日本国内の秩序を保つということはこれに関係ないことであります。また第二項には「前項の目的を達するため」「戦力は、これを保持しない」とこう書いてあります。警察力を充実することは差し支えないと思います。しかし、外国と戦争することができるような兵力を持つということが出来ない、このことは明瞭であると思います。

〈外国との戦争に関係ある戦力を持てないことは明瞭。しかし国内警察力の充実のため、機関銃を持つことまで禁止するものではないと思う〉

問題は結局、兵備はどういうものであるか、軍力はどういうものであるかという問題がかかってきはせぬかと思います。これは戦力であるということになりますと、これを保持しないということになっております。つまり国際平和を希求する目的を達するために戦力は持たない、こういうことになっております。だから外国との戦争に関係のあるような戦力はこれは持てないということは明瞭であります。しかし国内の警察力の充実ということはこれは戦力と認めるかどうか、戦力という言葉を例えば機関銃一つ持っておることも戦力ということであるならば、これは警察力を持たないということになるかも知れませぬが、この趣旨はそういうことは禁止してあるのじゃないと思います。日本に兵力を許すということになりましても、わずか一個師団二個師団というようなものを許してくれるというならば、それは何も有難いことはない。私はそんなことは恩恵と考えておりませぬ。かえって非常に累をなす所以と私は確信して、平和を希求するその精神から発達しておるのだから、わずかの兵力を持つことを許してくれても私はそういうものを何も利用する必要はないと思います。しかし国内の秩序を保つための力、これはいわば警察力と名をつけてよいものであります。これは持つことは当然であろうと私はそういうふうに考えております。

〈国民同士戦争するための軍備はあるべきものではない。警察力で沢山〉

国内で国民同士互いに戦争するための武力とか軍備というものはあるべきでないと思います。これは警察力で沢山なものである。私はそう思っている。軍備はもとよりいけませぬ。軍備というものはつまり外国と戦争するための戦備である。日本の国内で戦争する、戦闘する、そういうものを考える必要はないと思います。

〈治安維持のための力は、警察力と言えばよい、軍備とは言えない〉

同じことでありますが、度々申しますが、要するに治安維持のための力は何も軍備という名前をつける必要はないと思います。私はそういうものは軍備と言えないものだと思います。ただ警察力という名前をつけておけばそれでいいじゃないか、私はそう考えております。

（朝鮮戦争が勃発すると、マッカーサーの指令により警察予備隊が創設された（後述）。吉田茂首相らは、マッカーサーの指令にあった the National Police Reserves を「警察予備隊」と訳した。日本国憲法制定後、中国革命（国共内戦）の展開にともない、東アジアにおける冷戦が激化するなかで、日本に「逆コースの時代」が到来すると、アメリカ政府やＧＨＱでも日本の再軍備をめざす動きが強まった。マッカーサーは日本の再軍備には消極的であったが、朝鮮戦争が勃発すると、在日米軍のほとんどを朝鮮半島に投入するため、日本国内の治安維持、とくに共産主義勢力の拡大に対処するための治安部隊の名目で再軍備を決断した。しかし、憲法九条に軍備の不保持をうたっていたので、警察力を補完する治安部隊であるという体裁をとった。

　警察予備隊を創設するにあたって、ＧＨＱ内部で、「マッカーサーの二つの顔」をそれぞれ体現した民政局長ホイットニーと参謀第二部（Ｇ２）部長ウィロビーの対立抗争があった。二〇〇五年にアメリカ国立公文書館で公開されたＣＩＡ文書を使った有馬哲夫『大本営参謀は戦後何と戦ったのか』[3]にもとづいてその概要を紹介する。

　ＧＨＱ参謀第二部（Ｇ２）（諜報、保安、検閲などを担当）は、チャールズ・Ａ・ウィロビー（Charles Andrew Wiloughby）[4]部長の指揮下に、戦後日本の武装解除や治安維持や対共産主義国インテリジェンス（諜報）活動を行いながら、とりわけ再軍備の問題に大きく関わった。ウィロビーは元陸軍大臣の宇垣一成と接触して日本のインテリジェンス（諜報・謀略）機関として宇垣機関を組織させ、宇垣の下で敗戦の年に参謀本部次長の職にあった河辺虎四郎が河辺機関を設立し、その傘下に有末《ありすえ》機関（有末精三が機関長。有末は、敗戦時参謀本部第二部長、敗戦後、対連合軍陸軍連絡委員長をつとめる）や服部機関（機関長は、戦時中参謀本部作戦課長を歴任した服部卓四郎、敗戦後第一復員庁の史実調査部長となり一九四七年にはGHQ歴史課に勤務、ウィロビーから重用された）、児玉機関（機関長は政界、軍界に隠然たる勢力をもった右翼の大物の児玉誉士夫《よしお》）、さらにいくつかの機関をおさめた。

ウィロビーはこれらの機関のメンバーに、戦争犯罪を免じる代わりに、GHQの占領政策に協力をさせた。当初は、日本軍を武装解除する際に、武力衝突や暴動がおこらないように治安を保つためであった。さらに、ソ連や中国共産党の支配地域から復員してくる軍人の中で、共産主義思想をもち、革命活動をする勢力を摘発し、弾圧するためであった。

中国の国共内戦に中国共産党が勝利して、一九四九年一〇月中華人民共和国が樹立されたのに対抗して、日本では財閥解体が中止され、公職追放が解除され、逆に共産主義勢力を追放するレッドパージが展開されるなどいわゆる「逆コース」の到来となり、一九五〇年六月に朝鮮戦争が勃発すると、上記の各機関は日本の再軍備に向けて、ウィロビーのG2のもとで、競合しながらも積極的に旧軍将校たちの再組織をはかった。ウィロビーは、対ソ戦に備えるために、日本の再軍備をめざしたので、上記のインテリジェンス機関もそれに策応して活発な活動を展開した。ウィロビーは、服部卓四郎を高く評価して、公職追放の対象者であった服部に「森」という偽名を使わせ、GHQのG2の本部に出入りさせていた。国防軍の編成を計画していたウィロビーと服部にとって警察予備隊はその実行の格好な機会の到来であった。

有馬書によれば、一九五〇年八月に発足した警察予備隊について、服部卓四郎はウィロビーの下で国防軍を考え、旧軍人四〇〇名のリストを作成して警察予備隊の中核として送りこむ態勢を整え、ウィロビーからは警察予備隊幕僚長に推薦されていた。これにたいし、吉田茂首相は再軍備に反対し、警察予備隊を国内の治安維持に止めようとした。吉田首相の背後にはウィロビーと対立したGHQ民政局長ホイットニーがいた。警察予備隊が治安維持的なものならば、GHQ民政局（GS）の所掌となるが、国防軍的なものならば、G2の管轄となるという相違があった。ウィロビーが服部を強く推し、ホイットニーは吉田とともに服部に反対するという構図になった[5]。

吉田茂は敗戦直前の対米和平工作で憲兵に逮捕され、四〇日間監獄に収監された体験から軍部を嫌い（本書一五二頁）、服部が幕僚長となる国防軍的な警察予備隊に反対であった。吉田は警察予備隊全体のトップにあたる警察予備隊本部長官に内務官僚出身の香川県知事増原恵吉、制服組のトップにあたる警察予備隊中央本部長に同じく内務官僚出身の林敬三を指名した。シビリアンコントロールを確立しようとしたのである。ホイットニーはすぐにこの人事を承認したが、ウィロビーは承認せず、約一カ月にわたってこの人事案件はたなざらしになった。結局、マッカーサーがホイットニー側につき、日本国憲法に規定されたシビリアンコントロールを指示したので、ウィロビーもやむなく承認、吉田首相は、内務官僚出身の文官を警察予備隊本部長に指名した。しかし、ウィロビーは吉田に警察予備隊から保安隊への再編など再軍備への圧力をその後もかけつづけ、服部の部下にも警察予備隊に入るよう工作したのである。

この経緯のなかで、一九五二年七月、旧陸軍の将校を含む公職追放解除のグループが、服部卓四郎を指導者にクーデターを計画し、吉田茂首相の暗殺を目論んだことがCIA報告書に記録されている。有馬書は、服部卓四郎や辻政信らが密かに計画した吉田首相暗殺・クーデター計画には、日本全国で約五〇万人の元軍人が呼応する予定だったとＣＩＡ文書に記録されていることを紹介している。[6]

服部卓四郎は拙著『日中戦争全史　下』[7]に詳述したように、関東軍作戦主任参謀として辻政信参謀とコンビを組んで、ノモンハン戦争（ノモンハン事件）を強行、多くの犠牲者を出すも責任を問われることなく、参謀本部作戦班長に栄転、作戦課長となり、参謀本部戦力班長となった辻政信とコンビを組んで、参謀本部内を対米英開戦論でまとめ、アジア太平洋戦争へと突入させた人物である。最後は首相・陸相・参謀総長を兼任した東条英機に重用された服部卓四郎は、参謀本部作戦課長としてガダルカナル作戦、大陸打通作戦を強行させ、無謀な作戦により膨大な犠牲者、とくに餓死、病死者を出した。その服部が戦後は一転して、ＧＨＱＧ２部長のウィロビーに戦争犯罪の免責と引き換えに全面協力し、参謀本部時代の実績を生かして、ＧＨＱ歴史課に勤務、ＧＨＱより給料をもらってマッカーサーによる太平洋戦争の戦史編纂に従事、マッカーサーの功績をたたえた『太平洋戦争全史』の編集に協力したのである。

後述するように、吉田首相も軍隊再建を表明して、一九五二年一〇月に保安隊を発足させると、服部は服部機関の組織の人脈を使って多くの若手旧軍将校を送りこみ、その影響力を行使して、陸上自衛隊の「父」と称される存在になった。

幣原について言えば、警察予備隊を文字どおり治安維持のための警察力ととらえたまま、それが保安隊、自衛隊へと軍隊に改編されていく経緯を見ることなくこの世を去ったのである。」

以上、幣原喜重郎の貴族院における憲法九条に関連した答弁を貴族院の議事速記録を編集した『復

刻版 戦争放棄編』から紹介した。これによって、幣原喜重郎が憲法九条を発案した事実は一層裏付けられたのではないか。〔 〕の筆者のコメントは、幣原が憲法九条にこめた戦争放棄、軍力不保持の平和思想と理念の現在的意味を考えるためである。

2 朝鮮戦争により失われた日本国憲法誕生の東アジアの国際環境

(1) Pax Sino-Americana の崩壊と「逆コースの時代」の到来

日本の降伏によって植民地支配から解放された朝鮮では、三八度線を境にしてアメリカ軍の占領下におかれた南部において、一九四八年八月に大韓民国(韓国)が樹立され(大統領李承晩)、同年九月、ソ連軍の占領下にあった北部に朝鮮民主主義人民共和国(北朝鮮)が樹立された(金日成主席)。抗日戦争(日中戦争)に勝利した中国において、蒋介石が率いる国民政府(国民党政府)と毛沢東が率いる共産党の辺区政権(抗日根拠地あるいは解放区と称した)の間で国共内戦が展開されたが、八路軍・新四軍を人民解放軍と改称した共産党軍が国民政府軍に勝利し、一九四九年一〇月一日に中華人民共和国の建国を宣言した。敗れた蒋介石の国民政府は国民党軍を率いて台湾に逃れ、辛うじて政権は維持した。

蒋介石の国民政府の敗退は、本書の第3章「アメリカの日本占領政策」に述べた、Pax Sino-

Americanaといわれた、アメリカが蒋介石の国民党政府をパートナーとした東アジア国際秩序が崩壊したことを意味した。そのことは、既述のようにアメリカ政府とマッカーサー・GHQが憲法九条と日本国憲法を制定する背景にあった東アジアの国際環境が消滅したことを意味した。その結果、アメリカ政府の日本占領政策は、中国の国民政府に代わって、日本に東アジアや東南アジアの共産主義国家の誕生と勢力拡大にたいする「反共の防波堤」としての「反共国家」への変質を迫るものに転換した。マッカーサー・GHQが推進した戦争責任を追及した「公職追放」が解除され、それに代わって日本の民主化運動の先導役を担った組織・団体や個人を「レッドパージ」して追放したことに代表されるいわゆる「逆コース」の時代の到来となった。それは、既述のように、マッカーサー・GHQの占領政策がホイットニー以下の民政局の主導からウィロビー以下のG2に主導権が移行し、憲法九条を骨抜きにする日本の再軍備の策動が開始されるようになったのである。

その後の歴史展開をみると、憲法九条と日本国憲法は、日本の敗戦直後の一年余の Pax Sino-Americana といわれた、冷戦時代の萌芽がありながらもまだ日本国憲法を誕生させる東アジアの国際環境が保障された時代の産物であった。筆者は既述のように「時代の幸運」と称している（本書三三五頁）。

（2）「朝鮮戦争の悲劇」

一九五〇年六月二五日午前四時四〇分、北朝鮮の朝鮮人民軍が北緯三八度線を越えて南進を始め、朝鮮戦争が開始された。金日成はソ連の軍事援助と支持をうけ、中国の人民解放戦争（国共内戦）にならって、「南部解放」「民族完全独立」「国土完整」を呼号して朝鮮半島の武力統一をめざしたのである。

これにたいするアメリカの対応も早く、六月二五日午後に国連安全保障理事会(国連安保理)を開催、北朝鮮にたいし、敵対行為の即時中止を求める決議案を採択し、六月二七日の国連安保理で「北朝鮮の武力行使を侵略と断定」し、国連加盟国に武力攻撃撃退、韓国援助を勧告する決議案を採択した。安保理で拒否権をもっていたソ連は、国連が中国の代表権を台湾の国民政府に認めたことに抗議して、安保理をボイコットしていたため、アメリカ政府が主導して決定した国連の介入を阻止することができなかった。アメリカ軍はこの決議にもとづいて参戦したが、北朝鮮の勢いは止まらず、開戦三日目には早くも韓国の首都ソウルを占領した。戦争開始から二週間たった七月七日、安保理は国連軍の創設を決議し、アメリカによる国連軍指揮を決定した。以後アメリカ軍は国連軍の名で戦うことになる。翌八日、トルーマン大統領はマッカーサーを国連軍最高司令官に任命し、七月一四日、国連軍最高司令官のマッカーサーが李承晩から韓国軍の指揮権を獲得した。七月二五日に国連軍司令部が東京に設置され、二六日に国連軍の組織が完了した。国連軍はアメリカのほかイギリス、カナダ、オーストラリア、ニュージーランド、トルコなど一六カ国で構成されたが、実態としては空軍の九八%以上、海軍の八四%、陸軍の五〇%以上が米軍だった。

金日成の指導する北朝鮮は、中国革命(国共内戦)にたいしてアメリカが武力干渉をすることなく中華人民共和国が建国できたことから、朝鮮の武力統一(内戦)へのアメリカの軍事介入を回避できると判断して朝鮮戦争を発動した。しかし、アメリカが全面的に軍事介入に踏み切ったことで、最大の誤算となった。その衝撃的な影響は日本にもストレートにおよび、本書で詳述してきた、憲法九条と日本国憲法を誕生させた東アジアの国際環境は崩壊し、アメリカ政府は対日占領政策を一八〇度転換して、憲法九条に反して、日本に再軍備を要求するようになった。日本国憲法にもとづいた日本の民主化政策も「未完」のまま頓挫させられ、戦争責任追及、戦争賠償問題もうやむやに終わってしまったのである。「もしも朝鮮戦争がおこらなければ」ということを考えると、筆者は、現在も朝鮮戦争は「休戦」のまま「終戦」の宣言がされず、日本は北朝鮮と平和条約も締結できていないことからも歴史にとって「悲劇の朝鮮戦争」であったと考えている。世界史において冷戦時代は終わったとされているが、朝鮮半島には冷戦構造が残されたままなのである。

本書では、マッカーサーに「軍人の顔」と「政治家の顔」と対立する二つの顔があると述べたが(本書三二四頁)、朝鮮戦争の作戦を指揮する連合国軍最高司令官となったことにより、マッカーサーの「軍人の顔」が前面に現れるようになった。

朝鮮戦争が開始されて二週間後の七月八日、マッカーサーは吉田首相宛書簡で、警察予備隊七万五〇〇〇人創設と海上保安庁拡充(八〇〇〇人増員)を指令した。日本に駐屯の米軍が全部、朝鮮戦争へ出動するために「日本の社会秩序維持を強化するため」という名目であった。一カ月後の八月一〇日、国会での審議なしのポツダム政令二六〇号によって、警察予備隊令が公布され、即日施行、八月二三日には第一陣の七〇〇〇人が入隊した。

一九四八年ごろから開始された「逆コースの時代」において、レッドパージはすでに開始され、四九年から五〇年にかけて、GHQ民間情報局（CIE）の顧問イールズ（W. C. Eells）が全国をまわり、「赤色教員追放」を演説し、小・中・高校教員約二〇〇〇人が解雇されていたが、朝鮮戦争開始とともにレッドパージはさらに本格的となり、拍車がかけられた。七月一八日、マッカーサーは吉田首相宛書簡で、共産党の機関紙「アカハタ」およびその後身各紙の無期限発行停止を指令した。七月二四日、GHQは新聞協会代表に共産党員と同調者の追放を勧告、二八日に東京の各新聞社、通信社、放送協会など言論機関に共産党員と同調者の解雇を申し渡した。日本政府はすでに前年の四月、「団体等規正令」を公布し、法務府に特別審査局（のちの公安調査庁）を設置、共産党員の届け出、登録を要求し、共産党は届けなければ合法政党として認められないため登録に協力、五〇年三月当時、一〇万八六九二人が登録をすませていた。

九月一日、吉田内閣は、「共産主義者等の公職からの排除に関する件」を閣議決定し、国鉄、電通、農林、郵政、通産などの政府機関でも強行された。九月から一〇月にかけて、映画、日通、石炭、私鉄、造船、鉄鋼、化学、機器などの全産業にレッドパージは広がっておこなわれた。レッドパージは朝鮮戦争の基地となった日本の治安維持の必要から、マッカーサー・GHQによって日本国憲法を無視して超法規的に実施された。

レッドパージと並行して実施されたのが公職追放解除で、一〇月一三日、政府はGHQの承認を得て、解除訴願中の一万九〇人の追放解除を発表した。一一月一〇日、政府は旧軍人三二五〇人（太平洋戦争開戦後の陸軍士官学校、海軍兵学校入学者）の初の追放解除を発表した。翌年三月一日からは警察予備隊は旧軍人にたいする特別募集を開始し、多くの旧軍人が入隊した。

（3）朝鮮戦争と憲法九条

朝鮮戦争を契機に発足した警察予備隊は、一九五二年七月に保安庁が設置され、警察予備隊が保安隊に編成替えとなり、一〇月に保安隊が発足した。さらに一九五四年六月防衛庁設置法と自衛隊法が公布され、七月には保安隊を改組して陸・海・空三軍の自衛隊が発足し、戦後初めて外敵への防衛任務を規定した本格的な軍隊が発足した。ここに、日本は戦争放棄、戦力不保持を規定した憲法九条を無視し、現在にいたる再軍備の道を歩むようになったのである。それも、一九五一年九月八日に締結したサンフランシスコ講和条約と同時に調印した日米安全保障条約という軍事同盟にもとづく国際的な再軍備であった。

日米軍事同盟による日本の再軍備を正当化するために日米当局によって主張されたのが、憲法九条は自衛のための軍隊は必要であると規定していると解釈できるという論理であった。それは自衛隊は憲法違反ではないという法解釈として現在の日本の司法機関の主流になっている。

しかし、大日本帝国憲法改正草案が作成され、憲法九条と日本国憲法が制定された日本内外の時代状況は、大韓民国と朝鮮民主主義人民共和国も存在せず、朝鮮戦争が起こることをまったく予想もされなかった時代であった。それにもかかわらず、朝鮮戦争の発生に直面して、アメリカ政府とマッカーサー・GHQが日本の再軍備に着手したのを受けて、その正当化のために逆行して、憲法九条は自衛権を行使するための軍事力は放棄していない、と解釈するようになった。その根拠に前述した「芦田修正」があり、それに沿って芦田均の言説も修正された（本書三八九頁）。

マッカーサーも、『マッカーサー大戦回顧録』の終わりの部分でこう書いている。(8)

第九条は、他国による侵略だけを対象にしたもので、私はそのことを、新憲法採択の際に言明し、その後、もし必要な場合には防衛隊として陸兵十個師と、それに見合う海空兵力から成る部隊を作ることを提言した。私は日本国民に次のことをはっきり声明した。

「世界情勢の推移で、全人類が自由の防衛のため武器をとって立上がり、日本も直接攻撃の危機にさらされる事態となった場合には、日本もまた、自国の資源の許す限り最大の防衛力を発揮すべきである。憲法第九条は最高の道義的理想から出たものだが、挑発しないのに攻撃された場合でも自衛権をもたないという解釈は、どうこじつけても出てこない。

この条項は、剣に敗れた国民が、剣を頼りとしない国際的道義心と正義感の終局的勝利を信じていることを、声高らかに宣言するものである。しかし、国際的な盗賊行為が地上をなめまわし、その貪欲さと暴力で、人類の自由をふみにじることが許される限り、憲法第九条の高遠な理想が、世界に受け入れられることは容易ではなかろう。しかし、物事にはすべては〔け〕じめがなければならないことは、鉄則である」

幣原が自衛のためでも軍隊をもたず、武力を行使せずに、世界に平和機構をつくり、世界世論に訴えて侵略行為を阻止することを構想していたことは前述したとおりである。マッカーサーの自衛のための軍隊は認められるという主張は、朝鮮戦争による警察予備隊を発足させたことを踏まえたものであり、幣原との「秘密合意」からは修正されている。

吉田茂首相は朝鮮戦争が予想もされていなかった一九四六年六月二六日の衆議院本会議における帝国憲法改正案審議において、憲法九条は自衛権の発動としての戦争も交戦権も放棄したものと、つぎのように答弁していた(9)。

戦争抛棄に関する本案の規定は、直接には自衛権を否定はしておりませぬが、第九条第二項において一切の軍備と国の交戦権を認めない結果、自衛権の発動としての戦争も、また交戦権も抛棄したものであります。従来近年の戦争は多く自衛権の名において戦われたのであります。満州事変、大東亜戦争また然りであります。(中略)

我が国においていかなる名義をもってしても交戦権はまず第一自ら進んで抛棄する。抛棄することによって全世界の平和の確立の基礎をなす。全世界の平和愛好国の先頭に立って、世界の平和確立に貢献する決意をまずこの憲法において表明したいと思うのであります。(拍手)(中略)

もし、侵略戦争を始むる者、侵略の意思をもって日本を侵す者があれば、これは平和に対する冒犯者であります。全世界の敵であると言うべきであります。世界の平和愛好国は相倚り相携えてこの冒犯者、この敵を克服すべきものであるのであります。(拍手)ここに平和に対する国際的義務が平和愛好国もしくは国際的団体の間に自然生ずるものと考えます。(拍手)

しかし、この吉田首相も、朝鮮戦争が始まると、マッカーサー・GHQの指示にもとづき、警察予備隊を創設、それを保安隊に拡大した後、一九五二年三月六日の参議院予算委員会で、「自衛のための戦力は合憲」と発言し、野党側から取り消しを要求され、その発言を訂正した。

朝鮮戦争によって、憲法九条と日本国憲法を誕生させた東アジアの国際環境は崩壊し、日本国憲法という「民主主義の器」を与えられた日本は、日本国憲法にもとづいた民主主義社会を日本国民の意識もふくめて根付かせることができないまま、「逆コースの時代」の到来によって、政界、経済界、司法界、教育界、報道界など、さらには軍部にいたるまで、あらゆる分野おいて戦前の旧勢力が復活する結果となり、戦後日本社会の民主的改革を未完のままに頓挫した。

しかし、アメリカ政府の要請と圧力をうけて、自民党政権が日本国憲法改正の試みを何度も企てながら、今日にいたるも、憲法九条を始めとして日本国憲法の改正を実現させなかったのは、日本国憲法が日本国民に歓迎され、受容されてきたことの証明である。本書のタイトルに「日本国憲法の原点の解明」としたのは「はじめに」に述べたように、日本国憲法の草案が作成され、制定された時代の原点に立ち返って、日本国憲法という「民主主義の器」の中身を再認識し、それを現在、そして未来の日本社会に骨肉化させていこうという筆者の意識を多くの人に共有してもらいたいからである。

（4）マッカーサーの罷免・帰国と、幣原晩年の政治活動

朝鮮戦争が勃発し、国連軍最高司令官として韓国軍もふくめて作戦を指揮することになったマッカ

ーサーは、「軍人」と「政治家」の二つの顔の「軍人の顔」が前面に出ることになった。「軍人の顔」というのは、朝鮮戦争に勝利することを絶対の目的として、敵を殲滅させるための容赦ない軍事作戦を立て、それを強行させる最高司令官の「顔」であった。

朝鮮戦争勃発時、韓国軍がおよそ一〇万人、たいして北朝鮮人民軍（以下、北朝鮮軍）はおよそ二〇万人、そのうえソ連から供給された最新型の戦車二四二両を有し、戦車を先頭に南部に侵攻した北朝鮮軍は、開戦三日後の六月二八日にはソウルを占領した。在韓米軍は、かつて三個師団が駐留していたが、開戦当時は五〇〇人程度の軍事顧問団が残留していたにすぎなかった。北朝鮮軍の進撃ははやく、七月二三日には光州を占領、朝鮮半島全域の占領にせまった。アメリカは急遽、在日米軍を投入し、七月一日には釜山に上陸させた。ついで朝鮮戦争出動の国連軍の編成が完了すると、国連軍最高司令官となったマッカーサーは、釜山周辺まで追い込まれた韓国の戦況をまきなおすために、九月一五日にソウルの西に位置し、現在韓国の仁川国際空港のある仁川に上陸作戦を決行、北朝鮮軍を分断することに成功し、九月二六日にはソウルを奪回した。マッカーサーは一〇月一日、北朝鮮の即時降伏を勧告したが、金日成が拒否したので、韓国軍、国連軍を三八度線を越えて侵攻させ、一〇月二〇日には北朝鮮の首都の平壌《ピョンヤン》を占領した。

これにたいして、中国外交部は国連軍の三八度線突破に抗議し、平壌が占領されると中国は人民志願軍を朝鮮戦争に出動させることを決定、総勢一〇〇万を越す中国軍を送りこんだ。中国軍の参戦を得て北朝鮮軍は総反撃を開始、一二月五日に、平壌を奪回した。五一年に入って、中国軍・北朝鮮と国連軍・韓国軍が三八度線を境にして攻防を繰り返し、一月四日に中国軍・北朝鮮軍がソウルを占領、三月七日に国連軍・韓国軍がソウルを再奪回、四月四日に国連軍・韓国軍が再び三八度線を越えて北進を開始した。

ここにいたり、「軍人の顔」が前面に出たマッカーサーは、朝鮮戦争における中国軍の戦闘力を封鎖するために、北朝鮮と中国の国境の鴨緑江の六つの橋の空軍による破壊、さらに鴨緑江以北の軍事施設の破壊、さらに中国の補給を断つために台湾の国民政府軍を使用しての中国海岸の封鎖など、中国本土攻撃を辞さない作戦を立て、トルーマン大統領に許可を求めたが、いずれも拒否され、あるいは無視された。トルーマンは早くから三八度線を境界にしての朝鮮戦争の休戦協定の成立を考えていた。

五一年三月二四日、マッカーサーが中国本土攻撃も辞せずと声明すると、トルーマン大統領はアメリカと中国との戦争に発展するのを恐れ、四月一一日、トルーマン大統領の権限によってマッカーサー国連軍最高司令官を罷免したのである。

こうしてマッカーサーは在日連合国軍最高司令官も解任され、四月一六日に日本を離れて帰国した。マッカーサーの解任にともなって、マッカーサーの「二つの顔」をそれぞれ遂行した民政局長官のホイットニーとG2部長のウィロビーもそれぞれGHQを退役して帰国、五年余におよんだマッカーサー指導による日本占領体制は終わりを告げた。

いっぽう、マッカーサーと憲法九条の「秘密合意」を取りつけた幣原喜重郎は、四七年四月二五日の旧憲法下の最後の衆議院議員総選挙に大阪三区から立候補して当選（日本民主党）、五月三日の日本国憲法の施行を迎えた。四九年一月二三日、新憲法下の最初の衆議院総選挙に立候補して再選され、衆議院議長に選出され、就任した。

幣原が衆議院議長として取り組んだのが、朝鮮戦争開始以来アメリカの主導で急速に強まった日本と連合国との講和条約の締結と日本の独立の問題であった。幣原は講和条約の締結にむけて、各党が党利党略の立場を超えて、日本国家のために協力してあたる超党派外交を主張、第三次吉田内閣の吉田首相（自由党）の同意をえて、民主党の苫米地義三《とまべちぎぞう》最高委員長と浅沼稲次郎社会党書記長を歴訪し、外交を政争の具とせずに、超党派で取り組むことを申し入れた。当初社会党も同調する意向を見せたが、アメリカが主導して、ソ連や中国などの社会主義国を排除する対日講和条約締結、日本を「反共の防波堤」として独立させる動きが顕著になるにつれて、社会党は超党派外交から離脱してしまった。幣原は自由党の吉田首相と民主党の苫米地最高委員長と講和問題について協力する諒解を成立させたが、超党派外交の成立は実現しないままに、五一年三月一〇日、心筋梗塞により逝去した(10)。

幣原の死から半年後、九月八日に調印されたサンフランシスコ講和条約は、国内では連合国すべての国との講和をもとめた「全面講和運動」が展開されたが、結局はソ連、ポーランド、チェコは署名を拒否し、中国、朝鮮は招待されず、インド、ビルマは講和会議への参加を拒否、当時「単独講和」といわれた結果になり、同時に調印された日米安全保障条約によって、日本は東西冷戦体制のなかで、対米従属下に西側陣営に組みこまれた形で独立を認められたのである。

【註】

(1) 寺島俊穂抜粋・解説『復刻版　戦争放棄編　参議院事務局編「帝国憲法改正審議録戦争放棄編」抜粋（1952年）』三和書籍、二〇一七年。

(2) 伊藤真・神原元・布施祐仁『9条の挑戦――非軍事中立戦略のリアリズム』大月書店、二〇一八年。

(3) 有馬哲夫『大本営参謀は戦後何と戦ったのか』新潮新書、二〇一〇年。

(4) 回顧録に『ウィロビー回顧録　知られざる日本占領』（番町書房、一九七三年）がある。

(5) 有馬哲夫、前掲(3)、一二二頁。

(6) 有馬哲夫、同(3)、二六頁・九六頁。

(7) 笠原十九司『日中戦争全史　下　日中全面戦争からアジア太平洋戦争敗戦まで』高文研、二〇一七年。

(8) ダグラス・マッカーサー、津島一夫訳『マッカーサー大戦回顧録（下）』中公文庫、二〇〇三年、二四一頁。

(9) 寺島俊穂抜粋・解説、前掲(1)、六五頁。

(10) 幣原平和財団『幣原喜重郎』非売品、一九五五年、七六〇頁。

参考文献

【基本的文献】
高柳賢三・大友一郎・田中英夫編著『日本国憲法制定の過程　I　原文と翻訳――連合国総司令部側の記録による』有斐閣、一九七二年
高柳賢三・大友一郎・田中英夫編著『日本国憲法制定の過程　II　解説――連合国総司令部側の記録による』有斐閣、一九七二年
入江俊郎『憲法成立の経緯と憲法上の諸問題――入江俊郎論集』第一法規出版、一九七六年
入江俊郎『日本国憲法制定の経緯』（憲資・総第四十六号）憲法調査会事務局、一九六〇年
憲法調査会『憲法制定の経過に関する小委員会報告書』（憲法調査会報告書付属文書第2号）大蔵省印刷局、一九六四年
『日本国憲法制定の由来　憲法調査会小委員会報告書』時事通信社、一九六一年
寺島俊穂抜粋・解説『復刻版　戦争放棄編　参議院事務局編「帝国憲法改正審議録　戦争放棄編」抜粋（1952年）』三和書籍、二〇一七年
佐藤達夫『日本国憲法成立史　第一巻』有斐閣、一九六二年
佐藤達夫『日本国憲法成立史　第二巻』有斐閣、一九六四年
佐藤達夫著、佐藤功補訂『日本国憲法成立史　第三巻』有斐閣、一九九四年
佐藤達夫著、佐藤功補訂『日本国憲法成立史　第四巻』有斐閣、一九九四年
Political Reorientation of Japan ; September 1945 to September 1948; Report of GOVERNMENT SECTION

Supreme Commander for the Allied Powers, VOL. Ⅰ, Republishd, 1968, SCHOLARY PRESS.
Political Reorientation of Japan ; September 1945 to September 1948; Report of GOVERNMENT SECTION Supreme Commander for the Allied Powers, VOL. Ⅱ, Republishd, 1968, SCHOLARY PRESS.
原秀成『日本国憲法制定の系譜　Ⅰ　戦争終結まで』日本評論社、二〇〇四年
原秀成『日本国憲法制定の系譜　Ⅱ　戦後米国で』日本評論社、二〇〇五年
原秀成『日本国憲法制定の系譜　Ⅲ　戦後日本で』日本評論社、二〇〇六年

【日記類】
『木戸幸一日記　下巻』東京大学出版会、一九六六年
木下道雄『側近日誌』文藝春秋、一九九〇年
寺崎英成、マリコ・テラサキ・ミラー『昭和天皇独白録　寺崎英成・御用掛日記』文藝春秋、一九九一年
入江為年監修『入江相政日記　第二巻』朝日新聞社、一九九〇年
防衛庁防衛研究所戦史部監修、中尾裕次編『昭和天皇発言記録集成　下巻』芙蓉書房出版、二〇〇三年
『芦田均日記　第一巻』岩波書店、一九八六年
『重光葵手記』中央公論社、一九八六年

【伝記・自伝・回顧録】
幣原平和財団『幣原喜重郎』幣原平和財団、非売品、一九五五年
幣原喜重郎『外交五十年』読売新聞社、一九五一年
幣原喜重郎、解題重原道太郎『外交五十年』原書房、一九七四年

幣原喜重郎『外交五十年』中公文庫、一九八七年
鈴木貫太郎傳記編纂委員会『鈴木貫太郎傳』鈴木貫太郎傳記編纂委員会、非売品、一九六〇年
鈴木一編『鈴木貫太郎自伝』時事通信社、一九六八年
吉田茂『回想十年』(第一巻~第四巻)新潮社、一九五七~五八年
大島清『高野岩三郎伝』岩波書店、一九六八年
河谷従雄『田中義一傳』田中義一傳編纂所、一九二九年
高倉徹一『田中義一伝記　上巻』田中義一伝記刊行会、一九五八年
高倉徹一『田中義一伝記　下巻』田中義一伝記刊行会、一九六〇年
今井清一『浜口雄幸伝』(上巻、下巻)朔北社、二〇一三年
原田熊雄述『西園寺公と政局　第一巻』岩波書店、一九五〇年
ダグラス・マッカーサー、津島一夫訳『マッカーサー大戦回顧録　上、下』中公文庫、二〇〇三年
ベアテ・シロタ・ゴードン、平岡磨紀子〔構成・文〕『1945年のクリスマス――日本国憲法に「男女平等」を書いた女性の自伝』朝日文庫、二〇一六年
C・A・ウィロビー、延禎監修『ウィロビー回顧録　知られざる日本占領』番町書房、一九七三年
コートニー・ホイットニー、毎日新聞社外信部訳『日本におけるマッカーサー――彼はわれわれに何を残したか』毎日新聞社、一九五七年
ディーン・アチソン、吉沢清次郎訳『アチソン回顧録　1、2』恒文社、一九七九年
T・A・ビッソン、内山秀夫訳『敗戦と民主化――GHQ経済分析官の見た日本』慶応義塾大学出版会、二〇〇五年
マイケル・シャラー、豊島哲訳『マッカーサーの時代』恒文社、一九九六年

【資料集】
外務省編纂『日本外交年表竝主要文書　上』日本国際連合協会、一九五五年
『日本外交文書　ワシントン会議　下』外務省、一九七八年
『日本外交文書　大正十二年第二冊』外務省、一九七九年
『日本外交文書　昭和期I第一部第一巻』外務省、一九八九年
外務省編纂『日本外交文書　占領期第二巻（外交権の停止・日本国憲法の制定・中間賠償・他）』六一書房、二〇一七年
山極晃・中村政則編、岡田良之助訳『資料日本占領　1　天皇制』大月書店、一九九〇年
粟屋憲太郎編集・解説『資料日本現代史　第2巻　敗戦直後の政治と社会①』大月書店、一九八〇年
粟屋憲太郎編集・解説『資料日本現代史　第3巻　敗戦直後の政治と社会②』大月書店、一九八一年
編集・解説伊藤悟・奥平晋『占領期　皇室財産処理』東出版、一九九五年

【著書】
《憲法関係書》
芦田均『制定の立場で省みる日本国憲法入門　第一集』書肆心水、二〇一三年
芦部信喜、高橋和之補訂『憲法　第四版』岩波書店、二〇〇七年
荒井誠一郎『平和憲法――基礎と成立』敬文堂、二〇〇一年
伊藤真・神原元・布施祐仁『9条の挑戦――非軍事中立戦略のリアリズム』大月書店、二〇一八年
伊藤真『やっぱり九条が戦争を止めていた』毎日新聞社、二〇一四年

大越哲仁『マッカーサーと幣原総理――憲法九条の発案者はどちらか』大学教育出版、二〇一八年
大塚茂樹『心さわぐ憲法9条――護憲派が問われている』花伝社、二〇一七年
加藤周一『憲法は押しつけられたか』かもがわブックレット⑳、一九八九年
加藤典洋『9条入門』創元社、二〇一九年
金森徳次郎『制定の立場で省みる日本国憲法入門　第二集』書肆心水、二〇一三年
河上暁弘『日本国憲法第9条成立の思想的淵源の研究――「戦争非合法化」論と日本国憲法の平和主義』専修大学出版局、二〇〇六年
川村俊夫『「戦争は違法」の世界の流れと日本国憲法9条』学習の友社、二〇一九年
ケン・ジョセフ・ジュニア、荒井潤『KENが「日本は特別な国」っていうんだけど……　憲法シミュレーションノベル』トランスワールドジャパン、二〇一七年
古関彰一『日本国憲法の誕生　増補改訂版』岩波現代文庫、二〇一七年
古関彰一『憲法九条はなぜ制定されたか』岩波ブックレット、二〇〇六年
小林直樹『憲法第九条』岩波新書、一九八二年
酒井直樹『希望と憲法――日本国憲法の発話主体と応答』以文社、二〇〇八年
佐々木高雄『戦争放棄条項の成立経緯』成文堂、一九九七年
佐藤達夫『日本国憲法誕生記』中公文庫、一九九九年
塩田潮『最後の御奉公　宰相幣原喜重郎』文藝春秋、一九九二年
塩田潮『日本国憲法をつくった男　宰相幣原喜重郎』朝日文庫、二〇一七年
塩田純『日本国憲法誕生――知られざる舞台裏』NHK出版、二〇〇八年
塩田純『9条誕生――平和国家はこうして生まれた』岩波書店、二〇一八年

鈴木昭典『日本国憲法を生んだ密室の九日間』角川ソフィア文庫、二〇一四年
鈴木安蔵『憲法制定前後――新憲法をめぐる激動期の記録』青木書店、一九七七年
チャールズ・M・オーバビー、國弘正雄訳『地球憲法第九条――対訳』講談社インターナショナル、一九九七年
西修『日本国憲法成立過程の研究』成文堂、二〇〇四年
西修『いちばんよくわかる！　憲法第9条』海竜社、二〇一五年
服部龍二『幣原喜重郎と二十世紀の日本――外交と民主主義』有斐閣、二〇〇六年
平野三郎『平和憲法の水源』講談社出版サービスセンター、一九九三年
星野安三郎・森田俊男・古川純・渡辺賢二著、歴史教育者協議会編『【資料と解説】世界の中の憲法第九条』高文研、二〇〇〇年
宮本栄三編著『現代日本の憲法――人権と平和』法律文化社、一九九五年
山室信一『憲法9条の思想水脈』朝日新聞出版、二〇〇七年
吉田裕『歴史のなかの日本国憲法――戦場・兵士・戦後処理』へいわの灯火ブックレット3、ケイ・アイ・メディア、二〇〇六年
渡辺治『日本国憲法「改正」史』日本評論社、一八九八七年
渡辺治『憲法9条と25条・その力と可能性』かもがわ出版、二〇〇九年
渡辺治『現代史の中の安倍政権――憲法・戦争法をめぐる攻防』かもがわ出版、二〇一六年

《歴史関係書》
荒井信一『原爆投下への道』東京大学出版会、一九八五年

新崎盛暉『新崎盛暉が説く　構造的沖縄差別』高文研、二〇一二年
有馬哲夫『大本営参謀は戦後何と戦ったのか』新潮新書、二〇一〇年
五百旗頭真『米国の日本占領政策　上・下』中央公論社、一九八五年
臼井勝美『日中外交史—北伐の時代』塙新書、一九七一年
江口圭一『日本帝国主義史研究』青木書店、一九九八年
岡義武『近衛文麿—「運命」の政治家—』岩波新書、一九七二年
小此木政夫『朝鮮分断の起源—独立と統一の相克』慶応義塾大学出版会、二〇一八年
笠原十九司『日中戦争全史　上　対華21カ条要求（1915年）から南京占領（1937年）まで』高文研、二〇一七年
笠原十九司『日中戦争全史　下　日中全面戦争からアジア太平洋戦争敗戦まで』高文研、二〇一七年
笠原十九司『海軍の日中戦争——アジア太平洋戦争への自滅のシナリオ』平凡社、二〇一五年
神田文人『昭和の歴史8　占領と民主主義』小学館、一九八三年
纐纈厚『田中義一——総力戦国家の先導者』芙蓉書房出版、二〇〇九年
早乙女勝元編著『写真版　東京大空襲の記録』新潮文庫、一九八七年
榊原夏『マッカーサー元帥と昭和天皇』集英社新書、二〇〇〇年
篠原昌人『非凡なる凡人将軍下村定——最後の陸軍大臣の葛藤』芙蓉書房出版、二〇一九年
信夫清三郎編『日本外交史　1853—1972 Ⅱ』毎日新聞社、一九七四年
武田清子『天皇観の相剋——1945年前後』岩波現代文庫、二〇〇一年
竹前栄治『GHQ』岩波新書、一九八三年
堤堯『昭和の三傑——憲法九条は「救国のトリック」だった』集英社文庫、二〇一三年

中村隆英『昭和史Ⅱ　1945—89』東洋経済新報社、一九九三年
中村政則『象徴天皇制への道——米国大使グルーとその周辺』岩波新書、一九八九年
西村秀樹『朝鮮戦争に「参戦」した日本』三一書房、二〇一九年
服部隆行『朝鮮戦争と中国——建国初期中国の軍事戦略と安全保障問題の研究』溪水社、二〇〇七年
林博史『戦後平和主義を問い直す——戦犯裁判、憲法九条、東アジア関係をめぐって』かもがわ出版、二〇〇八年
東野真、粟屋憲太郎・吉田裕解説『昭和天皇二つの「独白録」』日本放送出版協会、一九九八年
藤原彰・今井清一編集『十五年戦争史④　占領と講和』青木書店、一九八九年
藤原彰・吉田裕・伊藤悟・功刀俊洋『天皇の昭和史』新日本新書、一九八四年
松本清張『日本の黒い霧』文藝春秋、一九七三年
山極晃編『東アジアと冷戦』三嶺書房、一九九四年
油井大三郎『未完の占領改革——アメリカ知識人と捨てられた日本民主化構想』東京大学出版会、一九八九年
吉田裕『昭和天皇の終戦史』岩波新書、一九九二年
和田春樹『朝鮮戦争』岩波書店、一九九五年
ジョン・ダワー、三浦陽一・高杉忠明・田代泰子訳『敗北を抱きしめて——第二次大戦後の日本人　下』岩波書店、二〇〇一年
ジョン・ダワー、大窪愿二訳『吉田茂とその時代　下　1945—1954』TBSブリタニカ、一九八一年
デイヴィッド・ハルバースタム、山田耕介・山田侑平訳『ザ・コールデスト・ウインター　朝鮮戦争　上・

下』文藝春秋、二〇〇九年
E・O・ライシャワー『日本近代の新しい見方』講談社現代新書、一九六五年
岩波講座『日本歴史　20 現代(3)』岩波書店、一九六三年
歴史学研究会編集『日本同時代史①　敗戦と占領』青木書店、一九九〇年

あとがき

私は南京事件研究者といわれている。たしかに大月書店からも『アジアの中の日本軍——戦争責任と歴史学・歴史教育』（一九九四年）、『南京事件と三光作戦—未来に生かす戦争の記憶』（一九九九年）、『南京事件の日々——ミニー・ヴォートリンの日記』（解説を執筆、一九九九年）、『「百人斬り競争」と南京事件——史実の解明から対話へ』（二〇〇八年）を出版している。そして『増補　南京事件論争史——日本人は史実をどう認識してきたか』（平凡社ライブラリー、二〇一八年）を出版したように、南京事件が史実かどうかをめぐって繰り広げられてきた、いわゆる「南京大虐殺論争」（南京事件論争）にも長くかかわってきた。

その私が日本国憲法に関する本書を執筆したのは、そもそも私が南京事件を研究するきっかけが、家永三郎東京教育大学教授が、文部省（当時）の教科書検定制度が、日本国憲法に違反し、教育基本法に違反するとして、国と文部省を提訴した、教科書裁判にあったからである。家永先生は、一九六五年に第一次教科書訴訟を提訴してから、一九九七年に第三次教科書訴訟最高裁判決で終わるまで、三二年間、教科書裁判を闘った。

私は、家永先生が教科書裁判を開始した年に、東京教育大学文学部史学科の二年生であった。一年生の一般教育で家永先生の「日本史概説」を受講し、歴史知識だけではない、「考える歴史」「生きている歴史」を学んで感銘を受け、二年生の史学科専門科目で先生の「太平洋戦争」を受講した。アジア太平洋戦争における日本軍の加害・侵略行為と被害者のアジア諸国・諸地域の民衆にたいする戦争責任を追及する先生の研究姿勢に感銘し、一年目で単位は取得したが(成績Aは私の勲章になっている)、四年生まで単位に関係なく続けて受講した。先生の講義は三年間にわたり、講義が終わると講義に準備された原稿がそのまま家永三郎『太平洋戦争』(岩波書店、一九六八年)として出版された。現在筆者が、日中戦争史やアジア太平洋戦争史を研究しているのは、家永先生の講義から学んだ影響が大きい。

私は四年間、家永先生の講義を受講したが、講義のなかで家永先生が繰り返して話していたのが、以下のようなことであった。

「私は、戦争中何ひとつ抵抗らしいこともできず、空しく日本の破滅を傍観し、多くの同世代の人びとの戦死を見送るほかなかった意気地のない人間でした。今、日本国憲法を空洞化しようとする試みにたいし、それを阻止するためにできる限り努力することが、私のようにあの悲惨な戦争を死なずに生き残った世代の人間に課せられた責務ではないかと考えています。日本国憲法が厳存しているのに、その精神に忠実にのっとった教科書の出版を妨害されているのに泣き寝入りすることは、結局憲法の破壊または空洞化を許すのと同じことになります。国民が日本国憲法を無視した教育内容の権力統制がいかに凄まじいものであるか、それを放任することがいかに恐ろしい結果になるかを理解してくれれば、法廷内の勝敗は問題ではない、という決意で私は教科書検定訴訟にふみ切ったのです。」

家永先生は、戦前の軍部・政府権力が教育を統制し、侵略戦争に加担する国民にしていった歴史への痛恨の反省から、日本国憲法が無制約的に保証している思想・良心・信教・表現などの精神的自由にもとづく「教育の自由」を守るために、政府・文部省を相手に教科書訴訟に踏みきったのであった。

第一次訴訟、第二次訴訟につづいて、家永先生が一九八四年一月に提訴した第三次教科書訴訟では、一九八〇年度教科書検定に申請した家永三郎著『新日本史』(三省堂)の「南京大虐殺」「日本軍の婦女暴行」の記述が文部省の教科書検定によって不合格とされた実例を提訴した。検定意見が日本国憲法に保障された、学問・思想・教育内容への権力の不当な介入に相当するかどうかをめぐって、法廷で争われることになった。

「南京大虐殺」「日本軍の婦女暴行」を争点とした東京地裁における第一審裁判は、『中国の旅』(朝日文庫、一九八一年)を著したジャーナリストの本多勝一さんと日本軍事史研究の先駆者の藤原彰一橋大学教授が家永側の証人となって法廷で証言したが、一九八九年一〇月の判決は敗訴となり、不合格検定は合法とされた。

私は一九八四年三月に発足した南京事件調査研究会に加わり、家永教科書裁判を支援する目的で、南京事件の研究を始めた。それまでは、中国民族運動史の研究を専門にしていた(本書八八頁註(8)参照)。私は第三次教科書訴訟の控訴審で「南京大虐殺」「日本軍の婦女暴行」について、家永側の証人として東京高等裁判所の法廷に立つことになり、一九九一年四月二二日、「世界に知られていた南京大虐殺事件」と題する意見書を提出して証言した。その結果、一九九三年一〇月二〇に出された判決では、逆転勝訴となり、「南京大虐殺」「日本軍の婦女暴行」の記述にたいする文部省の不合格検定は、憲法違反・教育基本法違反であるという判決が出された。同判決にたいして国側が上告しなかったので、東京高裁の勝訴判決が確定した。以後、中学校と高等学校の歴史教科書における南京事件の叙述がずいぶん改善され、外務省のホームページにも、日本政府見解として「南京大虐殺は否定できない」と記されるようになった。

この時の感慨を『笠原十九司歌集　同時代』(本阿弥書店、二〇〇三年)にこう詠んだ。

南京大虐殺を教科書に記すに闘いを経ねばならぬこの国を思うも

このように、教育の自由、国民の教育権、学問研究の自由など日本国憲法に保障された諸権利を守るためには、家永先生のように、政府権力と闘わねばならないという体験が、現在にいたる私の歴史研究の原点になっている。

私はまた、つぎのような体験をとおして、東アジアにおける憲法九条の大切さを痛感するにいたっている。

二〇〇二年三月、日本・中国・韓国の市民の側から平和な東アジア共同体の形成をめざして、第一回「歴史認識と東アジアの平和」フォーラムが南京で開催された。同フォーラムは、毎年一度、三国が開催を持ち回りにして現在も続けられている。私は同フォーラムの日本側実行委員会の共同代表(三名)の一人に名を連ねている。さらに同フォーラムで提案された、東アジアにおける歴史認識の衝突と対立を克服し、歴史対話と歴史和解を進めるために、近現代史を中心とした日中韓三国共通の歴史教材を作成する編集作業にも私は参加し、日本側代表委員(三名)の一人になっている。

最初の共通歴史教材『未来をひらく歴史』(日本は高文研から出版)は二〇〇五年五月末に日中韓三国で同時刊行され、日本では約九万部が出版され、三国合わせて約三〇万部が発行され、東アジアの日中韓三国間の市民の間の歴史認識の対話と和解の促進に一定の貢献をした。それは、同書が、日本国憲法の前文の「われらは、平和を維持し、専制と隷従、圧迫と偏狭を地上から永遠に除去しようと努めてゐる国際社会において、名誉ある地位を占めたいと思ふ。われらは、全世界の国民が、ひとしく恐怖と欠乏から免れ、平和のうちに生存する権利を有することを確認する」という理念にもとづき、「平和な東アジア共同体」の構築を提唱したからである。『未来をひらく歴史』は、日本国民には、中国・韓国の歴史を知り、近現代の歴史において、日本が中国や韓国にたいしてどのようなことをおこなってきたか、その日本の行為によって今日なお癒しがたい悲しみや苦痛を受けた人々がいること、その事実をしっかりと認識し、歴史認識として共有することが求められていることを明らかにした。そして日本国民が東アジアの人々と平和に共生する「未来をひらく」ためには何が必要かを問いかけたのである。

ついで、第二段階として、日中韓三国の国際環境の変動を世界史の流れと関連させて体系的にとらえた『新しい東アジアの近現代史（上・下）』（日本評論社）を二〇一二年にそれぞれ三国において出版した。同書は、ドイツのゲオルグ・エッカート国際歴史教科書研究所が翻訳・出版費三万ユーロ（約三百万円）を援助してくれ、エッカート・フックス、笠原十九司、スヴェン・サーラ編集による英語版『A New Modern History of East Asia』Vol.1, Vol.2 が、二〇一八年にドイツの V & R unipress から発行された。同書は、地域における歴史対話の事例として国際的にも注目されている。

日中韓三国共通歴史教材編集委員会は、現在、第三段階として、日中韓三国の高校生、大学生、歴史教育教師などを読者対象に（市民を読者対象にしていることはもちろんである）問いかけて歴史を考えてもらうための副教材的な歴史書を企画、二〇二一年出版を目指して（日本は高文研から出版予定）、最終的な詰めの段階に入っている。

「平和な東アジア共同体」の形成を目指すといっても、現実の東アジア国際関係は絶望的である。日本はすでに軍事大国となり、ロシアと中国を仮想敵に想定した強固な日米軍事同盟を結び、沖縄に集中した米軍基地を提供している。本書の終章で述べた「悲劇の朝鮮戦争」は未だに終結されておらず、北朝鮮と韓国は休戦状態のままである。日本は北朝鮮と平和条約を締結せず、国交を樹立していない。このように絶望的ともいえる東アジア国際関係の現状にあって、「平和な東アジア共同体」への「未来の窓」をどう開いていくのか、その前提として、日本国民は東アジアの人々と平和に共生する道をどう築いていくのか。

日中韓三国共通歴史教材の委員でいろいろ討論してきたなかで、韓国の委員から「日本の憲法九条を東アジア憲法九条とすることではないか」という発言があった。「東アジアの各国が憲法九条の目指す戦争放棄、戦力不保持国家となれば、平和な東アジア共同体の構築が可能になる」という発言であった。現在の東アジアは、憲法九条を発案した幣原が最も危惧した、核兵器拡大競争の激化の果ての核戦争による人類破滅の危機が現実的になっている。東アジアは、ロシア、中国、北朝鮮、アメリカと核兵器保有国がもっとも集中した地域となり、小型核兵器・宇宙核兵器の開発など、核軍拡競争に歯止めがかからない状況にある。

韓国の委員が言った、日本の憲法九条が「東アジア憲法九条」とならなければ、東アジア世界は核戦争による滅亡の危機と隣り合わせという時代がつづくことは避けられない。

このように考えると、幣原喜重郎が憲法九条に託した平和思想を再認識すると同時に、東アジアにおける核軍縮・核廃絶を実行するために、「東アジア憲法九条」「地球憲法九条」を制定させる国際平和運動を組織し、広めていくことが日本国民に求められている。それは本書の終章に記した「幣原喜重郎が憲法九条にこめた我々へのメッセージ」に紹介した幣原の「切望」（本書四〇一頁・四〇二頁）であった。

本書を執筆するきっかけは、本書の「はじめに」に記したように、荒井潤氏から「平野文書」を教えてもらい、「憲法九条は誰が発案したのか――幣原喜重郎と『平野文書』」（『世界』二〇一八年六月号、岩波書店）を執筆したことにあった。荒井潤氏からは、資料の所在について貴重な教示をいただき、本書は同氏に負うこと大であり、感謝申し上げたい。

アメリカ史研究者で『未完の占領改革』の著者の油井大三郎氏には初校に目を通していただき貴重なコメントをいただいた。記して感謝したい。

冒頭に記したように、私は、大月書店から拙著を何冊か出版させていただいている。私にとって、大月書店は、歴史研究者として育ててもらった古巣のような出版社である。編集者の森幸子さんには、適切な助言と励ましをいただいた。面倒な編集作業を迅速にこなしていただいたおかげで、このように出版することができた。感謝申し上げる。

二〇二〇年三月吉日

笠原十九司

【追補】昭和天皇も幣原発案を知っていた――『昭和天皇実録』より

本書初刷の出版後になったが、『昭和天皇実録』全一八巻（東京書籍、二〇一五～二〇一八年）を見た。『昭和天皇実録』の第一〇巻（以下『実録』）に、一九四六年一月二四日に幣原がマッカーサーと「秘密会談」をもち「秘密合意」に達したことについて、翌日皇居に参上し、昭和天皇に報告したことが記録されている（同書二三頁）。

【昭和二十一年一月二十五日】

午後三時二十五分、表拝謁ノ間において内閣総理大臣幣原喜重郎に謁を賜い、奏上を受けられる。幣原は、昨日聯合国最高司令官ダグラス・マッカーサーと会見し、天皇制維持の必要、及び戦争放棄等につき懇談を行った。

幣原首相は一九四六年一月二四日にマッカーサーと「秘密会談」をもち、「天皇制維持」と「戦争放棄」などについて懇談し、「秘密合意」におよんだことを天皇に直接報告したのである。本書で述べたように、マッカーサーは「象徴天皇制と憲法九条をセットにする」ことによって、昭和天皇の戦争責任の免責と東京裁判不起訴をアメリカ政府や連合国に受け入れさせる妙案が得られたので、幣原との「秘密会談」の翌日、アメリカ政府にたいして「天皇に明確な戦争責任がない」という報告を電報で送ったのであった（本書二五八頁）。

敗戦後とはいえ、当時はまだ大日本帝国憲法下にあり、欽定憲法の改正は天皇の「勅令」によって発議されるべきものであった。幣原首相にとって、天皇の承諾を得ずして憲法改正の議論をマッカーサーとの間に進めることはできなかったのは、当然といえば当然であった。さらに『実録』には、幣原がマッカーサーと「秘密会談」をもった三日前の一月二一日に「午後、表拝謁ノ間において内閣総理大臣幣原喜重郎に謁を賜い、幣原より病気完治につき御礼言上、及び奏上を受けられる」（『実録』二一頁）とある。

幣原は年末から年始にかけて風邪を悪化させて急性肺炎となり、それが重症となって一月中旬まで首相としての職務ができなかった。それが完治したので、天皇からの見舞いのお礼に参上、「奏上」をおこなったのである。幣原は病床において「戦争放棄」「軍備全廃」などの規定を改正憲法に入れ、それを象徴天皇制とセットにしてマッカーサーに提案することを決意し、マッカーサーがくれたペニシリンで完治したお礼を口実にマッカーサーを訪れ、「秘密会談」をもったのであった（本書二五一頁）。憲法改正は天皇の大権にかかわる大問題なので、マッカーサーとの「秘密会談」の前に、天皇にその旨の報告をして、一定の了解を得ておく必要があったので、一月二一日に天皇に拝謁して「奏上」したのではないかと思われる。幣原はマッカーサーとの「秘密会談」の翌日に天皇に「秘密合意」の報告をしているので、前後の流れは自然であろう。問題は、一月二一日の「奏上」で、幣原がどこまで天皇に話したかであるが、『実録』には記されていない。手がかりはあるので、今後さらに煮詰めていきたい。

（二〇二〇年六月）

著者
笠原十九司（かさはら・とくし）
1944年群馬県生まれ。東京教育大学大学院修士課程中退。学術博士（東京大学）。都留文科大学名誉教授。専門は中国近現代史、東アジア近現代史。主著に『南京事件』（岩波新書、1997年）、『「百人斬り競争」と南京事件』（大月書店、2008年）、『海軍の日中戦争』（平凡社、2015年）、『日中戦争全史〔上〕〔下〕』（高文研、2017年）、『増補 南京事件論争史』（平凡社ライブラリー、2018年）など。

装幀 三 村 淳

憲法九条《けんぽうきゆうじよう》と幣原《しではら》喜《き》重郎《じゆうろう》――日本国憲法《にほんこくけんぽう》の原点《げんてん》の解明《かいめい》

2020年４月15日 第１刷発行
2020年６月22日 第２刷発行

定価はカバーに表示してあります

著 者 笠 原 十 九 司
発行者 中 川 進

〒113-0033 東京都文京区本郷2-27-16
発行所 株式会社 大 月 書 店

印刷 三 晃 印 刷
製本 ブロケード

電話（代表）03-3813-4651 FAX03-3813-4656／振替 00130-7-16387
http://www.otsukishoten.co.jp/

ISBN978-4-272-52116-6 C0021 Printed in Japan